除了野蛮国家，整个世界都被书统治着。

司母戊工作室
诚挚出品

Catherine & Diderot

the Empress, the Philosopher, and the Fate of the Enlightenment

失败的融合

狄德罗、叶卡捷琳娜与启蒙的命运

[法]罗伯特·扎勒特斯基 著

徐达艳 译

人民东方出版传媒
People's Oriental Publishing & Media
东方出版社
The Oriental Press

图书在版编目（CIP）数据

失败的融合：狄德罗、叶卡捷琳娜与启蒙的命运 /（法）罗伯特·扎勒特斯基 著；徐达艳 译. —北京：东方出版社，2022.1
书名原文：Catherine & Diderot: the empress, the philosopher, and the fate of the enlightenment
ISBN 978-7-5207-1895-0

Ⅰ. ①女⋯ Ⅱ. ①罗⋯ ②徐⋯ Ⅲ. ①狄德罗（Diderot, Denis 1713—1784）—传记 Ⅳ. ① B565.28

中国版本图书馆 CIP 数据核字（2021）第 230837 号

CATHERINE & DIDEROT: the Empress, the Philosopher, and the Fate of the Enlightenment by Robert Zaretsky
Copyright © 2019 by the President and Fellows of Harvard College
Published by arrangement with Harvard University Press
through Bardon-Chinese Media Agency
Simplified Chinese translation copyright © (year)
by People's Oriental Publishing & Media Co., Ltd. /The Oriental Press
ALL RIGHTS RESERVED

中文简体字版专有权属东方出版社
著作权合同登记号 图字：01-2020-4276号

失败的融合：狄德罗、叶卡捷琳娜与启蒙的命运
（SHIBAI DE RONGHE: DIDELUO YEKAJIELINNA YU QIMENG DE MINGYUN）

作　　者：	［法］罗伯特·扎勒特斯基
译　　者：	徐达艳
策　　划：	姚　恋
责任编辑：	闫　妮　杨　磊
装帧设计：	张　军
出　　版：	东方出版社
发　　行：	人民东方出版传媒有限公司
地　　址：	北京市西城区北三环中路6号
邮　　编：	100120
印　　刷：	北京联兴盛业印刷股份有限公司
版　　次：	2022年2月第1版
印　　次：	2022年2月第1次印刷
开　　本：	640毫米×960毫米　1/16
印　　张：	16.5
字　　数：	209千字
书　　号：	ISBN 978-7-5207-1895-0
定　　价：	69.80元
发行电话：（010）85924663　85924644　85924641

版权所有，违者必究
如有印装质量问题，我社负责调换，请拨打电话：（010）85924725

献给朱莉，用我全部的爱意与谢意

目 录

序 言 / 001

第一章 斯海弗宁恩的海 / 007

第二章 在圣彼得堡阅读伏尔泰 / 032

第三章 R 是 Rica 的首字母 / 043

第四章 公开化 / 070

第五章 阴影地带 / 094

第六章 冬宫 / 112

第七章 非同寻常的人与事 / 144

第八章 腹痛与宪法 / 171

第九章 未被采纳的路径 / 190

第十章 召唤塞涅卡 / 210

结语 / 227

注释 / 233

致谢 / 255

序　言

　　1774年4月5日清晨，一辆马车摇摇晃晃地在一座座精心建造的堤坝上前行，这些堤坝如巨型订书针一般，将荷兰低地上一块块棋盘似的圩田串联在了一起。两位旅行者向尘土飞扬的车窗外凝视，年长的是个法国人，年轻的是名希腊军官。年轻的那位——艾萨拉修斯·巴拉（Athanasius Bala）兴高采烈，坚持认为此次行程"看上去如此之短，以至于我几乎无法说服自己已经到达目的地了"[1]。他年长的同伴——德尼·狄德罗（Denis Diderot）那布满皱纹且凹陷的脸，表明了此次行程是多么漫长和坎坷，但他的内心却被各种计划和想法搅得颇为激动。他们前行的目的地是荷兰共和国的政治中心——海牙。虽然海牙距离狄德罗的最终目的地巴黎还很远，但这个繁荣的港口城市将成为他的避风港，在那里，他将会找到整理其思想所需的平静与视角。他的所有朋友和敌人都知道，就像被驯服和控制的荷兰风景那样，这些思想本是狂野而具颠覆性的。

　　当巴拉努力向马车前方张望时，狄德罗却出神地望向马车的后方。大约四周前（换过三辆车），他离开了俄国首都圣彼得堡，在那里，他以叶卡捷琳娜二世正式客人的身份停留了五个月，随后女皇委派宫廷官员巴拉将他护送回去。在坚持数年的邀请后，女皇终于在去年（1773 年）10 月成功将狄德罗请到了首都。在 18 世纪，这段旅程对于正值盛年的人来说都已很是艰难，而对于狄德罗来说则更具挑战性，因为常常处于困顿之中的生活令 60 岁的他年老体弱。此外，他向来不愿意旅行，因为他深深依恋着朋友和家人——尤其是他的女儿安吉莉卡（Angélique），那时她正怀着第一个孩子，并且他也离不开他的书籍。不过，到了晚年，狄德罗虽不愿旅行，但更不愿拒绝来自圣彼得堡的紧急召唤。

叶卡捷琳娜的邀请和狄德罗的应邀具有现实层面和哲学层面的双重原因，并且此后又发生了一系列重大事件，这些都是本书的主题。几乎在所有关于叶卡捷琳娜的学术类传记和通俗类传记中，读者们都会看到一段关于狄德罗在圣彼得堡逗留的简要记录。总体而言，狄德罗传记的作者们会花费较多篇幅来叙述此事，但值得注意的是，却没有任何历史著作专门叙述这一曾经在启蒙时期的欧洲引发巨大关注的事件。19 世纪末，法国文史学家莫里斯·图尔纳克斯（Maurice Tourneux）出版了《狄德罗和叶卡捷琳娜二世》一书，这本书更多的是历史资料和评论的收集，而非叙事。一个世纪后，英国小说家马尔科姆·布雷德伯里（Malcolm Bradbury）的经典小说《致冬宫》面世，书中的讲述者在苏联解体后以学者身份参加一个狄德罗研讨会，这段访问经历与狄德罗在沙皇俄国的经历穿插在一起，产生了令人捧腹的效果。用布雷德伯里自己的话来说，作为一个小说家，他会在自己认为必要时冒昧地"改良"历史。

毋庸置疑，狄德罗本人要对这种奇怪的状况负有部分责任。正如布雷德伯里在《致冬宫》序言中所写的那样，书中的主人公"现在通常只是作为巴黎的一个街区或是一座地铁站的名称而被人记住"[2]。在2013年狄德罗300周年诞辰的纪念活动上，许多知识分子和作家都呼吁将狄德罗的遗体供奉于先贤祠——法国国家英雄名人堂。不过这一呼吁并未得到重视，狄德罗的遗骨仍然埋葬在其初始的安息处——圣罗奇教堂（the church of Saint Roch），而在巴黎东南部一个老社区中，有一座地铁站仍然和他的名字关联在一起。

很遗憾（Queldommage）。狄德罗的人生和他著作中的颠覆性力量至今仍然留存。由他构思、编辑并参与撰写的巨作——二十八卷《百科全书》对当时的社会、政治和宗教统治规则提出了极大挑战。他一生中出版的小说和哲学作品相对较少，其中有几部导致他在监狱中度过了一段漫长的岁月，而在之后的人生中，他不止一次地重复经历这种风险。狄德罗一生中最为激进的几本著作是在他死后才被陆续发现并出版的，在他去世五年后，法国大革命爆发，许多人认为这一事件与他有关。他的作品《拉摩的侄儿》（*Rameau's Nephew*）、《达朗伯的梦》（*D'Alembert's Dream*）、《修女》（*The Nun*）和《宿命论者雅克和他的主人》仍然在持续挑战我们的文学感受和道德情绪。打开其中的任意一本，用不了多久，我们便会忍不住因震惊而揉眼睛，难以置信，一位十八世纪的作家，其手法和才华却似乎来源于我们这个时代。

但狄德罗具有颠覆性还有另一个原因，尽管这看起来有些矛盾。我们往往认为伟大思想家的性格是孤傲的，会为了追求理想而抛开生活中的日常事务和乐趣。可是狄德罗却打破了这个刻板的印象：他的性格中交织着惊人的创造力和暖心的亲和力。他全身心地投入到那个时代的政治和社会事务中，但同时也为朋友、家人和情人（没错，就是情人）的生活而忙碌。狄德罗不仅是那个时代最具煽动性的思想家，而且也如同布拉德伯里（他显然是被这个法国人迷住了）在序言中所说的那样，还是"最讨人喜欢的哲学家"[3]。他为维护友谊，支持家人，帮助处于困境中的作家（尽管这花费了他宝贵的时间和精力）所花费的时间和精力，是对"人不仅是利己的，还是利他的"这一深刻信念的践行。狄德罗是一个乐于助人的人，而与当时和现在的绝大多数哲学家同行相比，更是如此。

在某种程度上，同样的说法也适用于狄德罗在圣彼得堡的东道主。在18世纪，很少有君主能像叶卡捷琳娜二世那样始终怀有仁慈之心，并且具备令人感动的人性化作风。不仅仅在对待属下时，她展现出了这样的品质，在对待臣民时也是一样——至少对于一个庞大而落后的帝国的绝对统治者而言，她已经做到了她可以做到的全部。叶卡捷琳娜希望通过法制化和制度化来施行她的仁政，从某种程度上来说，正是这个因素促使她去接触狄德罗这样的法国哲学家。叶卡捷琳娜在圣彼得堡度过了孤独的年少时期，在那时她就发现了孟德斯鸠（Montesquieu）和伏尔泰（Voltaire）这些启蒙思想家的作品，她如饥似渴地进行阅读，并设法在掌权以后用这些作品中的精神来统治国家（叶卡捷琳娜也期待着文明的欧洲人，尤其是那些杰出的启蒙哲学家的赞美与掌声，这样可以充分彰显她的人文主义）。叶卡捷琳娜认为，还有谁能比那个她屡次称之为"非同寻常"的人（狄德罗）更适合讨论这个国家可悲的法律现状呢？而狄德罗则认为，还有谁能比那个他坚称将"恺撒的智慧与埃及艳后的美貌"融于一身的君主（叶卡捷琳娜）更适合为启蒙运动立法呢？这便是1773年10月狄德罗到达圣彼得堡时的大好形势，而他也被赋予了史无前例的自由权限，可以每天下午前往叶卡捷琳娜位于冬宫的私人寓所谈论哲学和政治事宜，这令皇室上下颇为恼火。

五个月后，这些美好几乎消融在了圣彼得堡这片泥泞而潮湿的土地上。在返回荷兰的途中，狄德罗努力想弄清他与这位俄国君主间数十次会面的意义。与此同时，他继续在调整和修改《宿命论者雅克和他的主人》的手稿。不管是精心编排还是纯属巧合，抑或二者兼具，这部小说中的人物雅克和他主人间的关系都与狄德罗和叶卡捷琳娜之间的关系有些相似。雅克是一名贴身男仆，他坚信自己比他的主人更有资格发号施令，而他的主人虽然认可雅克的主张是对的，但是仍然坚持传统的社会政治秩序。在小说中，法国旧制度下专制和不公的生活提供了笑料，也引出了一些令人不安的问题，而这些问题正是狄德罗这样的思想家们所强调的。小说中的主人自己叹了口气说："我再清楚不过了，哲学家是一群被权势者憎恶的人，因为他们从不向权势者屈膝。"[4]

叶卡捷琳娜与狄德罗的关系也存在同样的问题，体现了类似的相处模式。他们的对话，始于相互欣赏，止于互不理解，中间还伴随着以下犯上，触怒皇权的场景。他们在思想上相当契合，但是在社会和政治习俗上的差异则更大，这凸显出理性王国与俄罗斯帝国之间的共存是不稳定的，甚至是不可能的。在返回荷兰的途中，狄德罗终于意识到这种共存是多么难以实现。一到海牙，他就开始针对叶卡捷琳娜的改革方案，起草了一系列严厉的评论。对于这样一个在圣彼得堡盛情款待他，在他潦倒绝望时资助他，并在全世界面前将自己描画为一位开明君主的俄国女皇，狄德罗对她的总结就是一个彻底的"暴君"。狄德罗挑战她的皇威，警告说，无论她是打算继续维护还是放弃她的专制权力，"如果她在阅读我所写的内容或者倾听自己的良知时，她的内心能够获得快乐，那么她就不再会需要奴隶了。如果她颤抖、感到虚弱无力,那么她也可以算是一个比真实的她更好的人了"[5]。在读到这些文字的时候,叶卡捷琳娜确实在颤抖,但不是因为害怕,而是因为愤怒。"这简直是一派胡言",她大吼道,并且认定那个她称为哲学家的人已经疯了。[6]

当狄德罗让书中的主人公雅克嘲笑生活不过是一系列的误会时,他可能是在不经意地对他和叶卡捷琳娜的关系进行总结。他们那不太像样的友谊(如果还能用友谊这个词)暴露出启蒙运动时期存在的诸多有趣问题,尤其是理想主义者和现实主义者、思想者与统治者之间难以调和的关系。这个时代十分(尽管还不是无条件)重视理性与进步,但同时也赋权给开明君主去运用理性,实现进步。在狄德罗与叶卡捷琳娜的例子中,这种融合几乎是失败的。这个失败几乎不可避免,但却意义深远。历史学家深知,历史绝不能简化为当下的一个教案,但他们也明白,将历史提炼为故事并非只有消遣这一用途。从这个方面来说,叶卡捷琳娜与狄德罗之间的友谊至少可以提醒我们,用更加谦逊的态度,去研究前人的闪光点与局限性、成功与失败。

第一章　斯海弗宁恩的海

你答应待在家里，但事实是你属于所有人，却唯独不属于你的家人。哎，什么人哪！

——纳内特对狄德罗说

1773年初夏，一位法国人，佝偻着腰，在荷兰城市——海牙与海滨小镇——斯海弗宁恩间的海滨大道上漫步。他不时地放慢脚步，驻足观望，目光朝向大海，而后又转回到周围一起散步的人群；男人们都穿着正装，脑袋里大多都在想着生意上的事；零星的几个女人，脖子上系着长围巾，头发被大草帽盖住，看着像是去忏悔[1]。在这位法国游客的家乡——巴黎的街道上，很少会看到这样没有同伴且没有什么修饰的女人[2]，因此对于他来说，眼前这些景象有些不太协调，不过，也没有太让人恼火。

对于狄德罗，这个正在思考中的梦想家来说，想象与现实世界之间的壁垒并不像阻断海洋与陆地间的大坝那样牢不可破。后来，他在给情人索菲·沃兰（Sophie Volland）的信中写道："我所向往的是大海不变的浩瀚和永恒的呢喃，而非它的风平浪静，亦非它的波涛汹涌。"他坦承，就是在这里，这片海滩上，他有了此生最美的梦想[3]。是什么样的理由，让他丢开阅读和写作，沿着这海滩散步呢？

狄德罗经常在斯海弗宁恩的海边流连，这里的海景与海牙不同,没有满布眼帘的码头、桅杆和港口建筑。他后来在游记中写道,这是他"最爱的海滨步道"[4]。他并不是唯一一个偏爱此地的人:在十八世纪下半叶,对于那些渴望在一片完整的青灰色里看见北海的游客来说,斯海弗宁恩,这个缤纷的舞台,已成为备受青睐的地方。荷兰本身就有些类似舞台,它戏剧化地展示了大海与海岸线的动人景象,将水与沙转化为值得游人花费时间的景观[5]。荷兰人为从大海中获得土地而付出的巨大努力曾被善妒的英国人嘲笑,比如:诗人安德鲁·马维尔(Andrew Marvell)将荷兰斥为"大海的呕吐物";也曾被法兰西帝国所不屑,比如:拿破仑认为这些圩田没什么了不起,不过就是"我的帝国中几条主要河流冲积、沉淀的产物罢了"[6]。

但是,对于狄德罗而言,这片土地却是一个奇迹,其中一部分原因是这是人类的杰作。他称赞这些堤坝和运河系统成为海洋的防护堡垒,就像他称赞那些银行和贸易系统,增强了国家财力,培养了国家包容力一样。他说,没有什么能比在阿姆斯特丹港口上漂浮的"桅杆森林"更能体现荷兰的富足了。与它相比,迦太基都黯然失色。[7]狄德罗与他的老朋友让-雅克·卢梭(Jean-Jacques Rousseau)不同,他不是一个正在迈向浪漫主义的人:那些被堤坝和运河保护的土地,被桅杆和仓库填满的港口,以及那布满海洋的商船和战舰控制着狄德罗的想象力,就像那些堤坝控制了大海一样。真奇怪,他想,"在这片洪水泛滥的地方,人们竟然可以安然入睡"[8]。

但是,格外吸引他的是很多的细节,而不是宏大的设计,是这里的男人和女人,而不是那些观念和数据。与其他游客相比,他更喜欢花费大量的时间去观察渔夫,看他们拿着渔网在波涛汹涌的大海上奋力捕捞。与他一起站在岸边的那些妇女,是渔夫的妻子;看完那些男人，狄德罗就将目光转向这些女人，注意她们那布满皱纹的脸是怎样表达焦虑与无奈。这些情景刺激着他的大脑，他自己的脸，记录着他的情绪，呈现出了与渔夫的妻子们一样难以抑制的恐惧和焦虑。他写道："这些渔夫在暴风雨中与海鸥争食，我为他们的命运感到担忧，这种担忧让我无数次崩溃。"当这些拖网捕鱼的渔夫们满载而归，回到岸边时，女人们就会张开双臂奔向她们的丈夫和儿子——这"永恒的夫妻之爱、家庭之爱"是狄德罗永不厌倦的。[9]

狄德罗特别渴望这样的氛围，以至于，这种氛围缺乏时，他就开始故意营造。在他离开巴黎前往荷兰的前夜，他家便发生了这样的事。自从他的女儿安吉莉卡嫁给了一个雄心勃勃的商人，离开这个家后，狄德罗和他的妻子——纳内特，便在这个空巢里，围着彼此打转。他向他的妹妹抱怨说："你们怎么能指望我跟一个臭脾气，一碰就炸的女人说话？"[10] 人们完全能想象到纳内特的回答："你们怎么能指望我跟一个喋喋不休，随时准备改变计划的人说话？"话虽如此，但考虑到狄德罗年事已高，身体也不好，因此他对圣彼得堡之行，总是一会儿想去，一会儿又不想去，反反复复、犹豫不决是完全可以理解的。一想到要离开家，这个宅男就会感到崩溃。"请试着理解，"他向他的朋友恳求道，"我即将离开我的妻子、妹妹、女儿和亲友……现在我一想到这事，我就痛苦不堪。请不要再跟我提及此事了。"[11] 哎，可是对于纳内特来说，问题是：谈论这事是她丈夫的最爱（没有之一）。她厌倦了丈夫的犹豫不决，也厌倦了他的自编自演。

在狄德罗出行的前一晚，家就彻底变成了剧院。那晚，狄德罗的一个朋友——让·德瓦因斯（Jean Devaines）从他们夫妻俩身边经过时，留下了一段令人瞠目结舌的描述，两人就像在高乃依

（Corneille）和莫里哀（Molière）之间来回转换一样。那天晚上，激动万分的狄德罗在门口恭迎德瓦因斯，而后德瓦因斯跟着主人（狄德罗）来到书房。泪流满面的老哲学家张嘴就说："看啊，一个绝望的人啊！作为一个丈夫和父亲，我刚刚目睹了最为残忍的一幕。"狄德罗似乎已无法继续讲下去，哀叹道："哎！既然我已经知道了她们的痛苦，我怎么可以离开她们呢？"正当德瓦因斯想找些话来接茬的时候，狄德罗打断了他，不管怎样，他（狄德罗）都还有力气说完他的话。我们就在那里，他解释说，就坐在餐桌上，我的妻子和女儿在我的对面。当然，桌上没有客人，因为狄德罗想与他的家人独享这离别前的最后时光。"如此凄凉的场面啊，"他慷慨激昂地说，"这样的场面再也不会出现！我们说不出话，也吃不下东西，绝望已使我们窒息。"狄德罗抓住他朋友的胳膊，停顿片刻，而后高声说道："啊，我的朋友：有什么比被家人珍爱更甜蜜的事呢？没有啊，离开他们——这个主意太可怕了！我永远也找不到勇气去做这件没人性的事。叶卡捷琳娜女皇的期待怎会比我内心的渴望更加重要？"他似乎已被自己说服，而后向他唯一的听众宣布："我决定了！我永远也不会离开我的妻子和女儿！我的离开会导致她们的死亡，我拒绝成为杀死她们的人！"

结束了他的慷慨陈词后，狄德罗扑到德瓦因斯的怀里，眼泪弄湿了德瓦因斯的外套。但让这一切变得更加神奇的一幕是：突然间，从舞台左侧冒出来的狄德罗夫人。这位"贤惠"（善良？）的女人，头上戴着一顶小小软帽，双手叉腰，讯问道："我们来了，嗯？狄德罗先生你在干什么呢？"纳内特知道他在干吗，所以也不愿费心再等狄德罗的回答："你把自己的行李丢在一边，浪费大把的时间，就为了在这里胡说八道？明天一大早你就要走人，但你现在却在这里，忙着大放厥词。"喘了口气，纳内特接着说出了狄德罗没有胃口的原因："每次你不在家吃饭，在外面跟朋友胡吃海喝后，你就说自己没胃口。你答应待在家里，但事实是你属于所有人，却唯独不属于你的家人。哎，什么人哪！"[12]

站在斯海弗宁恩，四溅的浪花让狄德罗失了神，让他忘却了在巴黎时打破瓷器的记忆。但，关键是，这两个瞬间都是舞台化的场景，更多的是人为安排，而非自然发生。几年前，即1765年时，他描述了他遇见过的各种各样的大海。那里有一艘可怕的沉船，"大海咆哮，狂风呼啸，惊雷炸裂，灰白、阴郁的闪电穿过云层，将这幅场景照亮"。还是同一片海，但此刻它是平静的，随着视线从岸边向海天交接处延伸，它的颜色也在不知不觉中慢慢变深。[13]

但是，他与这些大海的相遇，既不是发生在法国的海边，也不是发生在荷兰的海边，而是在巴黎沙龙那些人头攒动、气氛热烈的屋子里。那些话是狄德罗对他新结交的一位朋友——克劳夫-约瑟夫·韦尔内（Claude-Joseph Vernet）作品的描述。在动身前往荷兰之前，他的书房里挂着一幅韦尔内的作品——《地中海上的风暴》，那是他自己最喜欢的作品。画面描绘的是：一场海难后，几个男人和女人聚集在岸边的场景，画面采用了纯粹的写实主义手法，这种手法征服了狄德罗。"上帝啊！"狄德罗惊呼，"我要向你所画的水致敬：不得不承认，无论是你用呼吸搅动它们时，还是你用手安抚它们时，它们都任由你安排。[14] 而在回忆起韦尔内的另一幅海景画时，狄德罗直接感叹道："假如你见过五点时的海，你便理解了这幅画。"

奇怪的是，在此次荷兰之行前，无论是清晨五点的北海，还是傍晚五点的北海，狄德罗都未曾见过。甚至，在那之前，他从未见过，或者，至少可以说没见过一片比塞纳河——那条流经他挚爱的巴黎的河流，更宽阔的水域。年轻时，狄德罗就从家乡朗格勒（巴黎东南部一个小镇）搬来巴黎，从此以后，就没离开过这个伟大的城市。去贵族朋友的乡间庄园里郊游，偶尔拜访一下朗格勒，以及在文森监狱度过的三个月，就是1773年前，他的全部旅行了。但狄德罗却并不觉得这是什么劣势。"我一直认为一个人在家中的时光才是最充实的。"《布甘维尔航海补遗》中的一个人物说道（这部作品极有可能是狄德罗在荷兰时写的）。书中，那个像极了狄德罗的人，指着布甘维尔发表的个人环球旅行记，像一个法国探险家一样告诉他的同伴"可以在木板上走遍全世界，你和我可以在这地板上进行一次环球旅行"。[15]

然而，现在他却在荷兰，就像荷兰人将陆地与海洋强行分离一样，他也被迫与自家的地板分离。此刻，站在海滨步道上，狄德罗的思绪里全是大海。或者，更确切地说，是大海把他的思绪引向了四面八方，其中有一段可能就是他对1765年巴黎艺术沙龙的回忆。在那里，狄德罗第一次看到了韦尔内的作品。画中惟妙惟肖的海景打动了他；画家们是如何通过这么虚幻的手段（绘画）创造出如此真实的东西——尽管，狄德罗应当承认，他几乎没有资格证明海的真实性。正如他所观察到的，画布框出了"一系列的虚幻，一个连着一个"，然而，这些虚幻在伟大画家笔下却融合成了一个看似真实、毫无虚饰的世界。[16]

因此，狄德罗才会特别真诚地说，他真的知道五点的海是什么样子。造物与再造，自然与描摹间的界限，在艺术家的手下变得模糊，甚至消失。事实上，真正伟大的画家都已将自己置入画中了，他们不知道，也不在意绘画其实是他人观看的对象。"如果，一个人在画画时，假设了观众的在场，那么一切就完了。"[17]这就如同一名演员，正在慷慨激昂地朗诵，当他转身面向观众时，第四堵墙（戏剧用语）倒了，虚构的一切或者说表演的伎俩都暴露了。因此，狄德罗可能会在他最喜欢的艺术家夏尔丹（J.-B. Chardin）的一幅作品前驻足，就像"一个疲惫的旅人，几乎是下意识地走向一片翠绿、安静、有水，有树荫，凉爽且有座位的地方，坐下"。[18]这些画就是现实世界的延伸，亲切而有质感，不像夏尔丹的最大对手——弗朗索瓦·布歇（François Boucher）所创作的洛可可图像："那个家伙拿起画笔，只想给我展示胸和屁股。现在，我最爱的就是这些绘画，但是我不能让人指出其中的东西。"[19]

事实上，荷兰不仅可以让狄德罗知道韦尔内把自然描摹得多么真切，还可以让他知道自然是多么顺从于韦尔内。狄德罗警告说，自然远不及艺术，"艺术的卓越，无论是在精神层面，还是在物质层面，都在于超越自然，在于构造场景时运用更多的智慧……请注意，自然中最可怕的灾难，如暴风雨、火山爆发，电闪雷鸣，在诗人所创造的意象中都会更加可怕"。[20]

荷兰的学者和作家们给予了狄德罗——这位著名的百科全书编辑，英雄般的欢迎。他参观博物馆和大学，与当地的杰出人物和知名学者见面；据一个朋友说，他"疯狂地喜欢荷兰的医生"[21]。随着两周的短暂停留计划变成了两个月的胜利巡游，狄德罗自然成了社交聚会上的常客。德·霍根多普（de Hogendorp）夫人，一个富商的妻子，在社交场合上见过几次这个迷人的法国男人。"他善良、优秀且幽默，"她在给丈夫的信中写道，"我爱听他说话。"事实上，她继续写道，狄德罗有时会在这个良家妇女的住处"待上几个小时，听我的伤心事"。[22]这位妻子希望，在地球的另一端——印度出差的德·霍根多普先生，能分享妻子的这份喜悦。

在这短短几行字里，霍根多普夫人准确地抓取了狄德罗的个性特点。他凭借着言谈上的天分吸引着男男女女——至少在他没打击他们的时候。杰弗琳（Geoffrin）夫人，巴黎一个重量级沙龙的组织者，曾婉转地告知狄德罗，不再欢迎他来参加每周三晚的聚会。她坦承，她的控制很礼貌，也很强势，但这个男人完全不受控。[23] 当狄德罗让这些荷兰沙龙的组织者激动不已时，杰弗琳夫人给朋友写信，介绍了这位哲学家："他是一个正直的人，但十分固执。固执到对事情的真实面貌视而不见，听而不闻，就像一个梦中人，坚信他梦到的一切。"[24]

狄德罗并不否认这一点。在写给索菲·沃兰的一封信中，狄德罗想弄明白他们其中一次谈话中"产生的逻辑回路"。"一个精神病人的梦，"他补充说，"不再是异想天开。"但是，他接着说道，如果我们仔细审视对话过程中看起来随意说出的话，那么这种想法便会消失："既然无论是在一个做梦人的大脑中，还是在一个疯子的大脑中，都不存在没有逻辑的事情，那么对话中的一切也就自圆其说。但是，有时候很难发现产生这些纷繁复杂想法的微妙环节。一个人从自己连贯的思路中扔出来一句话；第二个人又做了同样的事，接下去就是一片混乱了。"[25]

十八世纪被称作"理性的时代"，也经常被称作"对话的时代"，这并不奇怪。对于狄德罗和他那个时代的人来说，这两种活动几乎是不可分割的。史达尔夫人（Madame de Staël）在她19世纪早期的著作《论德意志》中，就曾捍卫并歌颂过这一独特的习惯："法国所有阶层的人都需要交谈：言语不仅是沟通思想、情感和问题的手段，还是一件令人愉悦的工具，它可以振奋精神，就像音乐和烈酒对于一些人的功效那样。"[26]不同的对话方式会产生不同的结果：展现才思，抑或说是机敏与才智；和蔼，抑或说是殷勤并恰到好处；以及礼貌，抑或说是优雅与克制。

《百科全书》中的"对话"条目对这些特征进行了强调。"应该记住，对话是一种放松，它既不是军备竞赛，也不是棋局；必须懂得如何才能忽视对话，而不是必要时才去忽视它：总而言之，必须让对话中的智慧自由驰骋。"[27]但是，启蒙哲学家们却越来越多地发现他们的"放松行为"陷入争议之中。十八世纪中期的巴黎，在知识分子沙龙中，对话已不仅仅是贵族们为了打发时间和传播宫廷流言而编织的一个话语网络。相反，哲学家们以及像朱莉·德·莱斯皮纳斯（Julie de Lespinasse）和德皮奈（d'Épinay）夫人这种掌控着文学沙龙的女性，逐渐将对话发展成一种探寻真理、质疑权威的集体力量，而这种力量必然会威胁到贵族们的理念和传统的设想。在这个旧秩序日渐式微的时代，这些人摒弃了前人世界里那些处于支配地位的陈腐对话法则，突破了约束言论自由和思想自由的边界。

狄德罗称赞了这个新的对话场所所产生的有益影响。"我们写的东西只能影响某一阶层的公民，"他对他的哲学同行（兼法国财政部部长）雅克·内克尔（Jacques Necker）解释道，"而我们的对话却可以影响每一个人。"狄德罗提醒他说，公众舆论"只受一小群人的影响，这群人在思考过后发声，并且不断地在社会各处创立教学中心，从那里开始，他们所论述的真理和谬误在人与人之间传播，直达城市各个角落，并被树立为信条"。[28]

狄德罗的谈话，虽然并不总是具有说服力，但通常总是令人着迷的。阿贝·莫雷利特（Abbé Morellet）是狄德罗的朋友，两人在

《百科全书》上也是密切合作者,在他看来,狄德罗的天赋就在于"生动、真诚、巧妙、易懂"的谈话风格:"形式多样,充满想象力,思想丰富并且能够激发他人的想法。"狄德罗说话时,经常会兴奋得抓住交谈对象,摇晃他们的胳膊或大腿。有时候,他会沉醉于自己在交谈时发现的想法,似乎忘记了其他人的存在,他的这个习惯被剧作家让-弗朗索瓦·德·拉·哈珀(Jean-François de La Harpe)认为是一种"抽搐"。拉·哈珀(带着一些愤怒)讲述道,伴随着"仰起的头和摆动的双臂",狄德罗"闭上眼睛,仿佛在寻找灵感",而话语就开始"从他嘴里冒出来了"。[29]

狄德罗在听到和看到自己说话时的兴奋劲或许同样令拉·哈珀感到恼火。很少有人对狄德罗口才和创意的欣赏程度能够超过狄德罗自己,而他一点都不羞于承认这一点。狄德罗问艾蒂安-莫瑞斯·法尔科内(Étienne-Maurice Falconet),一个将在我们的故事中扮演重要角色的雕塑家:"一个谦虚的人和一个自负的人有什么区别?"答案是,他继续说道,前者思考但沉默,而后者思考且发声。[30]当然,在杰弗琳夫人看来,狄德罗的问题在于他总是先说后想。对于拉·哈珀来说,问题出在别处:只要狄德罗一讲话,他就是自己最热情、最专注的听众。

狄德罗对自己口才的自我陶醉令拉·哈珀感到厌烦,由此可见,拉·哈珀似乎没有读过夏夫兹博里伯爵(Shaftesbury)所写的《关于美德之探究》一书。没读过这本书并不意外:夏夫兹博里的这本著作早在半个世纪前的1699年就已经出版了,但直到1745年这本书的法文译本才面世。虽然狄德罗的名字并未出现在封面上,但众所周知,他就是这本书的译者。不过只有很少人——也就是那些读过夏夫兹博里英文原著的人——知道,狄德罗并不只是翻译了这部作品，还在字里行间添加、移植甚至强行塞入了自己的想法：写作和翻译时的这个怪癖贯穿了他的整个职业生涯，从《百科全书》到《布甘维尔航海补遗》，再到《两个印度群岛的历史》，这些作品中均有所体现。

尽管夏夫兹博里是约翰·洛克的学生——事实上，洛克是夏夫兹博里父母的主治医生，他在1671年将夏夫兹博里带到这个世界上——但是夏夫兹博里反对他的导师将人类心灵描述成白板——一块任由感官刺激涂抹的白板。受剑桥柏拉图学派的启发，夏夫兹博里反而坚持主张人类天生具有一种第六感，即同情心。夏夫兹博里认为，这种用来领会道德真理的能力，就如同我们的视觉和嗅觉能力一样，是与生俱来的。我们天生就会同情我们的同类，就像我们天生就会相互协作一样。"如果欲望或感觉是天生的，那么群体感也是天生的。"他宣称，我们的"对错意识"同样是构成我们自身的自然且基本的法则之一。夏夫兹博里认为：当我们努力去做对的事情的时候，我们做的就是好事；而当我们做好事的时候，我们就增加了社会的"幸福存量"。[31]

看上去不可思议，英国贵族的后代和法国工匠的后代在道德基础上达成了一致。这在一定程度上是因为，狄德罗在翻译时一直在为自己的思想寻找原理，却丢失了夏夫兹博里的要素。实际上，狄德罗更加认同按照自己想象重塑的夏夫兹博里，而非夏夫兹博里本人。带着讨人喜欢的天真和精明，狄德罗回忆起他翻译夏夫兹博里著作的方法："我读了一遍又一遍，让自己被他的思想填满，然后，可以这么说吧，当我拿起笔开始翻译时就不用再看他的书。从来没有其他人的著作被如此自由地使用过。"[32]

夏夫兹博里不仅被狄德罗自由地使用，而且还将狄德罗从道德的宗教基础中解放出来。因为我们内心具有道德感,那么就不再需要上帝来赋予美德,就像我们不需要上帝赋予我们看见或听见的能力一样。夏夫兹博里的自由主义仍在基督教框架之内,但狄德罗却以此为跳板,直接跳出了宗教信仰的范畴。这有助于解释狄德罗对赞美的强烈渴望,以及他对自我表扬的热衷。这不是,或者说不仅仅是幼稚的虚荣和纯粹的自负。相反,这些公开表演以及随后的赞美都有一个道德目的。对于狄德罗来说,美德首先是一种公共行为——这种行为无论表演得多么频繁都不为过。对于那些坚持美德本身就是奖赏的信徒,狄德罗回答说,这一奖赏仍需得到认可,如果不是被上帝所认可(狄德罗此时已经开始怀疑上帝),那么就必定被同类人群所认可。

早些年在巴黎时,特别是在18世纪50年代,狄德罗几乎不错过任何一个谈话或出版的机会来主张性善论。事实上,他如此频繁而又大声地对此进行强调,以至于看起来他努力要说服的不只是别人,还有他自己。好的文学会点燃我们心中本已存在的善良火种。在读了塞缪尔·理查森(Samuel Richardson)的小说《克拉丽莎》后,狄德罗几乎不能自已。"如果我们试图说服人们抛开所有别有用心的杂念,美德会带来快乐,理查森还有什么没有呈现给人类的呢?"[33] 狄德罗感叹道。拉·罗什富科(La Rochefoucauld)通过箴言表达一种残酷的人生观,而理查森则通过现实主义的叙事方式展现了一种更加令人振奋的人生观。狄德罗表示,多亏了这位英国人,"我更加爱我的同胞和我的职责了,更加对那些作恶者感到惋惜……更加对那些行善者感到崇敬"[34]。

总之,狄德罗感到"对美德更加热爱,它是上天能够给予我们的仅有的优点"[35]。不要费力在历史中寻求这些真理,因为历史无法提供。小说反而可以提供这样的道德顿悟。"我敢说，"狄德罗向（早已死去的）理查森保证道，"真实的历史是空洞的，而你的小说却充满真理。"[36] 对于读者来说，他们能够得到的不仅是一种审美体验，还是一种道德上的体验。与让-雅克·卢梭相比，狄德罗并没有太多回应理查森，他认为恶凌驾于善之上应该归因于社会，而非本性。在他的作品《论戏剧诗》中，他提问道："人性是善的吗？"他的回答很迅速："是的，我的朋友，非常善良。让人类堕落的不是人类的天性，而是那些可悲的习俗。"他被他自己的假设——人们在生活和文学中，对于善良行为和善良人物的普遍关注所吸引。"有什么能像一个关于慷慨行为的故事那样打动我们？"他追问道。"那个在听到一个善良人的痛苦时无动于衷的卑鄙小人在哪？"[37]

说到这个问题，那么在观看表现这一主题的狄德罗戏剧时，那些无动于衷的卑鄙小人在哪里呢？答案是，很多地方。1756年，狄德罗受意大利剧作家卡洛·哥尔多尼（Carlo Goldoni）大受欢迎的喜剧《真正的朋友》启发，匆匆忙忙地赶出了一部戏剧。狄德罗对哥尔多尼剧本的改编，将这出诙谐而又容易被遗忘的滑稽剧，变成了一出全是名言警句但依然容易被人遗忘的戏剧。故事的主线很简单，主角多瓦尔（Dorval）控制住了自己对一个女人的强烈感情，因为这个女人虽也爱他但却已经和他最好的朋友订了婚。在这五幕戏里，多瓦尔找到了说辞来劝说他的爱慕对象嫁给他的朋友，找到了勇气来保护朋友免于暴徒的伤害，找到了同情心来为不幸之人奉献自己的财富，并且找到了自我克制的理由让自己迎娶不爱之人。到剧终时，多瓦尔的一系列自我牺牲并未能吸引我们，而是让我们筋疲力尽。这个角色被狄德罗描绘成一个郁郁寡欢承受一切的人，唯有当谈论美德时，他才会"容光焕发"，他更多的是一个荒诞的道德形象，而不是一个道德典范。

因此，在狄德罗的道德戏剧中，没有了哥尔多尼滑稽剧中的笑声，取而代之的是演说，许许多多的演说。从本质上说，狄德罗只是为道德的赞歌披上了一件戏剧的外衣。他甚至让剧中的一个人物来解释戏剧在理性时代的道德功能及其好处："这些戏剧就是剧院所开设的课程，而这些课程开得再多也不为过。"显然，如此笨拙的说教也困扰了狄德罗本人。在写给伏尔泰的一封信中，狄德罗感觉作为一部戏剧，它是失败的："我不知道公众会如何看待对我的戏剧才能，但是我不在乎。我只想给他们呈现这样一个人，他的内心充满了道德理想和人性之爱。现在，他们应该已经看到了。"[38] 狄德罗的担心是有根据的。1771年，这部剧终于在法兰西剧院上演，但它的生命宛如蜉蝣：一夜之后它便停演了。

但是在第二年出版的修订本中，读者将会看到一些不太一样且非常有趣的东西。狄德罗首先以美德之名删掉了哥尔多尼剧本中戏剧化的、没有太多意义的废话，然后再用他称之为"真实的戏剧史"重新包装。剧中一个名为"狄德罗"的哲学家和主角多瓦尔之间有一段对话，而多瓦尔不仅经历了剧中所有事件，还将这些事件转变为我们所读到的剧本。在他们的讨论中，每当"狄德罗"对这部戏剧提出异议，批评一个场景太不真实或者一段对话过于考究，这时多瓦尔都会回答说台词就应该这么说，而场景就应该这么展开。其中，"狄德罗"尤其讨厌一个场景，认为它是低级的"剧情突变"，以此向多瓦尔施压，而多瓦尔很快表示认可，但坦承自己别无他法——"这个场景并非虚构，而是事实"——他不会为了逼真性而允许"如果事情篡改一下，看起来会更好一些"。[39]

伪善是邪恶向美德的致敬，这是拉罗什富科的著名论断，但狄德罗还希望衍生出更好的东西：那就是，虚构是真理向美德的致敬。如果有必要的话，道德家应该牺牲掉世俗的真相，将它献祭给永恒的道德真理。同样地，虽然做一个好人对于启蒙哲学家来说很重要，但更加迫切的是要展现他们的美德。出于这个原因，狄德罗向伏尔泰解释道，哲学家应该将他们的美德运动公之于世。"比他们（主教与红衣主教、神父和僧侣）知道得多还不够；还有必要向他们展示我们是更加出色的，哲学可以比坚定有效的信仰塑造更多善良之人。"狄德罗还从个人和集体的角度构想了这一运动。哲学家公开展示仁慈和宽容，理性和事理，这与其说是一种自我宣传——尽管这的确是事实——不如说是为他们所期待的社会树立典范。他宣称，"让人们变得更好与让人们变得不那么无知，二者至少是一样重要的"[40]。

在到达海牙后不久，狄德罗就遇见了荷兰著名思想家弗朗斯·赫姆斯特赫斯（Frans Hemsterhuis），他严格测试了狄德罗关于无神论者也可以拥有向善的能力这一观点。赫姆斯特赫斯在当时的出名程度，堪比他如今被遗忘的程度。他有一个不太贴切的尊称"巴塔维亚的苏格拉底"，他在大学里学习哲学，但是却没能找到一份教职工作。因此，与苏格拉底不同的是，他成了一名政府官员，利用空闲时间做哲学研究。

根据赫姆斯特赫斯的写作数量判断，他似乎有很多空闲时间。就在狄德罗到来前不久，赫姆斯特赫斯发表了一篇名为《人之信》（*Letter on Man*）的短篇作品。狄德罗当时住在他的朋友戈利岑王子（Prince Golitsyn）的豪宅里，行李还未打开，赫姆斯特赫斯的书就寄到了。在狄德罗看来，这本书有点像是对他来到海牙的一种挖苦式欢迎。《人之信》以法语撰写，矛头对准的是哲学家斯宾诺莎（Benedict Spinoza）这个令荷兰无可奈何的本地人。尽管斯宾诺莎去世已将近一百年，但他的名字却依然流传。历史学家乔纳森·伊斯雷尔（Jonathan Israel）评论说："斯宾诺莎所受的谴责之多无人能及，甚至霍布斯也无法与之相比。"事实上，霍布斯本人也被斯宾诺莎对于传统宗教的正面攻击吓得要死。根据霍布斯早期的一位传记作者的说法，斯宾诺莎的作品"冲破了他的藩篱，因为他（霍布斯）不敢如此大胆地写作"[41]。

斯宾诺莎阐述了一种绝对的唯物主义和决定论方法，来研究世界以及我们在其中的位置，他认为精神与物质是同一的，上帝与自然也一样。斯宾诺莎的上帝是一种内在的存在——换句话说，是万物的本因——为世间万物提供实体。事实上，上帝就是世界，世界就是上帝，两者终将合而为一。斯宾诺莎推理出一个结论，在这个世界上，或是在人类中，没有什么是超越我们智力的。更令人不安的是，斯宾诺莎的形而上学不可避免地会指向一个一切都早已注定的世界或上帝。每一件发生的事情，都是必然会发生的。

欧洲思想史界仍在争论斯宾诺莎主义的影响。可以这样说，以前从未有过一个形而上学体系如此深刻地影响政治和社会，它粉碎了传统真理论的支柱，推翻了覆盖在王座和圣坛顶端的日渐老化的政治权威。17世纪70年代早期，在斯宾诺莎定居海牙后不久，不出意料，这座城市的加尔文派长老们便开始抨击他"盲目崇拜而迷信"的作品[42]。因为，他们担心这种"完全无神论学说"已经"越来越多地渗透进这里和其他地方"。[43]

在斯海弗宁恩，狄德罗不仅对共和主义很熟悉，对无神论也很熟悉。在他出版的荷兰游记中，他（不公正地）宣称荷兰是一个"迷信的民族，对哲学和宗教自由思想充满敌意"。然而重要的是，他还赞扬了他们并没有迫害持有这种自由思想的人。[44] 的确，狄德罗很喜欢这种允许人们自由思考和表达的政治氛围。在索菲·沃兰那里，他赞扬了各种社会阶层的荷兰人都具备的"共和精神"；在德皮奈夫人那里，他声称荷兰人似乎"被共和主义的恶魔附体了"。[45] 在两位女士那里，他都兴高采烈地引用了一位马鞍匠的话，这位马鞍匠宣布要将自己的女儿从修道院里带出来。"'我担心，'这个善良的男人说道，'那些卑劣的专制作风会相互传染。'"[46] "在这里，商人们说话都带着国王般的威严。"虽然这在我们生活的时代实在太寻常不过，但在狄德罗生活的时代，这种观点是罕见而宝贵的。按照他的理解，一个健康的国家必须存在一个与社会有实质利害关系的公民阶层："那些一无所有或者能够拿走一切的人，都是没有国家这个概念的。"[47]

对于斯宾诺莎的无神论，狄德罗则更加慎重。没有迹象表明他去过海牙市郊的帕维尔乔恩斯格拉赫特（Paviljoensgracht），去拜访斯宾诺莎人生最后几年居住过的寓所。他不这么做的原因或许是出于谨慎，觉得没有必要去强化人们对于斯宾诺莎哲学和他作品间相似性的描述。善良的赫姆斯特赫斯是一个反斯宾诺莎主义者，他的情形与之类似。赫姆斯特赫斯在赞美荷兰新闻自由的同时，也在谴责非道德主义者和无神论者对这种自由的滥用。"大量的作品都在嘲笑上帝的存在、灵魂的不朽和宗教的必要性"，因此，这位荷兰的柏拉图主义者想用他的书来治疗这种现象，他宣称："理性，如果是从想象和偏见中释放出来的，是不会将我们引向唯物主义和自由思想的。"[48]

赫姆斯特赫斯抨击无神论者时，并没有指名道姓。但是狄德罗知道自己正好成了这个荷兰人的矛头所指。在赫姆斯特赫斯赠予他的那本书的空白处，狄德罗嘲笑了只有超自然的基础才能确保高尚的行为这一说法。狄德罗指出，赫姆斯特赫斯赋予了基督徒以特权以及"一种超出我们实际职责的虚幻职责"，将人类与社会责任及人道责任分隔开来。[49] 狄德罗坚持认为，与其将道德行为的基础建立在一个遥不可及的王国里，倒不如看向我们的身边。经过这么多年，狄德罗仍然相当推崇夏夫兹博里，他断言我们在自然法则中找到了道德行为的原因："一种人类所特有的知识和思想秩序，它源自人类的尊严，又构成了人类的尊严。"[50]

在哲学和政治上，克洛德·阿德里安·爱尔维修（Claude Arien-Helvétius）比赫姆斯特赫斯更具挑战性，他是一个富有的贵族，与百科全书的许多编著者都有联系。在海牙社交活动的间隙，狄德罗反复阅读了他的这位同事所写的《论人》（*De l'homme*）一书，书的空白处记录了他的大量感想。这本书完成于1769年，作者因为担心官方的反应，等了几年才出版。"法国的宗教审判要比西班牙严厉得多，"爱尔维修对一个朋友说。[51] 直到1772年，他去世后一年，这本书才得以登上法国书店的货架。

爱尔维修的等待是正确的。十多年前的1758年，他出版了专著《论精神》（*De l'esprit*），尽管国家审查机构给这本书颁发了正式的出版许可，但是这本书所引发的风暴清楚表明，可怜的审查官要么是根本就没看这本书，要么就是没能理解其中极具争议的内容。爱尔维修是一个有条不紊并且缺乏幽默感的唯物主义者，他认为道德只不过是应用在人类行为领域的物理学。高尚的美德——从自我牺牲到无私忘我——只是我们掩盖自我吹嘘和自私自利的脂粉而已。归根结底，人类所有行为都源自本能的激情和欲望。爱尔维修感到诧异，理智的人难道觉察不到"自己的善与恶完全因个人喜好而改变，并且都倾向于让自己快乐吗"⁵²？

　　当代的一位智者认为，如果爱尔维修的书震撼到了读者，那是因为它陈述了读者自己已经确信了的东西。事实上，贵族小说家格拉菲尼夫人（Madame de Graffigny）就抱怨说，爱尔维修的论点，甚至一些语句，都是从她的文学沙龙对话中剽窃所得。⁵³无论爱尔维修是否借用了他人的话，反正狄德罗认为这些语句都是极度简化且拙劣的。"一个自相矛盾的作者，永远不应该陈述他的结论，而应该陈述他的论据。他应该在不知不觉中进入读者的思想，而不是强行进入……如果作者所写的一切都是凌乱的堆砌，那么作者脑子里只要有一个非确定性的组织方法，那么他的书最终就会变得更容易让人接受，如果不是这样安排，结果就会很危险。"⁵⁴

　　最终，爱尔维修与其说是在唯物论上犯了错，倒不如说是在简化论上犯了错，他瓦解了道德情操与生理欲望间的所有区别。正如思想史学家恩斯特·卡西尔（Ernst Cassirer）冷冰冰的评论那样，对于爱尔维修来说，"所有的这些感觉都被归结为无差别的感觉"⁵⁵。然而对于狄德罗来说，爱尔维修这部笨拙的作品带来的危险却是真实的。无论是在宫廷还是在教会中，他和他的作品都已树敌无数，这些人故意将爱尔维修的颠覆性作品与狄德罗的百科全书关联到一起。梅尔基奥·格林姆（Melchior Grimm）是狄德罗的密友及合作者，他在用以消磨时光的沙龙里发出过一封信，其中记录了他可怕的不祥预感："这位作者（爱尔维修）的书几乎普遍引发了一种动荡性的观点，而哲学将在很长一段时间里承受这一影响。"格林姆继续说道，尤其要注意的是，因围绕这本书的恶意谣言而付出代价的将是狄德罗，而不是爱尔维修："为了毁掉狄德罗先生，有人在到处散播谣言，说他才是爱尔维修先生那本鼓动人民造反的书中所有段落的作者。"[56]

为了强调《论精神》一书与斯宾诺莎主义"恐怖体系"之间的相似性,教会将它列为禁书,而皇家当局则在讨论将此书的作者拘禁。爱尔维修最终躲过了牢狱之灾,但是却付出了被当众羞辱的高昂代价。根据巴黎高等法院的命令,一个刽子手在司法宫入口处展示了一本《论精神》,然后将它撕碎并焚毁。[57]爱尔修斯被剥夺了荣誉头衔,为了避免被监禁,他签署了一份由王室审查官口授的、毁灭性的作品撤回文书。"我衷心希望,"爱尔维修公开声明,"所有不幸读过我的书的人能够原谅我,因为我没有想到这本书会产生如此灾难性的影响。"[58]在爱尔维修屈服的同时,狄德罗和他的同事们急得像热锅上的蚂蚁一样团团转,担心《论精神》不仅会威胁到他们已经取得的成果,还会危及《百科全书》的未来。

这场大火即使没有被彻底扑灭,也算是暂时得到了控制。爱尔维修签署了那份让人绝望的谢罪书,躲过了牢狱之灾,他从中至少学到了一个教训——如果他想在家中而不是在巴士底狱度过余生的话,那有生之年就不能再出版这类书籍。爱尔维修去世时身边陪伴着的是他的妻子和友人,没有神父,一年多后,他的巨著在荷兰出版,并且迅速超越了早期那本备受诋毁的作品。爱尔维修认为,快乐和痛苦是人类所有行为背后的唯一原因,是"隐秘的准则"。我们所有的想法都源于生理驱动,如果"一定要说判断和比较的能力与其他感觉能力不同",这是没有意义的。总而言之,物理世界——包括我们的感觉能力——是道德和正义的唯一基础。"我可以理解我的五官感觉,"爱尔维修说,"但是我得承认,我理解不了道德感,就如同我理解不了一座有道德的城堡或者一头有道德的大象一样。"

从这个定理出发，我们只需再迈出一小步，就可以得出这样一个观点，那就是凡是让人快乐的就是好的，凡是让人痛苦的就是恶的。道德家和诗人所推崇的理想模范——诚实而勇敢，爱和友谊——实际上都是我们给动物本能和个人喜好随便加上的便利名称而已。爱尔维修对于那些"继续使用这类空洞词汇"的人失去了耐心，他坚持认为真理会让我们获得自由。或许更确切的说法应该是，如果我们不被趋乐避痛所束缚，真理就会让我们获得自由。

爱尔维修对人性的分析产生了巨大的政治和社会影响。因为我们所有人追求的都只有一件事，即我们自己的快乐，为了达成这一目的，我们所有人都走在成为暴君的路上，准备去欺凌他人——给他人带来痛苦。因此，我们需要一个公正、公平的政府来协调个人欲望与公共利益——最好是由共和政体或者开明的统治者来承担这项任务。不出所料，这条推理路线吓坏了爱尔维修的许多同事和朋友。数学家让·勒朗·达朗贝尔（Jean le Rond d'Alembert）是狄德罗的合作编辑，伏尔泰在写给这个人的信中感叹道，任何有权势的人读到这本专著，"都将永远不会宽恕我们"。[59]

爱尔维修将这本书献给了叶卡捷琳娜，但此举几乎无助于解决他在巴黎宫廷圈中面临的问题，爱尔维修向叶卡捷琳娜解释道，启蒙运动在"北方的土地"上最为耀眼，而在南方——即法国，"迷信和东方专制"主宰着一切。[60] 此时正在海牙接待狄德罗的格利岑王子，已经变成了只有他一个人的公关公司，专门服务于爱尔维修的著作，他利用一切机会扩散这本书，其中一本送给了法国大使诺阿耶侯爵（Marquis de Noailles），但这也没有能够改善巴黎和圣彼得堡之间的关系。不过诺阿耶可高兴不起来，他怀疑其中的献词可能是狄德罗写的。就算不是他写的，这个法国人"表现出来的情感

还是与这本书中包含的情感一样"。⁶¹

然而，狄德罗是决不会写这样的序言的。他不仅不会像序言作者那样歌颂腓特烈大帝（Frederick the Great），而且他也永远不会接受书中狭隘的简化论论点。伏尔泰担心的是当权者会如何看待爱尔维修，而狄德罗担心的则是爱尔维修本人如何看待唯物主义的道德影响。这本书给了狄德罗又一个机会去努力解决由决定论所引发的棘手问题。

狄德罗在书的空白处草草写下的批注很快就溢出了边页，汇集成了一部短著作《驳爱尔维修》（A Refutation of Helvétius）。"这是真的吗？"他问道，"生理上的痛苦与快乐或许是动物行为的唯一准则，但这也是人类行为的唯一准则吗？"根本不是，狄德罗回答道。爱尔维修没有能够区分人与人之间的差异："每一个个体都与众不同，如果每个人都去创造一种专属于自己的语言，那么有多少人，就会有多少种语言。任意两个人都不会用同一种方式说'你好'或者'再见'。"狄德罗坚持认为，爱尔维修还混淆了原因和前提。当然，让我们对这个世界做出行动和反应的感官能力是与生俱来的。但是这种特别的能力，以及它所记录下的生理感受，只不过是这些行为的必要条件。他认为这"仅仅是一个必要条件，而令我们感到厌恶和渴望的直接动因则是与之完全不同的东西"。⁶²

爱尔维修在科学上的狂妄也让狄德罗颇为震惊，他坚信自己对于人类本性所做出的定论就和牛顿的物理定律一样无可辩驳。"承认你在徒劳地敲打自己的脑袋吧，"狄德罗警告说，"就像我在自己永远不会深入了解的事情上所做的那样。我之所以提到自己，是因为我能够意识到自己的企图，也知道自己的固执。然而，尽管我拥有的材料比你需要的还多，却也还未发现真理。事实上，那些看似复杂的问题最后会变得简单，而那些看似简单的问题最后却会超出我的理解。"[63]

最终，狄德罗以小说家和人文主义者的双重身份，否定了爱尔维修所描绘的毫无创造力且令人窒息的人类肖像。尽管我们是由物质构成，受欲望的影响，被世界所塑造，但我们并不是木偶。按照洛克（Locke）的哲学观点，先天的观念是不存在的，所有的知识都源于经验，但爱尔维修却讽刺而不是延续了这位英国经验主义学者的工作。狄德罗还戏谑地补充说，爱尔维修认为快乐与痛苦是我们生命中唯一的动力，但他自己就是这个观点活生生的反例。爱尔维修很富有并娶了一位漂亮的太太，但是他却没有将时间花在床上，沉溺于感官的享乐，而是全身心地致力于吃力却不讨好的写作工作。狄德罗认同道德法则的来源是广泛的，但是爱尔维修主张生理感受就是我们所有行为的唯一原因，这是狄德罗所反对的。狄德罗埋头研读着同行的这本书，其中的简化论主张让他揉起了额头，终于他不耐烦地在空白处快速写下："我是一个人，我需要适合于人的理由。"

斯海弗宁恩的风景——一个能够体现荷兰人如何改造自然界的完美地理位置——或许提醒了狄德罗，他也有类似的抱负，只不过改造的目标是人类世界。在《百科全书》中，狄德罗宣布了这部空前巨作的道德目标：他郑重宣告，他和所有编者必须"激发人们对科学的兴趣，对虚伪和恶习的恐惧，还有对美德的热爱，因为所有不以快乐和美德为目标的事物都是无意义的"。[64] 正如他对爱尔维修所说的，"我确信，总而言之，一个人要想快乐，最好的方式就是做一个好人：在我看来，这是最为重要也最有趣的工作，当生命走到尽头时，我会带着最大的满足感回忆这一切"。[65]

最后，对于狄德罗而言，任何不把人放在世界中心的事情都不值得劳心费力。他问道，如果人被"驱逐出地球表面"，世界将会怎样？答案令他不寒而栗："这悲壮的自然景观变得沉默而忧郁……撇开我自己的存在和同胞的幸福，剩余的自然对我来说有什么意义？"狄德罗认为，有没有他，自然都会存在。但是没有他，他的同胞们是否还能繁荣昌盛，就很难说了。毕竟，他是一位哲学家，一生致力于改善同胞们的生活。虽然这个目标从未改变，但是实现的方式却改变了。一条路是为他人写作，而另一条路是与他人对话。第一条路使他成为百科全书的编辑，这本书在几十位合作者的帮助下共同完成，旨在汇集人类的知识并传承给后代。狄德罗做这件事的理由如今仍然能够触动，甚至刺痛我们的心灵：他写道，我们从事这个项目，"是为了让我们的后代，在成为更有知识的人的同时，会变得更加善良和充实，也是为了让我们在离开这个世界的时候能赢得人类的敬意"[66]。

第二条路是穿过斯海弗宁恩，直达圣彼得堡，在那里，俄国女皇叶卡捷琳娜二世不止一次地邀请他去交谈。正如狄德罗所感受到的那样，这些邀请函既傲慢又专横。"女皇这样一位君主的愿望，这样一位大恩人的心愿，即使是最不明智的人也会接受这样的命令。这样的一个女人，一生中至少要见一次，我要去见她。"[67]随着年纪增长，狄德罗再也找不到借口了，他告诉朋友们，如果"不安排这趟旅行，我将无法自处，也无法与她相处"。[68]感激之情只是他感到无法自处的部分原因。同样重要的是他对于哲学的责任感。如果改变不能自下而上进行，那么就需要来自上层的强制力。这样一位杰出的女性，由一位同样杰出的哲学家予以辅佐，那么还有谁比她更适合承担这项任务呢？"对她，"狄德罗坚持认为，"人们真的可以讲真话。"狄德罗在俄国短暂逗留后写下了这些话,但其实在那里,他发现对当权者说真话并不那么容易,因此,这表明狄德罗对自己并不完全诚实。

第二章　在圣彼得堡阅读伏尔泰

我希望法律能得到遵守，但不是以奴隶的方式。

——叶卡捷琳娜

"我一直期盼狄德罗的到来。"写完这一行，叶卡捷琳娜停了下来；她意识到，她的等待实际上已持续数年之久，并且不会如她所期待的那样很快结束："非常遗憾的是，我刚刚得知他在杜伊斯堡病倒了。"

不过，当得知狄德罗已经越过莱茵河并且抵达杜伊斯堡时，写信人或许会获得一丝安慰。不管怎样，这些消息都不会打乱她的日常工作。一切如常，并将永远如常——她曾经对此评论说，固定得就像"乐谱上的线条"一样。早上六点起床后，她在卧室里继续待了两个小时，处理一些官方文件和私人信件。在轻快地批复完前者后，她详尽地回复了后者，其中偶尔使用俄语，但更多时候是用她的母语德语。抑或和这封信一样，使用她最爱的法语，她的法语写得很好，甚至可以轻嘲自己一番。她提醒收信人，她的信一定会令他感到乏味，并且请他"把信扔进火里，如果你想这么做的话，但一定要牢记，无趣是我的专长：这是属于君王的权利"。[1]

写完这一行，叶卡捷琳娜笑了，她很清楚，这封信的收信人伏尔泰宁愿把假发扔到火上烧了。

叶卡捷琳娜习惯性地与伏尔泰分享了一些信息，其中有秘密的，也有公开的，有个人的，也有政治上的。这些领域和君主的生活融合在一起，不仅如此，通过书信往来——始于 1762 年叶卡捷琳娜登基后不久——伏尔泰已经成为叶卡捷琳娜最珍视的知己之一。在早期写给伏尔泰的一封信中，她坦承，自从 1746 年的某一天，十五岁的她偶然接触到他的著作后，便"爱不释手，于是我只想要看这种文笔优美并且具有启发意义的书……最后，我总是回到第一个引导我品味并给予我极大乐趣的那个作者身边。我的所有学问，都应归功于他一人"。[2]

叶卡捷琳娜从伏尔泰那里得到的不仅只有学问；她还要感谢这位著名思想家和作家对她个人以及政策的无条件支持，在理性时代，这是一笔无价的财富——今天我们可能称之为"社会资本"。每一个想擦亮"开明君主"这张证书的统治者都在寻求伏尔泰的关注——其中最著名的例子莫过于普鲁士的腓特烈大帝——但叶卡捷琳娜的例子却很特别。很多欧洲人，包括一开始的伏尔泰，都认为叶卡捷琳娜是用非法手段夺得了政权，否则这对于一个德国出生的女人来说怎么可能？况且，她是不是废黜了丈夫彼得三世？更令人愤慨的是，这个被推翻的沙皇是不是很快就被宣布死于"痔疮"？

1745 年 7 月 17 日，安哈尔特－泽布斯特公国——普鲁士的一个地区，现位于波兰境内——的公主，15 岁的索菲亚·奥古斯特·弗雷德里卡（Sophia Augusta Fredericka）独自一人在圣彼得堡度过了新婚之夜。她的卧室在冬宫，这是一座宏伟的巴洛克式建筑，沿着涅瓦河河畔伸展开来，她看向窗外，可以听见她的丈夫彼得大公正在训练他的随从，仿佛他们是帝国的士兵。这个体弱多病的少年已经被选定为俄国下一任沙皇，虽然他咆哮着发出命令，但是步伐声却无法保持一致，而他的新娘听着这嘈杂的脚步声，正在努力理清自己的思绪。索菲亚的自尊被彼得对她明显的漠视所伤害;但同样是自尊阻止了她去抱怨。她后来写道,她的心"无法预见幸福"。但她的灵魂却预见到了更伟大的事情:"有一种东西,我不知道它是什么,但它让我从不怀疑,终有一天我将凭借自己的力量成为至高无上的俄国女皇。"³

在1744年2月,这位年轻的德国公主穿过冰天雪地的俄国边界的那一刻起,这种"东西"便已显现出来了。索菲亚刚到王宫就发起了高烧,她的状态不是处于昏迷,就是处于神志不清之中。她卧床不起将近一个月时间,其间医生多次为她放血,而女皇伊丽莎白也亲自看护她。当公主终于恢复到可以出现在公众视野时,伊丽莎白仍然没有停止照顾她:女皇给这个孩子送去了一罐胭脂,让她那张消瘦苍白的脸恢复一些生气。不过,这个少女非同寻常的自我意识,却不需要什么胭脂。在路德教派中成长的索菲亚,于生死徘徊之际,仍然拥有过人的决心和智慧,她拒绝了一位新教牧师的探访。相反,她坚持要见东正教的牧师西蒙·奥多斯基(Simoen Theodorsky),而牧师显然也对这位年轻外国人的请求印象深刻。⁴

印象深刻的不只有牧师一个人:此时此刻,伊丽莎白或许已经意识到,她的豪赌有了回报。这场婚姻是由无儿无女的女皇一手策划的。为了确保皇位的顺利继承——她的父亲彼得大帝,结束了由男性后裔继承皇位的传统准则,允许沙皇指定自己中意的人选——伊丽莎白试图为她指定的继承人寻找一位合适的妻子。从文化和王朝方面的因素考虑,伊丽莎白认为安哈尔特-泽布斯特家族符合她的需求。其原因不仅是彼得大帝的外孙彼得大公也会说德语——他的母亲安娜(Anna)嫁给了荷尔斯泰因公国的一位王子——而且由于欧洲贵族的家族谱系之间关联密切,索菲亚还是彼得的远房表亲。事实上，索菲亚曾在彼得的家乡荷尔斯泰因公国的奥伊廷见过她未来的丈夫，那时她还不到十岁。这个男孩留给她的印象是"体弱多病"，而更令人担心的是，亲戚们私下议论说他"喜欢喝酒"。[5]

伊丽莎白认为索菲亚符合自己的王朝规划，这给了这位年轻女孩的父母难以拒绝的前景，因为相对而言，他们算不上是名门望族。但是刚在俄国定居，索菲亚就对这些前景不再抱有幻想了。她的丈夫彼得，虽然被腓特烈大帝所树立的榜样所吸引，但他既没有这位普鲁士国王的能力，也没有他的修养。相反，他从腓特烈那里学到的似乎只有对军事排场的迷恋。他不是忙着更换他那些有着五颜六色花边的制服，就是和那些玩具士兵玩上好几个小时，而为了不让伊丽莎白的手下看到这些，他就把玩具藏到叶卡捷琳娜的床下。彼得会定期检阅这些用木头、铅块、纸糊以及石蜡做成的玩具士兵，他会穿着靴子、马刺和围巾，趾高气扬地从它们旁边走过。[6]有一天，彼得就是这身打扮，这时他的狗逮住了一只在他的玩具战场上惊慌奔跑的老鼠。当他用军队仪式在一个微型绞刑架上处决这只老鼠的时候，叶卡捷琳娜正好走了进来，看到了这令人毛骨悚然的一幕。多年以后回顾这个场景时，她认真思考着说道："在为这只老鼠辩护时，至少可以说，它是在没有任何人询问或听取它的辩词的情况下就被绞死了。"[7]

叶卡捷琳娜一定很同情彼得的受害者：她就像那只老鼠一样毫无还手之力。当彼得在玩玩具时，他的妻子承担起了本属于他的责任。她皈依俄国东正教，取名叶卡捷琳娜。她不仅专心地学习俄语，而且还在奥多斯基的指导下学习东正教信仰。她自己又断断续续地学习了更广泛的课程。叶卡捷琳娜刚到俄国时，她对书的渴望令宫廷上下颇为惊讶，因为在那里谄媚之风胜于文化。法文版的西班牙故事《扔掉公平》(Tiran the Fair)是她青少年时期喜欢的书籍类型，书中所描述一个任性的骑士，现在的人们能够记住他，多半是因为他成了塞万提斯笔下的笑柄。

不过，小说很快就被一些更有分量的书籍类型所取代。1751年，她开始阅读比埃尔·培尔（Pierre Bayle）的《历史批判辞典》。这厚厚的四卷著作，分量不仅仅体现在其体量上。培尔的这部杰作是启蒙运动早期最具颠覆性且最精妙的作品之一，但它并不是我们现在所理解的那种词典。这部作品不是一本中立性的术语汇编，而是各种主题文章的集合。书中每一段相对简单的叙述进而又衍生出大量的脚注，这些脚注占据了大部分的篇幅，并且常常偏离了文章的内容。今天的历史学家们和培尔同时代的人一样，仍然在讨论培尔在当时的宗教争论中究竟持什么立场：有些人认为他是无神论者，有些人则认为他是不可知论者；有人坚称他是基督徒，也有人声称他是秘密的犹太教徒。读者永远不会知道真正的比埃尔·培尔是什么样子，但他们一定知道，读他的书需要全神贯注地投入思考。这个胡格诺教派的移民拒绝表明立场，强迫读者进行思考；他将相互矛盾的叙述（比如奇迹）放在一起，迫使他的读者用理性来梳理它们；他种植了这片约600万字的文字森林，让读者从中开辟自己的道路。那些顽强地走到道路终点的读者会发现，答案离问题总是还有一步之遥——这样一种状态指向的是怀疑，而不是武断，是包容，而不是歧视。培尔评论说："我不知道是否可以这么说，一项好的调查的最大障碍并非大脑中缺乏知识，而是其中充满偏见。"[8]

晚年时，叶卡捷琳娜说过，她曾在短短两年时间里，读完了这部著作的前三卷以及第四卷的绝大部分（将要读完的时候，书在一场火灾中遗失了）。这个说法要强调的或是她启蒙的证明，或是她情感的孤独，抑或两者兼而有之。"每六个月读完一卷，"叶卡捷琳娜说道，"可想而知，我的人生是多么孤独。"⁹培尔坚持认为理性是区分真相和谎言——或者更准确地说，可能和不可能——的唯一手段，人们也可以想象得出，这一主张是如何塑造这位年轻女性的世界观的。培尔在研究世界的过程中所运用的批判技巧，提高了叶卡捷琳娜在险象环生的宫廷中周旋的能力。

在第四卷《历史批判辞典》化为灰烬的时候，伏尔泰已准备好拿起启蒙运动的火炬了。1754年，叶卡捷琳娜决定"在我感觉有足够的力量克服忧郁前，不会离开我的卧室"，其间她无意中看到了这位法国哲学家刚刚出版的两卷本《世界史概要》(Summary of Universal History)。在这本著作中，伏尔泰努力将早期天主教神学家所写的，并且根据基督教目的论所曲解的"世界"历史通俗化。然而，伏尔泰为了反对这种阐释，却犯了另一个目的论的错误。简而言之，他将过去"伏尔泰化"了。正如哲学家列维-布留尔（Lucien Lévy-Bruhl）在一个多世纪前指出的那样，伏尔泰并不是从历史中获取人类的知识；相反"他通过观察同时代的人来了解人性，并将之转移到历史中去"。¹⁰重要的是，伏尔泰的人性观——尽管这本书声称是世界性的，但大部分还是以欧洲为中心——强调进步的好处和必然性，主张用理性的力量来对抗并战胜宗教迷信和狭隘。

伏尔泰对人类未来谨慎乐观，并且慷慨激昂地抨击威胁到这一未来的人，这让叶卡捷琳娜为之着迷。在掌权前的几个月，她指出法律是"神圣的，因为在统治者死后，法律会继续存在"。因此，"国家利益应以依法治民为基础"。¹¹这位大公夫人在她的私人笔记中写下了一首对自由的赞歌，伏尔泰如果看到的话必定会心生暖意,她在其中感叹道:"自由,万物的灵魂,没有了你,万物都将凋敝。我希望法律能得到遵守,但不是以奴隶的方式。我们的目标是为人类的幸福而努力,防范任性或暴虐的行为。"[12]

不过我们也要注意,叶卡捷琳娜在与伏尔泰的通信中,情感的流露有一些刻意而为。例如,她后来告诉这个开心的老人,"我所拥有的全部知识,都来自你的著作"[13]。但其实这个大公夫人的才智来源相当广泛。实际上在1755年,她的情感和思维出现了一个转折点,她把这次转折称作"我的思想革命"——这次革命是由她发现的两位作家所引燃的:一位是在当年去世的孟德斯鸠(Baron de Montesquieu),而另一位是一千多年前的历史学家塔西佗(Tacitus)。他们作品中所提供的深刻见解和建议是叶卡捷琳娜的任何知己都无法给予的。孟德斯鸠是《论法的精神》这部不朽著作(其中也有很大的缺陷)的作者,他为叶卡捷琳娜提供了一种理论方法,不仅可以用来理解俄国的身份——具体而言,就是当时人们在争论时提出的一个问题,即俄罗斯究竟算是一个欧洲国家还是一个亚洲国家——而且可以用来为她量身打造作为国家统治者的角色。

孟德斯鸠对她的深刻影响是众所周知的,对此我们将在第四章中详细讲述,但需要注意的是,作为一个移居俄罗斯的德国人,叶卡捷琳娜接受了孟德斯鸠的基本理念,即自然法的重要核心适用于所有人,但因时间和地点的不同,其表达会有所不同。看着这个由专制君王统治的多民族、多语言帝国中的矛盾和混乱,叶卡捷琳娜在思考,孟德斯鸠因为俄国体量庞大并且缺乏基本的法律,就将它视为一个暴虐的政体,这种观点是否正确。她的最终答案是否定的,然而,她将按照肯定答案来进行统治。

塔西佗的编年史是从奥古斯都(Augustus)去世开始的,他以严厉的目光审视奥古斯都的继任者，认为他们或残忍，或无能，或兼而有之。塔西佗认为罗马共和国的制度完全不足以维系它的统治，并且他描写的奥古斯都是一个打着共和制的幌子却实施独裁统治的人，毫无疑问，这些都给叶卡捷琳娜留下了深刻的印象。同样清楚的是，塔西佗对于残忍、血腥的宫廷权力斗争的描述深深铭刻在这个年轻女人的心灵中，她目睹过这些斗争，并且越来越多地参与其中。几年后的1762年，叶卡捷琳娜一定会在某个时刻回想起塔西佗在描写提比略（Tiberius）统治时的开场白："新王朝的第一件罪行便是暗杀阿格里帕·波斯蒂莫斯（Agrippa Posthumus）——奥古斯都唯一在世的孙子。"[14]

到1752年时，叶卡捷琳娜和彼得已经结婚七年，却从未怀孕，更别提生孩子了。或许就像叶卡捷琳娜所说的那样，彼得从未与她发生过关系。这个年轻人是否如传言所说的那样有生理缺陷，抑或不育，已无从考证。但确定的是，叶卡捷琳娜为了满足伊丽莎白的期待，也为了满足自己的生理和心理需求，把目光投向了别处。1753年，在一位密友的怂恿下，叶卡捷琳娜转向了谢尔盖·萨尔蒂科夫（Sergei Saltykov）这个一直向她献殷勤的宫廷大臣。尽管这段婚外情是短暂的，但它的影响却不是：1754年，叶卡捷琳娜生下了儿子保罗。皇位继承人有了，伊丽莎白如释重负，她没有为孩子真正的父亲是谁而烦恼。相反，她立刻把孩子从叶卡捷琳娜身边带走，安置在自己的房间里。六天后，叶卡捷琳娜才以保罗洗礼宾客的身份看到她自己的孩子。然后又过去了快一个月——意味着产期结束——她才第一次抱了他。当孩子再一次被匆匆送走时，伤心欲绝的叶卡捷琳娜退回到床上："我假装腿又疼了起来，使我无法起床，但真相是，我已经沮丧到不能见人，也不想见任何人。"[15]

然而，与人们料想的不同，沮丧并没有导致她消沉。她后来回忆说，"也许是我当时抑郁的心理状态帮助了我。我试图为眼前所发生的各种事情找出更深层的原因。"[16] 叶卡捷琳娜的视野不仅仅局限于现实中发生的事情，还包括她逐渐拥有的"梦想"。英国大使查尔斯·汉伯里·威廉姆斯爵士（Charles Hanbury Williams）是叶卡捷琳娜的导师和倾诉对象，在写给他的一封坦率得惊人的信中，叶卡捷琳娜讲述了这样一个幻想场景。她透露说，一旦得知伊丽莎白的死讯，她就会把儿子妥善安置好，然后将她的追随者召集到前厅中。在清楚地描述政变之初后，叶卡捷琳娜补充说，如果看到"任何骚乱，哪怕是一丝迹象，她都将动用卫兵"。[17] 几年后发生的真实事件与叶卡捷琳娜想象的密谋场景出奇地相似。

事实上，沮丧是叶卡捷琳娜这十年间的常态，而在这十年行将结束之时，这种状态转变成了兴奋。1756年，她与任职于宫廷的年轻波兰贵族斯坦尼斯拉斯·波尼亚托夫斯基（Stanislas Poniatowski）发生了婚外情。波尼亚托夫斯基优雅且善辩，圆滑又风趣，他与萨尔蒂科夫相比还有一个重要的不同点：他是真心爱着叶卡捷琳娜的。他被这个年轻女子高贵又活泼的双重个性所吸引："前一刻，她还沉浸在最狂野、最幼稚的游戏中；下一刻，她又端坐在办公桌前，处理最复杂的经济和政治事务。"[18] 被困于无爱婚姻之中并且在宫廷阴谋里漂泊无依的叶卡捷琳娜，也被这个给予她爱与建议的人所吸引。1758年，她与波尼亚托夫斯基生下了她第二个孩子，是一个女儿，起名安娜，这个女儿的命运与她同母异父的哥哥保罗一样：伊丽莎白把这个婴儿带走了。对于叶卡捷琳娜来说，她再一次"像个可怜虫一样被抛弃了"。[19] 出生时便体弱的安娜一年多后就夭折了。叶卡捷琳娜被允许参加这个婴儿的洗礼和葬礼仪式，然而在她的回忆录中并未提及此事。

在这期间,伊丽莎白的身体开始变得衰弱,而她的情绪也是如此。她不仅承受了身体上的两次崩溃——原因究竟是癫痫还是中风仍不清楚——还要担心阴谋会侵蚀她的宫廷。伊丽莎白尤其怀疑叶卡捷琳娜正背着她策划阴谋。她在想,叶卡捷琳娜是否有可能正在谋划用儿子来替代丈夫继位,从而达到在男孩成年前担任摄政者的目的。但与此同时,伊丽莎白也对彼得登上王位的前景并不乐观。女皇已经敏锐地觉察到彼得对于普鲁士事物的喜好,以及他在宫廷里的幼稚行为,她对这个年轻人的政治能力和心理成熟不抱任何幻想。虽然是彼得大帝的后代,但彼得大公既没有继承外公的体魄,也没有继承外公的才智。女皇越来越明显地表达了她的失望之情,她当着宫廷大臣的面抱怨说:"我的侄子就是个白痴。"[20]

这个白痴不仅日益成为伊丽莎白生命中的祸害,而且对于叶卡捷琳娜来说也一样。彼得对于妻子的态度已经从嘲笑冷漠变成了轻蔑怨恨。他不仅疏远叶卡捷琳娜,还毫不掩饰对腓特烈大帝的崇拜,而后者刚刚对俄国发动了战争,这也导致宫廷里的许多人疏离了他。因此,叶卡捷琳娜陷入了最艰难的处境之中:既不爱自己的丈夫,也不被丈夫所爱,并且她认为她的丈夫既不配统治俄国,也不配支配她,然而她的命运却似乎与他紧密相连。到1759年时,她的困境已完全明朗化:"事情到了这一步,要么与彼得一起毁灭,要么被他毁灭,否则就努力从这场灾难中自救,并且拯救我的孩子和国家。"[21]

四月份的时候,带着这种对自己处境的清醒认识,叶卡捷琳娜奉命面见伊丽莎白。女皇担心叶卡捷琳娜是俄国宫廷里普鲁士阴谋集团的一分子,要求她做一个全面的解释。在将近三个小时的时间里，当着她焦虑不安的丈夫的面，叶卡捷琳娜冷静地为自己辩护，反驳这些无端指控。她请求伊丽莎白将自己送回安哈尔特·泽布斯特（Anhalt Zerbst），以解除女皇对于她忠诚的担忧和怀疑，从而毫不费力地令伊丽莎白处于下风。伊丽莎白被这个年轻女子的镇定与真诚所打动，表示自己不再有任何怀疑，并且承诺私下里与她进行第二次会面。回到自己的住处，在等待女皇召唤期间，叶卡捷琳娜使用了一种适合于开明统治初学者的方式来打发时间："我翻阅了《百科全书》第一卷作为消遣。"[22]

第三章　R 是 Rica 的首字母

我已经过了 40 岁的年纪，我厌倦了烦扰。我，昼夜不停地，呼唤着安宁、安宁！

——狄德罗

"我们的哲学家太像个孩子了！"德皮奈夫人在给狄德罗一个朋友的信中写道。"在他启程的那天，当发现自己真要出发的时候，他感觉特别惊讶，他很害怕去比格朗瓦勒［狄德罗的同事兼朋友霍尔巴赫男爵（Baron d'Holbach）的庄园所在地］远的地方，而不得不收拾行李也着实让令他痛苦！"[1] 关于圣彼得堡之行延期一事，狄德罗跟叶卡捷琳娜说过许多理由，但现在最重要的那个理由已经不复存在了。就在前一年，《百科全书》的最后一卷——插图第十一卷，也是插图的最后一卷——已经发行。至于文字的十七卷——包含 73000 多个条目，其中有数千个是由狄德罗亲自撰写的——最后一卷已于 1765 年上架书店，该卷涵盖的条目从性（与维纳斯和肉体快乐有关）到佐内（Zzuene）（埃及尼罗河流域一个小镇）。他告诉索菲·沃兰，他终于从这个束缚了他二十多年并且吃力不讨好的工作中解放了出来。他说道，这项工作不仅没有为他带来财富，而且还"差点迫使我在逃离法国和失去自由之间做出选择，它耗尽了我的一生，要不是因为它，我本可以献身于更有用、更光辉的目标。"他发出一声长叹，写道："我伟大而该死的作品完成了。"[2]

在社交媒体和互联网时代，人们很容易忽视狄德罗作品的真正伟大之处——也就是其独创性。从公元一世纪老普林尼（Pliny the Elder）编写的巨著《自然史》，到17世纪早期弗朗西斯·培根（Francis Bacon）的《伟大的复兴》，狄德罗的百科全书项目试图涵盖并总结人类所有的书面知识，其目的是在他所说的"知识之树的分枝"上整理实证研究的果实（培根将雪塞进一只死鸡身体里，想看看肉可以保存多久，结果染上肺炎去世，因而未完成该作品）。培根的知识之树产生的深远影响一直延续到了下个世纪，彼时，苏格兰记者伊弗雷姆·钱伯斯（Ephraim Chambers）出版了他的《百科全书》，该书又称《艺术与科学通用字典》。

钱伯斯不仅独自完成了这部著作——他谦虚地说道，"一个人的一生不足以完成这项工作"——而且还引发了一系列，致使《百科全书》得以诞生的事件。[3] 巴黎的一群出版商深信钱伯斯的作品在法国会有市场，于是便联合起来进行翻译。就像今天硅谷的风险投资人一样，他们把钱投到一个又一个编辑身上，结果这些人要么能力不足，要么不值得信任，或者两者兼而有之。于是这些出版商加倍下注，进行了一场豪赌：他们聘请了数学家达朗贝尔（Jean d'Alembert）和狄德罗一起编辑这本书，当时的狄德罗只是一个刚搬来巴黎的外地人，年纪轻轻且默默无闻。

其实，与他身上诸多让人不放心的特质相比，默默无闻根本不算什么。更加让人担心的，当然是狄德罗才智方面表现出来的激进主义。18世纪50年代中期，在狄德罗欣然接受出版商邀约的时候，他已经出版了许多触怒王权和宗教的作品。他在小说《轻浮的珠宝》（*Indiscreet Jewels*）中，通过二十多个女性的阴道来讲述她们不同的经历和世界观，这部小说是伊芙·恩斯勒（Eve Ensler）的作品《阴道独白》(*Vagina Monologues*)的前身。尤其令天主教会不安的是《论盲人书简》，在这则短篇小说中，狄德罗邀请读者用一个盲人的眼睛来观看世界。由于视力缺陷，盲人对世界和上帝的看法与我们大相径庭。正如盲人在对话中所说的，"如果你希望我相信你的上帝，你必须让我感觉到他"[4]。

事实证明，瞎了眼的是狄德罗：他怎么能看不到自己正在招惹麻烦？他书中所涌现的怀疑主义和唯物主义，和他的一些哲学家同伴的观点一样，威胁到了这个国家的政治和宗教权威。1749年7月，在狄德罗成为《百科全书》的合作编辑后不久，两个皇室官员出现在他巴黎的寓所中，搜查他的文件，并且在他妻子和女儿的注视下，匆匆将他带到巴黎市南戒备森严的文森监狱中。狄德罗的妻子和朋友们惊慌失措，而他也陷入了沮丧之中，他向典狱官坦承——也可以说是警告——"绝望将很快终结我身体上不断加重的疾病"[5]。幸运的是，那些疯狂的出版商向法官解释说，他们已在这项事务上投入了25万里弗（古代法国货币单位），并且坚称狄德罗对于这项能够为法国带来荣誉和收益的事业来说是必不可少的。他们的请求取得了胜利：狄德罗发誓再也不出版此类异端文字，于三个月后被释放。

回到书桌前，狄德罗并没有翻译钱伯斯的作品；他转变了形式。《百科全书》只是对确凿事实的概述，比方说，巴黎是马路和建筑的集合。实际上，走在城市街道中：如果我们允许的话，这些街道将把我们带到全新的、意想不到的目的地。狄德罗对他的《百科全书》的构想也是如此：它不是将我们从A点带到B点，而是将我们带到统治者不想我们前往，但理性和好奇心却驱使我们前往的地方。在"百科全书"这个词条中，狄德罗透露出了他的目的：

这部作品将散落在世界各地的知识聚集起来，从而确保"过去历史的汇编将会对未来有所用处"。

但是，只有在夷平古老的森林，打破习以为常的立场后，才可以获得这种幸福感。只有通过理性之刃，"先例才会被撼动，教条的作品才能无法生存"。狄德罗毫不留情地说："一切都必须检验，一切都必须调查，毫不犹豫且没有例外。"[6] 狄德罗使《百科全书》成为一部极具颠覆性，但又刻意隐晦而含蓄的作品，因此他对读者寄予了很高的期待。在这个政权下，审查制度是既定的，而质疑其合法性的人必定面临牢狱之灾，生活在其中，他别无选择。

即便是隐讳含蓄的表达，也有触怒皇室的风险，甚至有触怒教会的风险。叶卡捷琳娜在圣彼得堡读的那几卷差点就成了《百科全书》的全部。1752年年初，第二卷面世后，路易十五禁止了后续的出版。当耶稣教会将第二卷的出版视作"完全旨在湮灭信仰、宗教、美德、教会、主从关系、法律以及理性的一套亵渎性体系"[7]时，他还能怎么做呢？巴黎很快谣言四起，称当局正准备追捕词典的编辑并将他们处死。多亏了审查官克雷蒂安-纪尧姆·拉穆瓦尼翁·德·马勒泽布（Chrétien-Guillaume Lamoignon de Malesherbes）以及路易十五的情妇蓬巴杜夫人（Madame de Pompadour）开明的支持，狄德罗才没有被再次关进监狱，他和同事们的工作才得以继续。以狄德罗的性格，他忍不住要炫耀自己的胜利，尽管是用了假名作为掩护："我将献身于这项我已决定去承担的伟大工作，终有一天会让所有迫害我的人觉得羞愧。"[8]

尽管有这些困难和危险，狄德罗还是努力地依照他深以为然的民主价值观编写了《百科全书》。对于一些敏感到无法评论的主题，比如宗教和政治，狄德罗用了一种我们称作"洋葱式"的方法。正统的专家们总是被要求去写一些关于"灵魂"和"天使"相关的主题，这些文章充满了令人昏昏欲睡的经院哲学，看上去就像在自嘲一样。但是狄德罗并没有止步于那个层级，他时不时地添加自己的评论，标上星号，以这样的方式呈现出原文中的突兀与荒诞之处。还有些时候，狄德罗会添加属于那个时代的超链接，交叉列举，这些超链接和交叉列举将读者带往《百科全书》中的其他"站点"，而这些站点与原始词条间相互矛盾——他写道，这样一来，那些由毫无根据的说法所构建的"整座烂泥大厦"将坍塌成"一堆无用的尘土"。狄德罗自己也会因为一些尘埃而辗转反侧。"Aguaxima"这个词条令狄德罗挠头、无奈。他除了知道那是一种巴西植物外，便一无所知。他问自己，为什么要费心把这个词条收进来呢？不是为了巴西当地人，因为他们比他更了解这种植物；也不是为了他的法国同胞们，因为他们根本不在意。但就在第一卷中，有一个很简单的原因："为了满足那些宁愿发现文章中空无一物，甚至胡说八道，也不愿找不到文章的读者。"多年以后，在他的小说《宿命论者雅克和他的主人》中，狄德罗将深入探究作者和读者之间的这种对立性，结果令人惊叹。

然而，即使是最尽责、最勤奋的编辑，也无法控制外界发生的事情。1758 年，爱尔维修《论精神》一书的出版进一步印证了这个古老的真理。虽然《百科全书》并没有像《论精神》一样在司法官外化为灰烬，但它的未来看起来仍会有麻烦。皇室当局明确地将《百科全书》与《论精神》的性质相提并论，如此一来，两者的命运也就关联起来了。在 1759 年 1 月，检察官在高等法院前的一次演讲中缓慢庄重地说道："有一本词典汇集了无数有用且稀奇的事实，在它的遮蔽下，人们已经认同了作者所散布的各种荒唐和不敬。"因此，他别无选择，只能得出这样的结论：有一个"鼓吹唯物主义、破坏宗教、鼓励独立精神并且滋生道德腐败的"⁹阴谋正在进行之中。同月，另一个消息落地，国王宣布：暂停已经写到第七卷"Gythium"这一词条的《百科全书》的编写，它无法再继续沿着字母表顺序编写下去了。

由于不想激怒皇室，狄德罗的许多供稿人甚至都没有等待官方的公告，便宣称自己极度震惊，震惊于《百科全书》招来了如此声名狼藉的人和卑劣的思想，他们的自尊心促使他们尽快地离开。有几位重要人物终止了他们的合作，其中包括有很大影响力的经济学家弗朗索瓦·魁奈（François Quesnay）和安·罗伯特·杜尔哥（Anne Robert Turgot），而曾经贡献了数篇文章的著名博物学家乔治·路易斯·布冯（Georges Louis Buffon），则决定全职看护皇家花园。

批评家冰雹般的猛烈抨击，凡尔赛宫传来的雷霆之怒，以及曾经信赖的伙伴们的仓皇逃离，使得狄德罗的思想变得黯淡。"我们的敌人是多么冷酷而邪恶！"他向索菲倾诉道："老实说，当友谊与仇恨进行比较时，我发现前者是脆弱且微不足道的。我们知道如何去恨，却不知道如何去爱。"¹⁰虽然其他人或是屈服，或是逃离，但狄德罗却试图让自己以及最亲密的合作者们振作起来。就在作品暂停后不久，他与一小部分核心编著者会面，其中包括达朗贝尔、霍尔巴赫男爵（Baron d'Holbach）和谢瓦利埃……路易·德·若古（Chevalier Louis de Jaucourt）。当他们在出版商安德烈·布勒东（André Le Breton）家中开会时，正如狄德罗后来所写的那样，达朗贝尔显露出了他广为人知且极为幼稚的急躁性格。他认为任何继续这项工作的尝试都属于"精神错乱"，并宣布自己彻底洗手退出了。

其他人目瞪口呆，沉默地看着他，或者看向别处，而达朗贝尔继续在房间里"喋喋不休，转来转去"。最后，他带着令人尴尬的夸张动作，离开了从前的同事们，标志着他与《百科全书》彻底断绝了关系。[11]

达朗贝尔戏剧化的退场，非但没有成为另一个障碍，反而激发出了狄德罗和他同事们的能量。达朗贝尔离开了，同谋者们也恢复了冷静，他们"发誓要把项目坚持到底……并且要带着自由之身结束，就像项目启动时那样"。在布勒东的积极谋划下，狄德罗将他的工作场所转移到了霍尔巴赫拥有 3000 多册藏书的私人图书馆里。在那里，他和他的小团队致力于编写剩下的十卷，并计划在阿姆斯特丹将这十卷同时出版。勒布东和他的合伙人的经济利益——他们欠数千名订阅者、作者和印厂将近 25 万里弗——以及同情他们的官员，尤其是马勒泽布的默许支持，帮助《百科全书》在这些考验中保住了生机。但是狄德罗所展现出来的道德信念和勇气——他清楚知道自己所面临的风险——则更为重要，至少与布勒东的动机相比，他少了许多唯利是图。

在这场危机期间，伏尔泰频繁抛出一些相互矛盾而且始终很慌乱的建议。伏尔泰从遥远的费尔内（Ferney）口述了数十封信——费尔内是他的庄园所在地，它与日内瓦的距离很合适，既相隔不远，又让日内瓦感觉安全——他的担心是可以理解的。尽管他对爱尔维修粗鲁的唯物主义无法忍受，并且对《百科全书》中很多文章的质量和内容表达了严重的不安，但是，作为最能代表启蒙运动的人物，伏尔泰却从来没有忽视过狄德罗这项事业的重要性。因此，他催促狄德罗与他保持统一战线，来回击批评者；失败之后，他又催促狄德罗考虑腓特烈大帝的邀请，将整个计划转移到普鲁士。

狄德罗给伏尔泰的回信非常得体，他没有提起，就在几年前，腓特烈曾在自己的夏宫——无忧宫中，将伏尔泰囚禁在镀金笼子里好几个月。相反，他让伏尔泰考虑一下眼前的道德问题。他写道，将《百科全书》挪到另一个国家是一个绝妙的主意；但是与大部分绝妙的主意一样，这只是一个幻想。首先，他不可能，或者更准确地说，他不会违背与出版商的合同，也不会抛弃其他编著者。其次，逃往另一个国家的话，狄德罗和他的团队就做了他们敌人最热切盼望的事情。狄德罗宣称，勇敢者会做出的唯一回应便是："蔑视我们的敌人，并与他们战斗。"他继续补充说，他和他的同事们将继续"利用审查者的愚蠢"，这一点也同样重要。不过，他并没有以蔑视的口吻结束这封信，而是变得忧郁起来。如果伏尔泰认为狄德罗爱上了《百科全书》，那么他就大错特错了："我厌倦了烦扰。我，昼夜不停地，呼唤着安宁，安宁！"[12]

狄德罗和他的《百科全书》编纂团队信守承诺，继续着他们的半地下的活动。其中最符合这种形容的当数谢瓦利埃·德·若古，他是这项事业的幕后英雄。若古是一个富有的新教贵族，他将自己的钱和所掌握的一些秘密信息输送给《百科全书》；更值得一提的是，在余下的六卷《百科全书》中，他和他孜孜不倦的研究团队负责编写了其中10000多篇文章。对于狄德罗来说，若古的不断付出是不可或缺的。狄德罗对外与审查官和教会做斗争，对内则与达朗贝尔这样的怀疑者做斗争，这持续消耗着他的精力，使他不能全身心地投入工作。特别明显的体现就是，虽然最后六卷的《百科全书》中，只有64篇文章属于狄德罗的功劳，但他却感觉自己就像一个"苦役"，永远被拴在他的写作台旁。[13]

然而不久之后，这个苦役便收到了一份邀约，自由度令人惊讶。1762年9月，俄罗斯美术学院的创始人，俄国贵族伊凡·舒瓦诺夫（Ivan Shuvalov）写信给伏尔泰。舒瓦诺夫与伏尔泰之间的第一次通信始于1756年，当时舒瓦诺夫应伏尔泰的要求，搜集了一些难以获取的政府公文和私人文件，供后者撰写彼得大帝时期的俄国史。舒瓦诺夫对这项任务的协助是意料之中的：因为他的情人是伊丽莎白女皇，而女皇委托了伏尔泰来书写她的父亲彼得。

伊丽莎白发现，只需请求伏尔泰一次：还有什么能比重述彼得大帝的一生更加引人注目呢？这个统治者几乎凭一己之力，将他那落后又麻木的帝国托举进了18世纪。是的，当然，他建立了一支凌驾于欧洲和亚洲之上的军队。但更重要的是，彼得建立了一个新的首都，并且很恰当地将它命名为圣彼得堡，他还建立了一个现代的法律、制度和实践体系。"所有的君主都围过城，打过仗，"伏尔泰解释道，但"只有彼得大帝成为规则的改革者，艺术、海军以及商业的创建者"。[14] 很显然，法国应从彼得大帝的例子中汲取经验。"对于那些早就启蒙了的国家，统治它们的君主可能会扪心自问：'如果一个人，只依靠自己的才能，就可以在古老的塞西亚的冰天雪地中做出如此伟大的成就，那么，在历经多代的工作积累，道路已近乎坦途的国家中，我们为什么不可以实现同样的事情？'"[15]

现在轮到舒瓦诺夫向伏尔泰寻求帮助了。这位俄国外交官不知道，伏尔泰是否会向他的朋友狄德罗转达这个提议。女皇意识到《百科全书》的伟大价值和狄德罗所面临的挑战，愿意提供"一切你觉得必要的支持来加速它的出版"。这样的姿态堪比彼得大帝，但随之而来有两个问题。第一，女皇提议这项工作将在里加继续进行。正如在即将出版的《百科全书》第14卷中说明的那样，这个波罗的海的港口城市位于圣彼得堡以南仅84法里（约300英里)(尽管狄德罗并不知道它与巴黎之间的精确距离——超过300英里——但是他不用看地图就知道太远了)。第二个让狄德罗同样犹豫的问题是,伊丽莎白已经不再是舒瓦诺夫的君主了。取而代之的是叶卡捷琳娜——她在几个月前令欧洲各国目瞪口呆,先是组织推翻她的丈夫彼得三世,然后过了几天就宣布,她突然成了一个寡妇。她的丈夫,似乎是死于"痔疮绞痛"。[16]

当狄德罗读到由伏尔泰转达的舒瓦诺夫的口信时,从圣彼得堡传出的消息或许仍在他的脑海中回荡(在他从前的合编者达朗贝尔的脑海中,必定也是如此。早些时候,叶卡捷琳娜曾邀请达朗贝尔担任保罗的老师,而在给叶卡捷琳娜的回信中,达朗贝尔婉拒了这个提议;在随后给伏尔泰的信中,达朗贝尔转而想抖个机灵:"我也有痔疮,而在那个国家,这看起来是很严重的疾病。"[17] 当巴黎的沙龙都对这句妙语啧啧称赞时,叶卡捷琳娜可不这么认为:十年后,达朗贝尔向叶卡捷琳娜求助,想要她释放几名与波兰人并肩作战时被捕的法国军官,而一句冷冷的"不行",就是他得到的回复)[18]。

在给狄德罗的附信中,伏尔泰对叶卡捷琳娜的提议颇感兴趣,兴奋之情溢于言表。"那么,我杰出的哲学家,关于我们的俄国女王,你有什么要说的吗?我们生活在多么好的时代啊!当法国在迫害哲学时,斯基泰人却在培育哲学。"[19] 伏尔泰知道他的朋友有合同义务在身,但是他仍然热切地希望狄德罗能够接受叶卡捷琳娜的慷慨提议。人们很难指望这位杰出的哲学家会产生不同的感受。当时困扰知识界的最大问题就是"如何最好地实现启蒙运动的目标"。在这一关键问题上,伏尔泰从未动摇过。年轻时的伏尔泰以一个机敏而时髦的诗人形象崭露头角,自那时起,他就在与王室打交道。尽管多年来,他对这个世界的认知逐渐醒悟,对于路易十四之后波旁王朝的能力和智慧也不再抱有任何幻想，但是他仍然认为稳定和君主制是息息相关的。此外，伏尔泰坚持认为——格林姆和达朗贝尔也是如此——只有依靠开明的独裁者，才能将整个社会推向光明。在与哲学同人的通信中，他不厌其烦地推行"宫廷"政治学。但很重要的是，伏尔泰从来没有把忠诚和奴性混为一谈。相反他认为，与君主及其体制的忠诚合作，可以使哲学家凭借自身的智慧和才能，去"支配那些统治着我们的人"[20]。

然而，狄德罗却并不太愿意拥抱"斯基泰人"。他对待叶卡捷琳娜的提议，就像他对待腓特烈的提议一样。"不，我亲爱的、杰出的伙伴：我们既不去柏林，也不去圣彼得堡。"接受这个机会，意味着背叛那些将金钱和政治资本投入到这个项目上的人。他提醒这位杰出但偶尔又有些轻率的朋友，《百科全书》"不是属于我们的"，而是属于布勒东和他的合伙人的。此外，狄德罗还声明，他无意放弃这场游戏。他告诉伏尔泰，他们的座右铭是这样的："绝不向迷信者、狂热者、无知者、愚蠢者、作恶者以及暴君退让分毫。"

说到暴君，早在十年前，随着《百科全书》第一卷的出版，狄德罗就已经宣布了他的信条。在《政治权力》一文中，狄德罗没有将管辖他人的权力来源归因于上天，而是归因于自然和理性。"没有人天生就被授予了管辖他人的权力。自由是上天赐予的礼物，只要拥有了理性，那么同一物种中每一个成员都有权享受自由。"这一公理性的论断产生的后果是震撼的。如果自然和理性支撑起了个体的自由，那么随之而来的就是，统治者应按照启蒙后的人民的意愿来进行统治。狄德罗陈述道，权力需经民众批准，这是统治者权力的前提条件。这位哲学家以惊人的直率，推翻了人们习以为常的由神权或者王权来进行统治的传统主张。取而代之的是，"君主在臣民身上行使的权力来自他的臣民，而这种权力需要受到自然法和国家法的制约"。国家不是属于统治者的，相反，它是属于被统治者的，是由他们批准君主依据理性之光和国家法律来进行统治的。事实上，狄德罗套用了路易十四的名言"朕即国家"，并且颠覆了它的意思：国王现在必须向人民宣告，"你即国家"。

全面的共和制允许人民罢免侵犯人类理性和自然法则的统治者，而站在全面共和制的大门前，狄德罗止步了。如果一个民族被"一个不公正的、野心勃勃且暴虐的国王"所统治，那么他们唯一可做的就是"用他们的顺从来安抚他，用他们的祈祷来平息上帝的不悦"。狄德罗没想到，至少现在还没有，叶卡捷琳娜会要求她的人民做出这样的回应。很自然地，他认为伏尔泰对于这位新登基的女皇的赞美，即使称不上令人厌恶，也是有些过分的。另一方面，他不确定是否要将叶卡捷琳娜和腓特烈二世那样的人归为一类，那些人收集哲学家就像收集廉价的珠宝一样，并且始终以暴君的方式进行统治。尽管对于专制极为厌恶，狄德罗还是相信叶卡捷琳娜会成为一个不一样的统治者——一个尊重启蒙思想，倾向于人道主义情感，并且致力于确保臣民幸福的统治者。事实上，在18世纪60年代中期，狄德罗将会频繁地会见梅尔基奥·格林姆（Melchior Grimm）以及叶卡捷琳娜派驻凡尔赛的大使德米特里·戈利岑王子，目的是从头到脚"改造"俄罗斯这个国家。[21]

1765年，这些希望似乎得到了显著的确认。几个月来，狄德罗一直在艰难地为女儿安吉莉卡筹备嫁妆。为此，他四处试探，为他心爱的图书馆中的3000多册藏书寻找买家。当狄德罗最初的一些尝试失败后，他的朋友格林姆决定动用自己在贵族圈里的广泛人脉。在没有通知狄德罗的情况下，格林姆联系了叶卡捷琳娜的管家伊凡·别茨基（Ivan Betsky），想看看女皇是否会为了狄德罗而介入此事。在回复格林姆的问询时，别茨基的长篇大论与他雇主的慷慨程度不相上下。"我们威严的君主对于有识之士格外尊重。"别茨基宣称道。除此之外，叶卡捷琳娜也被狄德罗的特殊处境所打动："在知识界如此有名望的一位哲学家，作为一名慈爱的父亲，却不得不放弃令他快乐的物品、他的研究来源以及他闲暇时的同伴，当得知这一切时，女皇的慈悲之心不能不为之动容。"在夸张地吹嘘了一番这个图书馆的价值后，别茨基告诉格林姆，叶卡捷琳娜希望出价能够匹配它的新价值。她不仅一分不少地为这个图书馆付给了狄德罗一万五千里弗，而且还附加了两个异乎寻常的条件：狄德罗不仅在有生之年可以继续保留这个图书馆——只有等他去世后，这些书才会送往圣彼得堡——而且还将担任这座图书馆的馆长，额外领取每年一千里弗的俸禄。无须等待这位哲学家的回复，别茨基最后说道：这笔钱已经通过戈利岑王子转交给狄德罗了。[22]

事实上，狄德罗确实回信了，但是这封信没能留存下来。不过很明显，这样的出价令他目瞪口呆。俄国女皇给予了这个启蒙哲学家极大的赞誉，而这些正是凡尔赛所拒绝给予的。在给狄德罗的一封热情洋溢的信中，伏尔泰提出了知识界许多人想问的问题："五十年前，巴黎有谁会想到，斯基泰人会如此慷慨地奖励美德与学问，而在我们自己这里，这些却一文不名？"[23]伏尔泰难免要向女皇本人表达感激之情，并代表狄德罗感谢她：知识界，他宣称，"匍匐在您脚下"。虽说假装的成分更大，但叶卡捷琳娜同样难免要客气一番，表示不知道为什么大家如此大惊小怪："我从没想过买一个图书馆会给我带来这么多的恭维。"[24]

狄德罗最终在来年写给别茨基的第二封信中重复了伏尔泰的情

绪。这封信的起因是，叶卡捷琳娜发现狄德罗根本没收到他作为图书馆长的第一年薪水。为了弥补过失，她让别茨基提前支付了狄德罗五年薪水。尽管狄德罗的回信是写别茨基的，但他还是停顿了一下，直接对"伟大的王妃"说："我拜倒在您面前。我向您伸手，想与您交谈，可我的灵魂已失去勇气。"但是，"高贵的热忱"温暖了他的心灵，他伸手拿起了"已被哲学割断了弦的古老竖琴"。在跪拜之后，他以一首颂诗感谢这个如此"伟大的灵魂"，因为她帮助了一个"被自己的主人鄙视，默默接受自己悲惨命运"的可怜的陌生人。回到别茨基这里，狄德罗想起了"全天下"为他的女恩人安排的命运："想象一下叶卡捷琳娜所接受的那些艰难挑战吧！全世界的目光都聚焦在她身上。她现在必须证明她能克服自然创造的巨大障碍，将金子从渣滓中分离出来。"但奇怪的是，狄德罗并没有认为结果已定：他总结道，会不会是这样，"我们将拭目以待"。[25]

正当狄德罗的目光专注于这个美好而辉煌的目标时，他无意间卷入了一件左右为难的事件里。叶卡捷琳娜买下了狄德罗的图书馆并接受了他的感激之情，三年后，她得知有一个叫克劳德·卡洛曼·德·鲁希埃（Claude-Carloman de Rulhière）的法国人，正在准备出版一篇关于1762年政变的报告。鲁希埃的可信度很高。1762年，作为法国驻圣彼得堡使馆的随员，他在近距离观看到了这些事件。鲁希埃是一个冷静而又严肃的历史学家，这让圣彼得堡的王室非常惊慌。他对彼得三世的描述，是建立在与参与者进行面谈的基础之上的，内容详细而又令人震惊。但是这几乎无助于叶卡捷琳娜的处境，因为鲁希埃掌握着充分的材料，这使得他所描述的叶卡捷琳娜在这次政变中扮演的角色也更加可信。事实上，鲁希埃拒绝就叶卡捷琳娜在弑君事件中的角色给出结论——"女皇在此次事件中所扮演的角色尚未可知"——这使得他的书更加令女皇难堪。[26]

狄德罗参加了乔芙兰夫人（MmeGeoffrin）的沙龙，碰巧鲁希埃在那里大声朗读他的手稿。叶卡捷琳娜的图书馆长被那些爆炸性的内容弄慌了神，他立刻将作者拽到一边。他赞赏了记录的真实性，但是那又怎样呢？"不是所有的事实，"狄德罗警告道，"都适合说出来。"况且，在对待一位"已经赢得全欧洲赞誉的"统治者时，我们无论怎么尊敬和谨慎都不为过。因此，不管这本书的出版会给鲁希埃带来怎样的荣耀，"最好，最安全，最可靠的做法还是不要出版"[27]。

但是狄德罗的请求落空了。毫无疑问，这个请求让鲁希埃既受宠若惊又感到慌乱。他回答说自己并无意出版这本书，因而也没有理由烧掉它。由于担心这位外交官会食言，狄德罗联系了叶卡捷琳娜的一位顾问，告诉他"这件事非常敏感，非常非常敏感"[28]。为了让女皇确信他的忠诚，狄德罗写信说自己在等她的指示。叶卡捷琳娜早已知道这份手稿的存在，她让驻巴黎的临时代办尼古拉斯·霍廷斯基（Nicolas Khotinsky）与狄德罗一起会见鲁希埃，目的是买下这份手稿。霍廷斯基在一旁听着，狄德罗再次重申了鲁希埃应该接受这笔交易的各种理由。然而，尽管狄德罗已经"竭尽所能地劝说他"，但鲁希埃还是拒绝被收买。[29]

最终，鲁希埃证明自己恪守了诺言：这本书直到1797年才出版，那时他已去世五年，叶卡捷琳娜也已去世一年。实话实说，在这段插曲中，鲁希埃的表现要比狄德罗更加正面。这位外交官——他从事的这项职业经常需要罔顾事实——被证明是一个讲真话的人，无愧于他历史学家和正直人士的身份，而我们这位一生致力于寻求真相的哲学家，这一次却在设法压制真相。回顾这次失败的任务，狄德罗失望地称之为"一团糟"。[30]多年以后他才意识到，糟糕的是这个计划的初衷，而非执行过程；是它的目的，而非实际结果。

为什么狄德罗感到如此急迫，这一点并不清楚；安吉莉卡9岁的时候他就开始为她的嫁妆烦恼。考虑到在安吉莉卡年幼时，他只是一个隐隐约约的存在，因此这种担忧来得意外而又突然。狄德罗专注于《百科全书》的工作，任由妻子来掌控他们的孩子，他在很大程度上忽视了女儿的早期成长。到了18世纪60年代早期，狄德罗仿佛突然有了一个发现——那就是，他把一个人类小生命带到了这个世界上，而这个小生命对老师的需求，并不亚于俄国女皇对导师的需求。他带着惊讶的神情告诉索菲，安吉莉卡正变得越来越"高挑、优雅、强壮"。

但是，狄德罗叹息道："她太固执了。"[31]他现在花更多的时间与女儿相处，注视着她弹钢琴并帮她纠正，将父女之间的散步变成哲学课堂。在后来写给索菲的信中，狄德罗直言不讳地说道："我为我的女儿疯狂。"他怎么可能不这样呢？"她跟我说，她的母亲在向上帝祈祷，而她的父亲在做好事。"[32]事实上，狄德罗越来越担心他的妻子对女儿的严重影响。他痛苦地说道，如果纳内特得逞的话，安吉莉卡"将会像其他成千上万的女人一样，而如果她嫁给一个愚蠢的丈夫——这几乎不可避免——那只会意味着她的不快乐会少一点"。[33]纳内特对于宗教的虔诚可能会感染安吉莉卡，这样的前景让狄德罗心烦意乱，他呼喊道："如果我的孩子死于不治之症，我不知道自己是否会感到遗憾。这样的死似乎比听任她母亲的摆布要更好一些。"[34]

对于一个宠溺孩子的父亲来说，这是一个矛盾的时刻，而对于一个做好事的人来说，同样如此。作为一个启蒙思想家，狄德罗决心培养女儿思想和精神上的独立性。但他同时也对这种教育产生的社会影响感到绝望。他看到安吉莉卡身边围绕着骗子，其中既有天花乱坠描述圣迹的牧师，又有悄声暗示世俗妙事的唐璜。两种前景都同样可怕，但狄德罗似乎尤其担心现世的诱惑。在一次特别严肃的思考中，他问索菲"我爱你"是什么意思，然后评论道，当一个男人说出这句话时，它的意思是，"小姐，如果你愿意为了我让自己蒙羞，放弃你在这世上的名声并且甘愿被社会孤立，将自己永远禁锢在修道院中并且让你的双亲因此而死，那么我将无比感激"[35]。

对女儿未来的担忧困扰着狄德罗，但女儿的智慧又令他振奋不已。狄德罗安排安吉莉卡去上解剖课——教她的是著名的（并且未婚的）比荷伦小姐（Mademoiselle de Biheron）——并着手为她寻找一个合适的丈夫。起初，相当令人吃惊的是，他暗示自己的朋友格林姆，认为格林姆应该娶安吉莉卡，并在一封信中夸奖了自己女儿在才智和音乐上的超凡之处。格林姆的年纪是狄德罗女儿的两倍还多，而且是两人的共同好友德皮奈夫人的情人，他很平和地没有理会这个建议，因此，狄德罗最终选择了阿贝尔·弗朗索瓦·卡罗隆·德·凡德尔（Abel-François Caroillon de Vandeul）这个聪明的商业投资人，而且很重要的是，凡德尔是狄德罗一个老朋友的儿子，来自他的家乡朗格勒。虽然凡德尔既不是哲学家，也不是科学家，但他至少是一个坚定的资产阶级（他对嫁妆认真讨价还价，惹怒了狄德罗好几次），他即使没有公开地怀疑宗教，对它也基本上是漠不关心的。事实上，纳内特对这个有着自由思想者美誉的女婿感到十分烦恼，在1772年年末他们结婚后，纳内特在数周内都拒绝去看他们——这种状况虽然让狄德罗有些失望，可也令他感到宽慰，因为他的选择即使谈不上完美,但也足够好了。

女儿已经有了足够好的归宿,这让狄德罗放下心来,但他仍然感到伤心,因为女儿结婚让他的生活变得空虚。在给安吉莉卡的一封信中,狄德罗坦白了他既安慰又忧伤的感觉。"我全心全意地爱你……让你走给我带来的痛苦,你可能无法想象。至少现在,当我与自己对话时——因为我不能再与你交谈——我会擦掉眼泪告诉自己,虽然我已不再拥有我的女儿,但她很快乐。"[36]

18世纪60年代早期,有一天,两个男人无意间在巴黎的里金斯(La Régence)碰面了,这个地方是巴黎的一家咖啡馆,跟普洛科普(La Procope)咖啡馆一样,已经成为一些知名作家和艺术家的聚集地,他们在那里热烈地谈论着文艺话题,并且较为谨慎地——警方的密探也是这里的常客——谈论政治话题。[37] 其中一位是富有而可敬的哲学家——我们称他为"我",而另一位——我们称他为"他"——是一个一无是处的音乐老师,其最出名之处莫过于著名作曲家拉莫(Rameau)的侄子。"我"喜欢成天追逐奇思妙想,不管这些想法是合理的还是愚蠢的:"我"高兴地坦承道,这些想法,"是我的娼妇"。而"他"成天都在寻找资产阶级或者贵族顾客:"他"高兴地承认,他们都是他的饭票。

两个人彼此熟悉,一边看着咖啡馆里的同伴们下象棋,一边开始交谈。在一系列令人眼花缭乱而又迂回曲折的对话后,他们迅速切入到教育这个话题上,特别是关于他们孩子的教育。当"他"问"我"是否给八岁的女儿请了家庭老师时,后者变得烦躁起来:这个话题,我们知道的,是一个危险地带。"我"承认,为了让家里保持和谐,"我"让妻子去监督女儿的教育。尽管如此,"我"还是不顾妻子的恶意阻挠,执意教给女儿一项重要的技能:"学会思考——这项技能在男人中很少见,对于女人而言更是如此。"

"他"没有为这一高尚的目标喝彩,而是不置可否:"哦,那就让她按照自己喜欢的方式随便思考吧,只要她漂亮、活泼并且衣着得体就行。"面对"我"对启蒙教育的顽固坚守,"他"也坚持自己的立场——或者更确切地说,是入侵了"我"所处的立场。"我"不愿意教女儿唱歌跳舞,而更愿意教女儿语法和历史、神话与地理,最重要的是,教给她"大量的伦理观"。"他"同情地对他的朋友喊道:"你我都知道,我很容易就能向你证明那些东西是无意义的!我说的是无意义吗?我应该说是危险的。"

这段交流出现在《拉摩的侄儿》一书中,这是狄德罗最精彩的著作之一。巧合的是,这本书的历史和它的叙述一样曲折而意外。这部作品的内容就是讲述者"我"和拉摩的侄儿"他"之间的一场对话,直到狄德罗去世,这部作品都只是他个人所有,没有出版,甚至连他的朋友们都不知道。1805 年,一份手稿出现在德国,席勒(Schiller)将它展示给歌德,由歌德(Goethe)将它翻译成德文,随后手稿再次下落不明。德文版基于的是一份存疑的手稿,而该德文版的法语缩写版又流传了几十年,直到 1891 年,在巴黎的一间阁楼上发现了狄德罗的手写稿。不久后,在冬宫又发掘出了另一份,它被埋在一个盒子里,自从 1784 年狄德罗的图书馆被运送给叶卡捷琳娜后,这个盒子就一直没被打开过。

同样神秘的还有这本书的创作时间。尽管学者们对日期仍存争议,但是书中的很多内容表明,狄德罗是在 1761 年春开始写这本书的。这是合乎情理的,因为正是在这个时候,他开始理清父亲和哲学家这两种相互冲突的责任,在安吉莉卡的教育问题上,与纳内特斗争,也跟自己斗争。这本书的写作就像这场斗争一样,几乎延续到狄德罗生命的尽头。他一直在对文字进行加工——修改润色、增删内容——直到1779年,他去世的五年前,也是他从圣彼得堡回到法国的五年后。

这场斗争的心理维度不可忽视;事实上,思考一下"我"和"他"这两个人物,这也不可能被忽视。《拉摩的侄儿》从狄德罗这个独一无二的个体上,创造出了两个分立的角色,它并非两个不同的、独立的个体间就道德与政治、社会与家庭等问题相互争论。这场内心斗争的激烈程度,可以用狄德罗为这本书所付出的绝对时长来衡量。与结束他的绝大多数对话相比,狄德罗结束这段特殊对话要困难得多,原因很好解释:无论是向自己的女儿传授美德,还是向统治者传授美德,其正当性都遇到了挑战。

"我"和"他"之间的对话从一个话题转到另一个话题——时不时被"他"对那些伟大或无名的同时代人的惊人模仿所打断——几乎所有我们认为理所当然的规则和价值观都被削弱或摧毁了。"他"这种鞭挞式的推理转换,使得道德自身——对"我"来说很重要,他为自己是个道德家而自豪——受到了猛击,并且在"他"所坚称的道德就是傻瓜的游戏这一说法面前无所遁形。

"他"认为,道德与理想无关,而与餐食息息相关。"他"对"我"的传统美德诉求不屑一顾,因为"他"认为,为了避免挨饿,一个人会愿意用各种方式来贬低自己。"当肚子咕咕叫时,良心和荣誉的声音是微不足道的,""他"大声说道,"啊,哲学大师,贫穷是一件可怕的事情。"[38] "我"抗议说,个体可以做到不顾自身的情况,去追求正派和人性,但"他"却不同意:"你认为每个人都在追求一样的幸福。这个观点太荒唐!你的观念预设了一个感情用事的前提,但我们并不具备这个前提……你把你的怪癖叫作美德,或者哲学。但是美德和哲学并不适合所有人。少数能够做到的人，那就拥有它吧；少数能够做到的人，那就坚守它吧。""我"听得越来越恐惧，也越来越着迷，而"他"继续轻而易举地对抗"我"的伦理观："我为智慧和哲理欢呼——所罗门的智慧：喝美酒，品佳肴，拥美女入怀，睡柔软的床——除此之外，一切都是虚空。"[39]

换一个时间，换一个地方，"我"会附和"他"的欢呼。"我"提醒"他"，自己不是一个假正经的学究，也不是一个无力的愤世嫉俗者。他不仅有"看美女的眼睛和心思"，而且还有"感受她胸部曲线的双手……并且在她怀里醉生梦死"。但是"我"坚持认为，即使这些肉欲淹没了我们，它们也不能定义我们。至少，"我"是这样的一个例子。"我"告诉拉莫，"我发现，帮助不幸者，解决一件麻烦事，提供有用的建议，读一些令人愉悦的书……花几个小时教导我的孩子们，履行我的职责，这些都是极其惬意的事情。""我"很明白，问题在于，只要"我"认为快乐的事物，"他"就认为是愚蠢的；"我"希望缓和一下局面时，"他"却揪着不放；"我"想传授道德守则给子女，"他"却想用不道德的教导来危害子女。"我"的义愤填膺逐渐被思想上的困惑所替代，而他的道德确定感也逐渐被内心的怀疑所替代。"我"坦承道，"你说的每一件事似乎都有一些道理"。[40]然而，这样的坦承让"我"感到恐惧。当"他"问道："如果教育不能在避免麻烦和危险的同时带来各种享乐，那算是什么好教育？""我"支支吾吾地回答："这一点我差不多同意你，但我们还是别深入谈下去了。"当"他"仍试图与"我"就此进行讨论时，后者退缩了："我看，算了吧。"[41]

但是这些怀疑让"我"无法释怀。"我"早期坚定地认为自然是美德的源泉，而现在他似乎不那么确信了。自然不再是养育和安抚的力量；相反，现在它看上去完全是霍布斯式的：一个利己主义横行，而无私主义被驱逐出去的社会环境。面对"我"越来越无力的反抗，"他"为自己的非道德而扬扬得意。通过滔滔不绝的语言和手势的表演，"他"详细描述了作为一个音乐老师，他是如何在掏空顾客口袋的同时，让学生的大脑也变得空洞。为什么他就不能炫耀他那些骗人的把戏和见不得人的勾当呢？"我学生的父母都是因不义之财而发家。他们中有朝臣、税吏、批发商、银行家和股票经纪人。我只不过是让他们偿还而已。在自然中，所有物种都依赖彼此生存；在社会中，所有阶层也都是如此。"人类间的相互斗争就像其他动物间的斗争一样残忍；唯一的区别就是我们不会盯着看。"每一种活着的东西，包括人类在内，都在寻求自身的幸福，为此不惜牺牲掉任何阻挡他们事物。"[42] 统治这个世界的是混乱，而不是秩序："没有什么是稳定的。今天还在巅峰，明天就到了低谷。可恶的命运主宰了我们，而且还做得很糟糕。"[43] 在"他"滔滔不绝的话语中，曾经将自然与社会分开的界限被打破了。尽管后者曾被认为令前者相形见绌，但如今却忠实地反映了前者。

当"他"剥开虚伪和自欺的层层外衣后，"我"害怕自己会在下面发现些什么。坐在里金斯咖啡馆里，空气中弥漫着烟雾和嘈杂的声音，"我"在彻底的道德困惑边缘摇摆不定。这种讽刺是含蓄的，但却让人失去了勇气：就像苏格拉底式对话中的一个毫无防备的谈话者，"我"退出了这场对话，因为开始对话时"我"所携带的真理已经被剥夺了。不同的是，苏格拉底过着道德的生活，并追求善，而"他"过着不道德的生活，并追求恶。但是"我"发现自己处于一种窘境之中，无法反驳"他"的说教。在对话接近尾声时，"我"开始思考"他"与其他人的主要差别在哪里。"他承认自己的恶,这些恶我们都有:他不是个伪君子。他与其他人的可恶程度相仿,但他更加坦白,更有逻辑,因而他的堕落往往更加深刻。"[44] 似乎太深刻了,以至于狄德罗不想让其他人瞥见。

在读完《拉摩的侄儿》的手稿后,歌德大为赞叹地对席勒说道,它"像一颗炸弹,在法国文学中爆炸,而我们需要特别小心地来确定,这些碎片击中了什么,以及是从何种角度击中的"[45]。或许歌德有点过于小心了:不仅是法国的文学,还有法国的政治,都被弹片冲击出千疮百孔。《拉摩的侄儿》对集权者统治之下的生命,以及在暴君权力之下我们承担的角色内容变化,做出了最为暗淡的分析。在狄德罗动身去往俄国前不到两年的时候,路易十五的首席部长莫普(Maupeou)掏空了巴黎高等法院数百年来的权力。伏尔泰称赞此举是代表启蒙统治做出的打击;他认为,保守的高等法院是进步措施的障碍。而在狄德罗看来,虽然贵族这个群体是反对变革的,但是它对于不安分的皇权的反对,不亚于它对于不安分的思想的反对。尽管高等法院只是一个司法机构,并不是一个立法机构——而且是由贵族监管——但是狄德罗认为,虽然它保守而顽固,但它是对抗皇室暴政的最后一道工事。第二年新年的时候,他为政治自由写了一首叙事诗,结尾处的几行非常有名:"他的双手,没有用来打结的绳子;勒死国王的,将是牧师的肠子。"狄德罗在1772年对朋友们大声朗读了这首诗,二十年后,在血腥的恐怖革命之后,诗中的描述真的发生了。[46]

在对话快结束时,这些政治关切获得了存在的价值。"他"的最后一幕哑剧,表演的是一个似乎将一生都奉献给了接受并执行上级命令的男人,看完之后,"我"指责他描述的世界里只有乞丐,不管他们属于哪个社会阶层:"我不知道有谁会一点都不使用你的舞步。""他"立刻表示同意:"整个国家中,只有一个人在行走——那便是国王。其他人都只是做做样子。"[47] 前几次"他"提出类似的比较时,"我"在这些比较的结论面前退缩,但这一次"我"直冲上前:"我"告诉"他",即使是国王也会骗人,只要他面对的是上帝或者是他的情人。像是突然顿悟一样,"我"宣称:"你所谓的乞丐的哑剧正是世界运转的动力。"[48] "我"接着声明,但是有一个人不会附和,并且会拒绝加入这场普遍存在的闹剧。那就是"一无所有并且一无所求的哲学家"。"我"可能会发现第欧根尼(Diogenes)的立场令人不舒服,但是与"他"所赞美的那个满是阴暗和伪装的世界相比,"我"宁愿选择前者。"我"确定,这种生活"要比卑躬屈膝、含垢忍辱、出卖节操要好。"[49]

但是与古代的犬儒主义者不同的是,这些现代哲学家有他们的诉求:寻找一位开明且勤勉的统治者,由他来推动被统治者没有能力启动的变革。对于狄德罗同时代的许多人来说,创造条件让人类幸福度提升,就如同开凿运河并增加税负来使荷兰贸易得以繁荣一样,是一项令人望而却步的任务。更大的问题是,后者的实现是通过自下而上进行的:整个社会都致力于共和主义与平等主义的价值观,这造就了荷兰。当为了社会繁荣之目的,必须建设法律和道德的堤坝并且增加税负的时候,能否期待整个民族——尤其是一个长久以来就沉浸于迷信和无知当中的民族——的支持?或者换句话说,是否需要一位有力的统治者,用他那不受约束的双手,像塑造粗糙而顽固的黏土那样来塑造这个还未启蒙的民族?

正如狄德罗所理解的那样,爱尔维修想两头兼顾。他在《论人》一书中赞扬了叶卡捷琳娜的奉献,但却在早期的《论精神》一书的前言里,严厉地指责了她的前任彼得大帝。爱尔维修总结说,虽然彼得的改革在俄国引发了极大的阵痛，但是结果却令人失望。彼得没有能够在制度和宪法上形成渐进而持久的变革——爱尔维修指出，不管是多么伟大的统治者，都无法将他们的伟大传承给继任者，对于该评论，狄德罗也有共鸣——他只是用"新的苦难"取代了旧的苦难。[50]

然而，俄国能够在知识界的思想和讨论中占据主导地位，很大程度上得益于彼得的统治。落后，不仅是这个庞大国家的苦难之源，也是它的希望所在。事实上，至少在外部观察家看来，这个国家的中间制度是模糊的，抑或根本不存在的，而如果要测试开明专制的有效性，还有什么地方能比这里更好呢？到十八世纪中叶时，开明专制的其他主要候选人都已经半途而废了。法国的路易十五不时燃起了伏尔泰对于所谓《皇家论文》(thèse royale) 的希望——这个概念是指国王是一切权力的源泉，从而也是所有有效变革的源泉。1766 年，当路易在对抗顽强而保守的高等法院时，他告诉高等法院的贵族成员们，君权和立法权都只属于他一个人，这让伏尔泰喜出望外。"我很久没有看到过如此睿智，如此高尚，文笔如此优美的东西了。"[51] 但是，随着路易十五的去世，他那一无是处的孙子路易十六继位，凡尔赛宫对于《皇家论文》的信仰也随之烟消云散了。

在其他渴求开明独裁者头衔的统治者中，普鲁士的腓特烈名列前茅。18 世纪 30 年代，还是一个年轻王子的时候，他给伏尔泰写了一封肉麻的恭维信，当中极尽溢美之词，赞扬了伏尔泰在诗歌方面的天赋。不出意料，伏尔泰被征服了，一同被征服的还有他的伴侣夏特莱夫人（Madame du Châtelet）。她的评论代表了知识界中许多人的观点："尽管没有人知道确切的原因，但似乎我们必须得有王子,既然如此,那如果他们都像腓特烈那样,至少会有所帮助。"⁵² 然而事实证明,即使是腓特烈也不像腓特烈。这个王子成为国王后,他仍然和所有自由思想者一样对宗教怀有敌意,但是对重要的社会和教育改革毫无兴趣,一心只想着对外战争和对内镇压。他对于启蒙运动的兴趣在很大程度上是交易性质:他追逐伏尔泰和狄德罗这些著名思想家,并不是要将他们作为见识和智慧的来源,而只是将他们当作文化资本。据说,腓特烈在他位于波茨坦的宫廷迎接伏尔泰时,是这样谈及这位法国人的,"我最多再需要他一年,不会再长了。人们榨干橘子后,就会将皮扔掉"⁵³。

与伏尔泰不一样,狄德罗对《皇家论文》的可取性表示怀疑。这样的论文常常被证明是对的,他对这种过分行为不抱任何幻想,在动身前往荷兰前,他把这些观点写进了一本讽刺性的小册子里,来抨击腓特烈。此事的直接诱因是,狄德罗的亲密好友霍尔巴赫男爵写了一篇文章,严厉指责贵族特权,而腓特烈则用一个伪装得很差劲的笔名,写了一本小册子来嘲笑这篇文章。狄德罗装作不知道是腓特烈所写,毫不留情地将其中的论证和作者的品性批驳得体无完肤。"作者厌恶那些敢于质疑统治者的人,说明他显然从未遭受过权力滥用之苦。"霍尔巴赫坚信人类有能力发现并理解真理,而腓特烈却对此嗤之以鼻,这让狄德罗爆发了:"这位作者说,人不是为真理而生,谬误才是人的宿命,他这完全是自以为是:就是一个婴儿的胡言乱语罢了。他煞费苦心地列举了谬误支配这个世界的种种体现,却对与他相左的真理画面视而不见。"写完六页充满了傲慢无礼和深刻见解的文字后,狄德罗总结道:"我从这本小册子中学到了什么?那个人不是为真理而生的……迷信是有用的,战争是美好的,等等,等等,上帝保佑我们不要遇到与这位哲学家类似的统治者。"[54]

虽然他赞扬了荷兰和英国的中间机构对于王权的严格控制,但却痛斥了高等法院在法国所做的类似尝试。他呼喊道,鉴于这个机构毫无代表性可言并且具有反动特质,他怎能不对之加以痛斥?在1769年写给格林姆的一封信中,狄德罗解释道,如果人们深挖高等法院的历史,就会发现它是多么"褊狭,顽固和愚蠢",它"保留着怪诞而又具有破坏性的特权,并且禁止理性",始终"让所有的事情都混杂着它的无知、自利和偏见"。总而言之,"一切自由,无论是公民自由还是宗教自由,都从未遇到过像巴黎高等法院这么残暴的敌人"。[55]

除非,出现了一个能够威胁到高等法院生存的更为残暴的自由之敌。在狄德罗向格林姆提交了反对高等法院的简报后,仅仅不到两年时间,他就发生了戏剧性的重大转变。1771年,路易十五施行了他的专制主张,并且解散了这个贵族机构,狄德罗闻之色变。这个早先被狄德罗所憎恶的由落后贵族组成的反动实体,如今却被他推崇为反对皇室越权的高贵堡垒。狄德罗声称,它独自站在真正的自由和彻底的奴役中间。尽管巴黎高等法院有严重的缺陷并且常常干蠢事,但它是可以阻止君王变为怪兽的唯一制度性保障。因此,狄德罗恐慌地总结道:"我们遭遇了一场危机,其结局将是奴役,抑或自由。如果是后者,那就与当下摩洛哥或者君士坦丁堡的情况类似。"[56] 或者,真正类似的,是俄国。

第四章　公开化

我们是宣扬圣叶卡捷琳娜信仰的世俗传教士，我们为到处都是我们的教会而感到自豪。

——伏尔泰致叶卡捷琳娜

1761年12月25日，伊丽莎白女王去世。她那日渐衰弱的健康状况一直被叶卡捷琳娜和王室所关注。那个幼稚的男人成为沙皇彼得三世，伊丽莎白曾努力想让他做好成为继任者的准备，但还是失败了。无论是在智力上，还是在情商上，他都没有准备好承担起治国的巨大责任；在33岁这个年纪，他还没有摆脱对于玩具士兵的热爱，而更具灾难性的是，他也没有摆脱对腓特烈的真人士兵的热爱。他对自己的出生国荷尔斯泰因的感情，以及对腓特烈的崇拜，预示着俄国长久以来的外交政策目标将发生反转，而他对自己的接纳国的轻蔑态度，以及在宫廷中的不得体行为，对于国内和平来说也是一个凶兆。

彼得即位后，上至旧贵族和宫廷党，下至帝国卫队和军队，俄国的统治精英们沮丧地发现，王位和重要职责都塑造不好这个男人。这位新任沙皇无视宫廷的惯例和礼仪，引进德国士兵来取代皇家卫队，并将自己隔离在以德裔亲信为主的一小群人当中，而且对自己引致的坚定的反对派不以为意。最过分的是，彼得以德国王子，而不是以俄国沙皇的名义宣布，他对当时由丹麦统治的石勒苏

第四章 公开化

益格省拥有历史上的所有权。他拒绝谈判,直接向丹麦宣战,这个令人震惊的愚蠢行为耗尽了俄国军队统领们对他仅剩的一点忠诚。后来曾担任叶卡捷琳娜外交大臣的反对派首领尼基塔·帕宁(Nikita Panin)宣称:"所有人都对沙皇离心离德;没人对他满意;他们需要另一位君主,不管这会带来什么麻烦。"[1]

虽然叶卡捷琳娜并没有王位的继承权,但她却成为反叛者们心目中的候补君主,这一形势即使不是叶卡捷琳娜亲自策划的,也必定是得到了她的支持。1759年那次极为重要的会面后,伊丽莎白告诉叶卡捷琳娜,她对彼得的品性感到越来越恼火,甚至到了厌恶的程度。叶卡捷琳娜在回忆起她与女皇间的频繁对话时说道:"谈起不幸拥有这样一个继承人时,她要么是满脸的辛酸泪,要么就是表现出对他的蔑视之意。"事实上,在叶卡捷琳娜收藏的伊丽莎白的书信中,彼得的姨妈不是骂彼得是个蠢货,就是把他描述成一个怪物。[2]然而伊丽莎白的慧眼张开得太晚了,在两年后她去世时,她和宫廷上下都没能确定出一个替代的继承方案。

当意识到这个与自己形同陌路、行为愈发怪异的丈夫所表现出的危险性后,叶卡捷琳娜开始笼络那些被彼得疏远的群体。同样重要的还有,她在面对外国以及俄国的高官显要时,举止沉着而端庄,与之形成鲜明对比的是,她的丈夫总是用母语德语,或是用从未认真学习过的俄语,醉醺醺地发表长篇大论。最终,她的新情人格里戈里·奥尔洛夫(Grigory Orlov)成为她值得信赖且无所畏惧的同谋者。奥尔洛夫在战争中脱颖而出,1760年他在宫廷现身时,吸引了叶卡捷琳娜的注意。两人一见钟情,产生的结果之一便是:1761年伊丽莎白去世的时候,叶卡捷琳娜怀上了奥尔洛夫的孩子。

在帕宁、叶卡捷琳娜以及奥尔洛夫的领导下,反叛者们成功地在政府和军队中争取到了重要的支持者。1762 年 6 月 28 日，彼得在邻近的奥拉宁鲍姆附近训练部队，准备与丹麦进行一场最终并未发生的战争，此时圣彼得堡的居民收到了令人吃惊的消息：被彼得命令待在皇家领地夏宫的叶卡捷琳娜刚刚进城了。她沿着涅夫斯基大道向冬宫走去，奥尔洛夫、他的四兄弟，以及俄国近卫军在她身后护送，大批人群在两旁夹道欢呼。保卫皇宫的军团受形势所迫，宣誓效忠小母亲（Little Mother），这是他们为新就任的统治者取的别名。一进入宫殿，叶卡捷琳娜就发现帕宁带着她的儿子保罗在等她；她挽着保罗，大步走上阳台，令聚集在下面的人群欢呼雀跃。在俄国参议院的认可下，在俄国圣议会的祝福中，在俄国民众的欢呼声里，德国出生的叶卡捷琳娜自那个喧嚣的日子起，成为俄罗斯至高无上的独裁者，开始了她的统治。

  彼得对圣彼得堡所发生的事情一无所知，第二天他才得悉，与他分居的妻子，正身着全套戎装骑着马，带领数个军团向奥拉宁鲍姆进发，来逼迫他退位。在一通优柔寡断、犹豫不决的思量后，彼得意识到，他唯一可以依靠的是普遍被人所看不起的荷尔斯泰因与黑森军团。在形势急转直下的重压下，彼得崩溃了，他放弃了王位，将它交给了叶卡捷琳娜和保罗，任由奥尔洛夫兄弟将自己捆绑，送到位于罗普沙的皇家领地。三天后，传来了令人尴尬而又必然的消息。一个信使带着阿列克谢·奥尔洛夫（Alexei Orlov）写的一封信赶到冬宫。叶卡捷琳娜震惊地得知，奥尔洛夫和他的随从守卫在前一晚的打斗中，失手杀了彼得。"最仁慈的君主啊，我们不知道自己做了什么，"奥尔洛夫诅咒道，"我们都有罪，都该去死。"[3]

  考虑到奥尔洛夫的供词和叶卡捷琳娜的性格，几乎可以肯定，

第四章 公开化

她并未牵涉此事。不过,彼得的突然消失确实给她带来了极大的好处。叶卡捷琳娜与她的同谋者们一样明白,囚禁废黜的沙皇或者将他流放,都不是明智的选择。她自己几乎没有合法的王位继承权,所以,一个死了的前任沙皇总是要比一个活着的前任沙皇少了很多麻烦。在与帕宁商议后,叶卡捷琳娜发布了一则告示,宣布了彼得的死讯,并将死因——就像达朗贝尔那句妙语令人联想到的那样——归结为"痔疮急性发作"。此外,告示中还说,彼得的不幸离世,使得叶卡捷琳娜登上了王位,这是上帝意旨的显现。[4] 彼得的死也是新任君主的意旨吗?全欧洲的宫廷和沙龙都在讨论这个问题,但叶卡捷琳娜则下定决心要让这个问题变得毫无意义,而她的方法就是迅速而果断地将注意力放在国家的行政管理及其国际形象上来。

尽管这位33岁的女皇并没有接受过正式的统治培训,但是无论在才智上还是在情感上,她都做好了准备。叶卡捷琳娜明白,她需要尽可能多地笼络那些有影响力的人物,而不是排斥他们,需要寻找合作者来与她共事,而不是刺激他们成为与她作对的反叛者。她没有惩罚那些与彼得之死相关的人,也没有流放那些曾经为彼得效力的人,相反,她奖赏了前者,并且号召后者继续为她效力。叶卡捷琳娜意识到,要巩固民众对她本人的好感,隆重的排场是必需的。因此,在首次访问莫斯科时,她精心策划了一系列令人眼花缭乱的庆典和仪式,持续时间长达一个月。这位年轻的统治者在登基后不久就立即冒险安排了这一切,而她在莫斯科的成功加冕本就已经存在着风险:17世纪晚期,俄国公主索菲亚就曾因为竭力夺取王位,没有为她的儿子彼得守护王位,从而损害了自己的威信。因此,庆祝期间最精彩的场面之一就是烟火表演,它将叶卡捷琳娜的舞台形象勾勒成了罗马智慧女神密涅瓦（Minerva）（毫无疑问，那些敏锐的观众已经注意到密涅瓦是戴着头盔的——预示了叶卡捷琳娜未来的领土扩张）。[5]

最终，这场冒险获得了回报，叶卡捷琳娜为有效的统治打好了基础——考虑到现有制度和官僚机构的孱弱，这绝非易事。叶卡捷琳娜调查了她所拥有的机构，而它们的可悲状况令她感到震惊："舰队荒废，军队混乱，堡垒崩塌。"[6]叶卡捷琳娜的清单只反映了这个国家的有形表现；它的经济、官僚以及法律架构的情况则更为糟糕。自从1756年爆发七年战争——这是一场复杂的王朝之间的斗争，俄国、法国与奥地利陷入了与普鲁士和英国的对抗中——国库就一直空虚。政府的开支和薪俸难以为继，因此滋生了士兵的不满情绪和官僚的贪腐行为（实际上，由于大部分官僚职责被外包给俄国贵族——只有少部分官僚是领取薪水的——这个沙皇国家对贪腐习以为常）。无论莫斯科的皇家庆典和烟火表演有多么宏伟，它们都只能短暂地转移人们对于俄国财政和体制困境的注意力，而与此同时，它们又恶化了这种困境。

为了维护自己作为统治者的地位，叶卡捷琳娜下决心要掌握政府的运作机制。因此，她组建了一个内阁来传达她的旨意和诉求，并且参加了几次参议院的会议（尽管参议院这个名称相当恢宏，但其实基本上就是一个没有什么权力的非宗教法庭）。参议院的极低效率令她感到震惊，她带着几乎难以抑制的愤怒，督促议员们加速行动。对于行政人员，她的要求也同样紧迫。财政官员的混乱令她感到困惑，她抱怨称自己无法获取任何有关财政收入的信息，因此要求他们进行完整的会计核算（直到20年后的1781年，她才收到了一份全面的国家财政报告，这凸显了即便是一个女皇，对于一个

第四章　公开化　　　/ 075

混乱的政府的控制权也相当有限）。

　　从一开始，叶卡捷琳娜就设定了一个严格的工作节奏，她决心用模范式的生活方式来激励沙俄帝国的官僚系统。早上8点钟，她的秘书们来讨论国务，而此时叶卡捷琳娜已经起床两个小时了，她一直在书房里阅读文件并写信（事实上，在书桌旁坐下来之前，她会在房间里生起炉火，自己煮咖啡，以免被仆人们打扰）。会议在11点结束，然后就是一顿简单的工作午餐，通常会有少数侍臣陪同。下午1点，叶卡捷琳娜回到她的私人房间，在这里她将与奥尔洛夫一起度过下午的大部分时光，而奥尔洛夫的住处就在叶卡捷琳娜的正上方。5点30分时，就像她在一封信中写的那样，她"要么是去剧院，要么就玩一会，抑或与前来吃晚餐的第一拨人闲聊，而晚餐会在11点前结束，然后我就会去睡觉，为了第二天能继续做同样的事情。所有的事情一项项地划掉，整齐得就像五线谱手稿一样"[7]。

　　在写给乔芙兰夫人的信中，叶卡捷琳娜描画了一幅细致的自画像。利用巧妙的笔触，叶卡捷琳娜向法国观众展示了自己，其形象即使不是密涅瓦，也至少是一名开明的统治者。叶卡捷琳娜想要呈现出自己的统治是彼得的延续，因此她需要所有可以找到的法国哲学家朋友。她在莫斯科加冕礼上的排场，以及最初那些迅速而果断的决定，使得她可以在大多数俄国人感到满意的情况下，让自己的统治合法化。但是，对于另一个几乎同样重要的观众群体而言，情况就并非如此了，这个群体就是巴黎的文艺沙龙。18世纪中期，这些沙龙已经成为人文界的聚会中心，这里有艺术家和贵族，也有思想家和具备自由思想的神职人员。正如德娜·古德曼（Dena Goodman）所说，沙龙不是轻浮的场所，而是"工作的空间"。人们欣赏风趣，但并不鼓励风趣；虽然风趣可以作为一种手段，但这绝不是启蒙工作的终点。这些沙龙女主人——管理沙龙的女性，其中一些是贵族，还有一些是资产阶级——信奉这一准则。"和那些在家中聚会的哲学家们一样，这些沙龙女主人是务实的人，从事的是她们认为有用且有益的工作。"[8]

这个圈子不仅折射出了叶卡捷琳娜的价值观，也反映出了她的远大抱负。在统治的早期，叶卡捷琳娜就开始与乔芙兰夫人保持通信关系。尽管没有贵族血统，但乔芙兰却主持了巴黎最有影响力的沙龙之一。在30年的时间跨度里，作家和科学家会定期在某些夜晚聚集在她家中，而贵族和外国政要则在另一些夜晚聚集，两类群体很少混合在一起。

乔芙兰会为谈话设定基调及限制。每当有激动的客人离题太远，闯入宗教和政治的雷区时，乔芙兰就会用她著名的一句措辞"这很好"——"先到此为止"[9]——婉转地引导客人回到原先的话题。不过，那些想要成为人文界一分子的人，可不会觉得乔芙兰的支持是多余的。正如尽人皆知的梅尔基奥·格林姆所评论的那样，"一个人如果没有见过她，那么在向世界展示自己时，似乎就显得不是那么杰出"[10]。

在相互交换看法的对话中，乔芙兰和她的客人们会大声朗读并讨论从国外收到的信件。叶卡捷琳娜意识到乔芙兰夫人的沙龙具有强大的影响力，可以用于传播她的善举和声望，因此，她特别认真地写了一些很长并且刻意要消除敌意的信件，详细叙述了她对俄国的期待以及所取得的成就。[11]叶卡捷琳娜无法让巴黎接纳圣彼得堡，但在执政的头几年，她还是努力让她的帝国首都能够接纳巴黎。1767年，在宫廷人员的帮助下，她亲自翻译了小说《贝利撒

第四章 公开化

留》，此书是同年在法国出版的，但很快被禁。这部小说的作者是剧作家让-弗朗索瓦·马蒙泰尔（Jean-Francois Marmontel），书中含有对宗教宽容的赞美，而这激起了教会的愤怒并谴责该书（在其中一章中，拜占庭将军贝利撒留告诉罗马皇帝查士丁尼，任何一个不以法律为基础，却以专制统治为基础的政体，都必将成为暴政，而值得一提的是，这一章是由叶卡捷琳娜翻译的）。第二年，叶卡捷琳娜在集体翻译方面做出了更大的努力，她成立了外文图书俄语翻译协会。虽然该协会并不局限于翻译法文著作，但确实会优先考虑。该协会最终出版了让-雅克·卢梭的全部著作，除了《社会契约论》这个意料之中的例外。1773年，在叶卡捷琳娜的批准下，协会还出版了马布利神甫（Abbé Mably）的《希腊历史评论》。马布利对于共和主义的支持显而易见，这种支持激励了译者在脚注中断言："专制主义是最令人性厌恶的状态。"[12]

不用说，启蒙运动中最具影响力而且最坚持不懈的捍卫者，很快就成为叶卡捷琳娜最伟大的拥护者。正如在1765年的一封信中，伏尔泰对叶卡捷琳娜所说的那样，"夫人，可以斗胆跟您说一下，您用'叶卡捷琳娜'这个名字让我有点恼火吗"？他写道，如果叫朱诺（Juno）、维纳斯（Venus）、克瑞斯（Ceres）或密涅瓦就好多了。[13] 叶卡捷琳娜礼貌地拒绝了所有这些名字。她看上去对朱诺这个名字尤为不满——"我永远不会把我的名字换成那个猜疑嫉妒的女神的名字"——但对于密涅瓦这个名字，她拒绝得更为直截了当，因为"我不够专横"[14]。

这种推测，至少在开始阶段，主要来自伏尔泰。1765年，在他们初期的书信往来中，伏尔泰宣称叶卡捷琳娜将"完全实现由彼得大帝开启的那项伟业"——那就是，将俄国从一个阴暗的、冰封的落后地区变为一个开明的欧洲国家。[15]某位历史学家有过"法国对俄罗斯的幻想情结"这一说法，这种幻想将"彼得的神话"与"叶卡捷琳娜的传奇"紧密地结合在一起，[16]而在该幻想的生成中，伏尔泰扮演了很重要的角色。在他1759年的著作《彼得大帝统治下的俄罗斯帝国史》中，他认为这位沙皇具备超人的力量。从这本书的开篇（"自穆罕默德以来的所有立法者，以他们去世之后人民的表现来看，彼得的人民是当中最为出众的"）到它的结尾（"他强迫一切事物的天性，包括他的臣民、他自己，甚至大地和海洋，但是他强迫的目的是为了让它变得更加美好"）。伏尔泰所写的历史几乎是一部毫不掩饰的圣徒传记。[17]伏尔泰在他遥远的费尔内庄园里，观看着沙皇的成就，他宣布："彼得的诞生造就了俄罗斯。"[18]这种观点，隐隐地呼应着亚历山大·蒲柏（Alexander Pope）关于艾萨克·牛顿（Isaac Newton）的著名诗句——"上帝说：'让牛顿来吧'，于是一切光明"——而这与伏尔泰20年前对彼得的评价截然相反："他让人民变得文明，但他仍是一个野蛮人。"那个亲手处决自己臣民的男人，变成了一个亲手将整个帝国拖入欧洲版图的男人。伏尔泰将自己20年前所刻画的野蛮形象进行了美化，部分原因在于这本传记的创作。伊丽莎白委托了这项工作，整个过程中她向伏尔泰提供了极为珍贵的文件和礼物，比方说珍奇的皮草。这本书刚出版，伏尔泰就意识到他既辜负了俄国读者，也辜负了法国读者，前者认为他对彼得不够恭维，而后者则认为他过分谄媚。达朗贝尔曾向一位朋友吐露说，这本书"卑微而老套的颂词让人恶心"[19]。

但是这对伏尔泰来说没什么意义，只要他还能吸引那个至高无上的读者，那个在遥远的圣彼得堡阅读他信件的人。他成功地实现了这个目标，一直与叶卡捷琳娜保持着丰富多样的通信往来，直到1778年去世为止。不过，这些信件必须小心处理。他们两人都知道，他们写信不是要去影响对方，而是要去影响子孙后代对他们的看法，他们也知道，他们的书信与其说是具有启发性的对话，倒不如说是相互吹捧。但是伏尔泰在叶卡捷琳娜身上倾洒的赞美也是另一种方式的启蒙政治。对于伏尔泰的"人文派"来说，在理性和进步的天平上，没有什么能比征服俄罗斯更加重要。考虑到其规模和社会条件，叶卡捷琳娜的这个帝国无论是在政治意义上，还是在哲学意义上，都让腓特烈的普鲁士和约瑟夫的奥地利相形见绌。也出于同样的原因，王权派显示出从未有过的重要性。[20]伏尔泰从未去过俄国，他对于俄国的认识是建立在有限的资料和无限的想象之上，这导致他幻想着，那里的统治者要比欧洲其他任何地方的统治者更加有效地实施变革。彼得所征服的那片荒野，如今将由叶卡捷琳娜砍凿锤炼成一个真正的文明国家。

因此，在1773年狄德罗动身去往圣彼得堡后不久，伏尔泰就向叶卡捷琳娜发出了恭维而又很坦率的声明："我们是宣扬圣叶卡捷琳娜信仰的世俗传教士，我们为到处都是我们的教会而感到自豪。"[21]这些"传教士"中有一些确实接受了王权派。狄德罗的两个密友，格林姆和达朗贝尔一致认为，尤其是在贫瘠的东欧边远地区，一个由"公正、强大而又开明的专制君主"领导的政府是极为必要的。格林姆几乎无法抑制自己对于专制但进步的统治者的热衷，他宣称："我热爱这样的专制君主们。"[22]

毫无疑问，格林姆热情洋溢的声明一定程度上是缘于他和叶卡捷琳娜的私交。与伏尔泰一样，格林姆也经常与女皇通信；但与伏尔泰不一样的是，这个精通文学和外交的德国男人曾造访过圣彼得堡——与狄德罗完全相同的时间——并且成为叶卡捷琳娜国家事务的官方代表以及她最亲密的知己。她喜欢告诉格林姆——而格林姆也喜欢听她说——他就是她的出气筒、受气包，她可以与他分享担忧与希望，而这是她周围的人不可知晓的秘密。1791年，生命垂危的女皇对格林姆说："我想这是上天的旨意，你我被创造出来，就是为了让我们频繁执笔，不断相互写信。"至于和伏尔泰的通信，女皇则很直率。她命令格林姆烧掉她的信，她坦言道："这些信比我写给伏尔泰的那些要活泼得多，可能会造成极可怕的伤害。"[23] 如果伏尔泰还活着——他在1778年就已经去世，比这次交流早了很多年——他的自尊心肯定会遭受最可怕的伤害。

但是，这些启蒙运动者们投身于叶卡捷琳娜，并不只是为了利己，也不是可怕的欺骗。在通向王位的长期学徒生涯中，叶卡捷琳娜的阅读不仅是为了打发时间，而且也是为了理解自己的处境，进而理解俄国的处境。伏尔泰和孟德斯鸠，达朗贝尔和狄德罗等人的著作是她的工具，让她能够评估并解决她的接纳国所面临的社会和政治难题。重要的是，这不仅是为了去迎合巴黎民众。叶卡捷琳娜对于残忍和不人道的行为有着真实的道德抵触——或许这并不奇怪，因为她嫁给了一个情绪日益无常且有失尊严的丈夫，这样的婚姻在她心里刻下了深深的印记。1762年政变之后，她拒绝处置或惩罚彼得的追随者，这并不只是从务实角度考量——有几个人成为她政府中值得信任的官员——还有她个性的原因。她坚信一个人应该"从仁爱角度出发，在合理情况下尽可能多地行善，避免作恶"，而这一信条无疑是真心的。[24]

在这个国家中，没有什么比农奴制对这一信条所构成的挑战更大。相较于18世纪的美国，农奴制在18世纪的俄国显得并不是那么令人不适,其原因只不过是所有俄国人都在某种程度上受到奴役。[25] 这个国家低效的行政水平与落后的经济能力,产生了巨大的对非自愿劳动力的需求。因此,随着时间的推移,所有个体都被束缚在其他个体或国家之上,或同时被二者束缚。对于贵族来说情况如此,因为他们必须在行政或军队的职位上为国家服务,而对于城镇居民来说也是一样,不过跟贵族不同的是,他们在不同城市之间迁移时还需要获取许可。伊莎贝尔·德·马达里亚加(Isabel de Madariaga)对此冷冷地指出,在18世纪的俄国,"凡是未明确授权的事情一律禁止,只有明确授权的事情方可施行"[26]。

个体的自由仅限于家门之内,活动范围不会超出他所在的村庄,尽管如此,在这样的社会中,农奴群体的境遇仍然是每况愈下,而在1762—1764年的人口普查中,2000万的总人口有将近1000万是农奴。他们被划分成不同类别,变成了国家、教会、地主或者工矿企业主的财产。无论属于哪种官方分类,农奴的悲惨状况都是一致的。他们是一种动产,与其他形式的财产一样,可以任由主人进行买卖。地主的农奴的命运或许是当中最为糟糕的。国家几乎没有制定规则来管理农奴的待遇,因此,地主对农奴的支配基本不受法律约束。例外的情况就是,规模大的庄园会为农奴制定行为准则,明确规定禁忌及惩罚措施。总体来说,只要不杀死农奴,地主们可以为所欲为。

作为大公夫人时,叶卡捷琳娜就意识到,农奴制度就像房间里一具正在腐烂的巨大尸体,没人敢去讨论。至少在笔记本中,叶卡捷琳娜没有拐弯抹角。当读到一个作家赞美农奴制的辉煌时,她勃然大怒:"如此赞美奴隶制度!那么,作者自己为什么不卖身为奴?"俄国的土地贵族阶层怀有"倔驴一样的偏见"[27],对此,年轻的叶卡捷琳娜无法再保持温和:"将生而自由的人变为奴隶,这有悖于基督信仰和正义原则。"她紧接着还设想了一个惊人的方案,即只要一宗土地被出售,那么这片土地上的农奴就将获得自由。她认为,一个世纪之内,农奴制将不复存在。[28]

1762年,叶卡捷琳娜刚登上王位,就被迫改变了她年轻时的理想主义。一系列的农奴起义席卷了乌拉尔山脉地区,起因是该地区矿山和工厂的恶劣工作条件。叶卡捷琳娜很清楚骚乱有着正当的理由,但是她也意识到,现实情况不允许她公开站到农奴主的对立面。1762年,为了回报军队和王室官员所给予的支持,她决定用数以万计的农奴来奖赏他们,这反映出她深陷两难之中。她别无选择,只能使用这种在她所统治的国家中通用的货币,不管这种做法会如何贬损自己。尽管如此,叶卡捷琳娜还是指派了可靠的维亚兹曼斯基(A. A. Vyazmensky)将军去镇压叛乱。他的任务还包括收集有关农奴待遇的证据,以及纠正并惩罚那些过于残忍之人。叶卡捷琳娜对于人道的坚持很顽固,而俄国的现实也同样顽固,因此她试图在刀尖之上平衡好两者的关系。她告诉维亚兹曼斯基,"做一切你认为合适的事情来让农民满意,但是也要采取相应的防范措施,不能让农奴们误以为他们的主人以后会害怕他们"[29]。

尽管叶卡捷琳娜实现平衡的努力失败了——她的温和作风使得农奴和矿主们更加大胆地相互对抗——但她对道德困境和社会困境进行了全面的衡量。在另一个案件中,一个重要的地主被他的农奴杀死了,参议院对此的反应是下令摧毁整个村庄,以儆效尤,而叶卡捷琳娜则警告他们不要加速暴力的恶性循环。这不仅会引发"所有被奴役的村庄的集体暴动",而且就算没有摧毁,也会推迟人们从农奴制这个"令人无法忍受的残酷枷锁中全面解放出来"的希

第四章 公开化

望。叶卡捷琳娜再次授命维亚兹曼斯基来解决这一难题:"如果我们不同意减少残酷的行为并改善人们难以忍受的处境,那么就算是违背我们的意愿,他们[农奴们]也迟早会夺取这一切。"[30]

行政和司法的混乱影响的不仅仅是农奴制这个领域。总体而言,俄国的法律就是一堆相互矛盾、令人困惑的法条,混乱地交错在一起。它们就像是一个人造的泥潭,比彼得大帝抽干的那块瘴气沼泽地还要令人畏惧,而圣彼得堡就矗立在这泥潭之上。尽管彼得已经筹划了一部新的法典,但是他并没能活着看见它完成;这部法典在他死后完成,却从未颁布。1766年,路易十五的俄国使节报告称,俄国官员怀着无比期待的心情,希望叶卡捷琳娜能够颁布"一部法典,取代那些为数众多的矛盾法条,而这些法条是俄国当下仅有的法律,它们的作用只是被那些不诚实的当事人加以利用,并且更多时候是被那些不诚实的法官加以利用"。[31]

12月14日,叶卡捷琳娜证实了这位使节的报告:她宣布,将俄国各阶层的代表们召集到莫斯科,成立一个立法委员会。他们的职责是整顿无序的俄国法律;叶卡捷琳娜前两年亲自撰写的手册《伟大的指导》(*Velikiy Nakaz*)成为他们的指南。这个法国使者虽然准确地预见了这一宣告,但却未能理解它的意义:这本册子与其说是一部法典,倒不如说是一长串的原则清单,目的是加强政府效力,确保社会稳定。孟德斯鸠男爵是叶卡捷琳娜作为大公夫人时阅读过其作品的哲学家之一,而这些准则绝大部分是从他的著作中拣选出来的——或者更直白地讲,是抄来的。叶卡捷琳娜主要依靠的是《论法的精神》一书,而孟德斯鸠的《罗马盛衰原因论》也对她产生了显著的影响。叶卡捷琳娜十五岁刚到圣彼得堡时,就在瑞典大使的建议下订阅了这本书,她尝试着去阅读,但结果却是喜忧参半。"刚开始阅读的时候,"叶卡捷琳娜回忆说,"它引领我去思考,但是我没法从头到尾读下去,因为它让我感觉瞌睡。"这个少女宣称这是一本"好书",然后就"将它扔到一边,继续穿衣打扮去了"。[32]

但是,比起那天她所穿的衣服,孟德斯鸠对于罗马的描述伴随叶卡捷琳娜的时间要长久得多。在孟德斯鸠的思索中,他不仅仔细研究了罗马兴盛的物质和政治因素——扩张权力和版图的能力——而且还研究了其中的道德因素。他认为有一些不起眼但却至关重要的特性确保了罗马的崛起:罗马人信奉法律,具有自我牺牲的意愿,并且热爱国家。而罗马的领袖们则献身于共和的原则——甚至当罗马在奥古斯都的统治下变成一个帝国时,他们仍然明智地维持着共和制的表象。很重要的是,孟德斯鸠还强调了战争的地位:他认为,一个国家的伟大程度,一部分是由它的军事征服能力来衡量的。直到这种征服变成个体和派系攫取权力的手段时,罗马才开始逐步走向衰亡。

距离叶卡捷琳娜拿起那本"好书"又丢到一旁,已经过去了18年,她可能已经忘记了书中的具体主张,但还能回忆起它的要旨。她明白,爱国主义热情和法律基础对于一个伟大的国家来说至关重要。叶卡捷琳娜后来发动的帝国扩张战争,毫无疑问也可以在孟德斯鸠的书中找到正当的理由。但是多亏有了这个法国人,让她在统治初期就领悟到,热爱一个国家就必须了解这个国家的历史和体制,而热爱法律就必须先构建法律体系。

就是在这里,她开始求助于《论法的精神》——带着剪刀和糨糊。指导手册第一部分的526篇文章中,超过半数——准确地说是294篇——是几乎一字不差地从孟德斯鸠的作品中照搬下来的。有

第四章　公开化

一百多篇文章是选自塞萨尔·贝卡里亚（Cesare Beccaria）的代表作《论犯罪与刑罚》，这本书是用法语出版的，而在叶卡捷琳娜开始写手册时，恰好读到了这本书。现如今有大量俄国官员被指控论文抄袭了其他人的作品，而与这些剽窃案例不同的是，叶卡捷琳娜没有假装她的作品是原创的。正如她高兴地向达朗贝尔坦白的那样，"为了我的帝国，我打劫了孟德斯鸠，甚至没有提及他的名字。如果他在来世看到了我的作品，我希望他会原谅我的这次剽窃，因为这是为了2000万人民的利益。他太爱人类了，一定不会生气的"[33]。

虽然达朗贝尔接受了叶卡捷琳娜的解释，但是当他得知，伏尔泰高兴地将整部作品归功于叶卡捷琳娜的天赋时，他还是皱起了眉头。在重读了法文版的《指导书》后，伏尔泰夸张地对叶卡捷琳娜称赞道，这本手册是"本世纪最出色的作品"。他接着说道，这带给女王的荣耀，超出了对奥斯曼帝国的十次军事胜利。他解释道，虽然北方的密涅瓦并没有"亲手屠杀土耳其人"，但是"她的天赋孕育了"《指导书》，而"她美丽的手将它书写完成"。[34]虽然"费尔内的老病号"（伏尔泰在信件上的签名）的赞美有些过火，但是说《指导书》是史无前例的，却一点也不夸张。一位君主，刚刚在非正统的情况下获取了政权，面临着一系列的经济、社会以及地缘政治的挑战，可她仍然严格要求自己，专心地研究并撰写了一份包含22个章节655个条款的文件，旨在建立国家法典。她强加在自己身上的重担让她付出了代价；在编写这本册子的两年时间里，她饱受偏头痛的折磨。然而，正如一位专家所言，这本手册是"现代史上，由在位君主编撰和出版的最杰出的政治专著之一"[35]。

在《指导书》中，叶卡捷琳娜毫不掩饰地借用了启蒙思想家的言论。事实上，她将启蒙思想家视作公共舆论和公共政策的塑造者,而这也正是他们乐意而为的。不过,问题的关键在于,俄国的公众与欧洲其他国家的公众完全不一样。在这个帝国中,目不识丁且身负契约的农民数量之多,让处于萌芽状态的市民群体、单薄的专业阶层(大部分是在德国大学接受的教育)以及腐朽反动的贵族阶级都相形见绌,因此,这里不太可能成为启蒙统治的实验地。而且叶卡捷琳娜的帝国规模庞大,这同样也是一个令人望而生畏的障碍。无论是普鲁士那样的君主制,还是英国那样的君主立宪制——在孟德斯鸠的政体分类中,两种不太极端的形式——都不能统治如此辽阔的一个国家。彼得大帝的改革已经揭示,俄国人民对于变革并非无动于衷,但他们也提醒了这个世界,实施变革需要的是一个独裁者,而不是一位君主。在孟德斯鸠看来,俄罗斯帝国令人眩晕的疆域规模,必然需要一位专制的统治者。

叶卡捷琳娜厌恶"独裁者"这个头衔,也明白建立法治的必要性。对于一个在1762年之前就坚持认为统治者应该受法律约束的人来说,还会是其他情况吗?这个人在还是大公夫人时就感叹道:"自由,万物的灵魂,失去你,万物都将凋敝。我希望法律能被遵守,但我不想要奴隶。"[36] 更何况,这个人还极其重视人文界的优秀观点。因此,和她在《指导书》的开篇语中所写的一样,她议事日程中的第一件事,便是宣称俄罗斯是一个欧洲国家,而在十八世纪中期,许多人仍在质疑这一点。通过这种方式,叶卡捷琳娜使自己的国家远离了"亚洲独裁政治"所附带的耻辱,也让独裁者这个头衔中所隐含的羞辱与自己彻底分割开来。针对孟德斯鸠的"一个伟大的帝国需要有一个专制的当局"这句格言,叶卡捷琳娜进行了微妙而有效的变动:俄国不仅是一个君主制国家,而且还是"一个需要君主权威的伟大帝国"。叶卡捷琳娜强调说,虽然独裁适合奥

第四章 公开化

斯曼人和波斯人，但是不适合像她的国家这样的欧洲国家。

但是，引用孟德斯鸠的信条能够让一个人信奉该信条吗？附和他对自由的热爱能够让一个人成为自由的传播者吗？叶卡捷琳娜会这样回答：是的，但是有条件的。在孟德斯鸠看来，法律准则以及中间实体（拥有法律权力的机构）可以限制，并且应该去限制统治者为所欲为的能力。然而，在俄罗斯帝国，这样的实体稀少且弱小，因为这个国家是由被束缚的臣民和奴工组成的，维系它的是对皮鞭的恐惧和对传统的顺从。虽然叶卡捷琳娜仓促地使自己的统治远离了独裁的恶名，并且对行使强权怀有一种哲学上的厌恶，但是她也不愿意放弃独裁者的权力。其中一部分原因是，对于那些有可能质疑她的合法性的人，她心怀恐惧。另一个同样重要的原因是，叶卡捷琳娜很快就领悟到，要统治俄国，继续彼得的大业并且推行有利于人民的改革，就必须拥有专制权力。

叶卡捷琳娜基本上未能解决这一难题，《指导书》反映了她内心的矛盾。该文件的宪法部分既呼吁理想的世界，又认可了现实的世界。不过叶卡捷琳娜还是试图创造条件，以使这个难题尽快得到解决。只有建立起始终如一的法律体系，商品贸易和思想交流才能繁荣，臣民们也才能开始学习如何成为公民。在叶卡捷琳娜还是大公夫人时，她就指出，政治自由包含着一种安全感，身在其中的公民"发现自己受法律保护，一个公民不需要害怕另一个公民"。不过，涉及对统治者感到害怕的情形时，叶卡捷琳娜就不那么直率了。她承认国家法律"对于君主来说必须是神圣的，因为即使臣民和国王消失之后，法律仍将永远存在"。狄德罗后来要讲的正是这个真理，他一直对叶卡捷琳娜留给自己的回旋余地感到失望。叶卡捷琳娜总结道，"严格遵守法律最大的受益者"是国家，而国家并不总是等同于统治者。[37]

不过，当涉及有关犯罪与刑罚的法律时，叶卡捷琳娜证明自己确实是最开明的君主。她一登基，就给法国宗教狂热的受害者让·卡拉斯（Jean Calas）的家人寄去了一大笔钱。1761年，在他的家乡图卢兹，天主教高等法院指控这位新教商人谋杀了自己的儿子。他们声称的犯罪动机就是，老卡拉斯被他儿子皈依天主教的决定激怒了。该案件完全是建立在偏见和影射的基础之上的，市政当局和教会当局急需卡拉斯认罪，因此，他们便在一个公开仪式上用缓慢而痛苦的方式折磨卡拉斯。卡拉斯的身体在车轮上被折断，血迹斑斑，但是他依然没有认罪。最终，一个恼羞成怒的刽子手绞死了这个被冤枉的人，并烧掉了他的尸体。

得知这一事件后不久，伏尔泰就发起了一项运动，旨在推翻法院针对卡拉斯的指控，并怒斥了应当对此负责的人。这个决定需要极大的勇气和热忱——通常伏尔泰对后者的拥有要远多于前者。但这一次，他同时召唤出了这二者，从而成就了他最光荣的时刻。在长达数月的时事评论和书信往来中，他用"消灭败类"这句话，激发了公众舆论，也刺激了皇室官员。伏尔泰要求消灭宗教狂热和迷信这类臭名昭著的行为，而他也达到了目的：图卢兹高等法院的判决被撤销了，卡拉斯恢复了清白，而他被迫逃离家园的家人也得以团聚。

伏尔泰的这次行动让人文界为之倾倒，其中就包括那位新加入的身份显赫的成员——叶卡捷琳娜。她赠送金钱给卡拉斯家人的行为既是精明的，也是真心的。精明之处在于，这一行为不出意料地诱发了伏尔泰的奉承赞美：他宣称道，整个人文界都"拜倒在您脚下"。真心之处在于，伏尔泰的赞美无疑令叶卡捷琳娜感到宽慰，她认为自己需要感谢伏尔泰。她在信中写道,当一个人拥有巨大财富时,帮助别人只是举手之劳。她接着写道,但是卡拉斯的家人以及这个世界都应当感激你:"是你打败了人道主义的敌人:迷信、狂热、无知以及罪恶的法官。"[38]

《指导书》成为叶卡捷琳娜联合伏尔泰的手段。叶卡捷琳娜认为刑罚应当是一种预防措施,而不是惩罚手段,基于这一信条,她利用了从孟德斯鸠到贝卡里亚的一系列准则。当谈及酷刑时,叶卡捷琳娜认为它起到了惩罚的作用,但却无法实现预防的作用。在第194条中,她宣称:"无罪者不该承受酷刑;从法律的角度来看,任何一个尚未被证明有罪的人都是无罪的。"回顾卡拉斯的案子,这句格言还引申出了一个显著的推论,那就是绝不可以用酷刑来让人认罪。对于将酷刑用作惩罚手段,叶卡捷琳娜也同样反感。第123条中申明,酷刑的使用"违背了自然和理性的一切规定;甚至人类自己也在大声反对它,强烈要求将它完全废除"。

法律原则和日常实践之间存在着很大的差距,这是无可避免的。官方实施的酷刑和肉刑似乎有所减少,尤其是对于那些有罪的贵族来说更是如此,但是它们并没有完全消失。叶卡捷琳娜曾多次就酷刑问题警告下属,这从侧面反映了这个事实,但这种情况并不令人惊讶。[39]俄国这样一个复杂多样而又幅员辽阔的帝国,不可能在一两代人的时间里就彻底改变,更不用说在一夜之间了。1765年,叶卡捷琳娜向伏尔泰咬定称,俄国已经"建立宽容,禁止迫害",但她所说的仅是法律条文这个层面,并没有说法律精神是否被她的臣民所运用和理解。[40]当时根本没有足够的行政力量来确保这些法律的实施,或者换句话说,培育这些法律所需的自由或文化远远达不到要求。

叶卡捷琳娜决心要创造条件来培育法律，于是她在1767年7月召开了立法委员会。受到《百科全书》中"代表"这个词条的启发，她监督实施了国家建设中一项特别的工作。从她的臣民中选出的社会各阶层的代表，聚集在莫斯科一起讨论《指导书》，并且商量如何将手册中的原则转化为法律。这一空前盛事吸引了国内外的关注。正如一位英国使节所报告的那样，俄国人"思考和谈论的全都是这件事，各个民族的代表们在首都集合，他们的衣着、习俗和宗教等都截然不同，看着这一切，俄国人很容易就得出了结论，俄国现在是世界上最聪明、最幸福和最强大的国家"[41]。在写给伏尔泰的一封信中，叶卡捷琳娜也呼应了这种乐观的描述："我相信你会喜欢这次集会，在这里，东正教教徒、异教徒和穆斯林会听无宗教信仰的人说话，而且他们经常需要在彼此之间寻求中间立场。"她接着写道，他们已经忘掉了把对方绑在火刑柱上烧死的习惯，并且再也不会考虑这种做法了。相反，他们会对那些想要烧死异教徒的人说，"他是一个人，和我一样；依照女皇陛下的《指导书》，我们必须尽可能地多做善事，少做恶事"[42]。

伏尔泰在三十年前的《哲学书简》一书中有过类似的描述，说的是犹太教徒、基督徒和穆斯林在伦敦证券交易所中表现出了对彼此的宽容，但是，如果仅仅是这个原因，那伏尔泰跟我们一样，是不会相信叶卡捷琳娜的描述的。这两个场景间唯一区别在于，伏尔泰笔下的小角色们是在文明的利己主义之中找到了共同点，而叶卡捷琳娜的演员们则是在她巧妙安排的舞台上找到了共同点。他们两人提供的生动场面即使不是完全虚构的，也称得上是有些夸张的，但是他们并不是要歪曲现实，而是为了指向一个更美好的现实。这也就解释了1767年7月底，叶卡捷琳娜召开会议时的场面为何如

第四章　公开化

此华丽。女王身着庄严的皇袍，两侧有皇室官员陪同，当她的副总理亚历山大·戈利岑发表欢迎辞时，她就在一旁看着。戈利岑提醒代表们为什么他们会被召集到莫斯科——为了"人类的共同利益和福祉，为了给你们亲爱的祖国带来良好的礼仪、人道、平静、安全和幸福"而努力。[43]

这些事件简直让狄德罗痴迷不已。叶卡捷琳娜不仅飞身而来拯救了他，而且似乎还决心要拯救她所有的臣民。不过这一次，女皇不是向他们赠送礼物，而是为他们提供了法律。雕塑家艾蒂安·莫里斯·法尔科内（Etienne Maurice Falconet）是狄德罗的朋友，在给他的一封信中，狄德罗兴高采烈地写道："目前为止，我们的叶卡捷琳娜是绝无仅有的一位君主，她本可以将任何形式的政府或者枷锁强加于她的人民身上，但她却睿智地告诉人民，"我们都生活在法律之下，而制定法律的原因只有一个：为了让我们幸福。"紧接着，狄德罗便开始想象叶卡捷琳娜力劝代表们畅所欲言："来和我说说你们的生活；来与我一起交谈。不要怕我不高兴；我会耐心地听你们说。"[44]

然而，事情很快就变得明朗起来，聚集在一起的代表们，即使没有让女皇感到不悦，也必定是让她的期待落空了，尽管这些期待并不算高。伴随着戈利岑鼓舞人心的讲话而来的，还有代表们需要遵守的内部规则：禁止打断或攻击他人。即使真的发生打斗，也不会是致命的，因为禁止携剑。但是，除了偶尔发生的扭打之外，最让叶卡捷琳娜担心的问题根本不是争吵。实际上，每一个代表都被要求提交一份清单，列出来自其所代表地区的建议和意见。这些清单数量巨大，其中大部分是冗长而又拙劣的，因此，阅读并理解它们的工作几乎完全是徒劳的。此外，在公开辩论和政策制定方面，这些代表完全是新手，他们既要适应外国礼仪和秩序方面的规则，还要了解外国的政治和哲学观念。

虽然叶卡捷琳娜观看了开幕式，但她就像伏尔泰想象中的神一样，刻意远离了自己的创作物。然而，跟伏尔泰的神不一样的是，叶卡捷琳娜无法忽视那些阻碍委员会工作的混乱状况。她密切关注着会议进程，而监督会议进程的则是不可或缺的维亚兹曼斯基（Vyazmensky），她向维亚兹曼斯基发出了一连串的备忘录，抱怨会议进程迟缓。为了唤醒这些代表们，叶卡捷琳娜在隆冬时节，断然地将会议地点从她不喜欢的莫斯科，转移到了她心爱的圣彼得堡。但是环境的改变，并没能改变委员会的审议速度。很可悲的是，唯一能让贵族代表们振奋精神的只有农奴制这个议题。对于哪怕是最微小的农奴地位改革，他们都本能地加以反对，虽然叶卡捷琳娜掌权已有五年时间，但她还是对此感到震惊。涉及这一领域，即使是北方的密涅瓦也几乎无法发挥力量。这次会议过去二十年后，叶卡捷琳娜对这些事件的反应仍然和原来一样："你几乎不敢说农奴和我们是同一类人；甚至当我这么说的时候，都要冒着被扔石头的风险……我认为甚至只有不到二十个人，会从人道和人类的角度来思考这个问题。"[45]

1768年年底，叶卡捷琳娜的热情消退了，而与奥斯曼帝国迫在眉睫的战争也转移了她的注意力，因此，她推迟了委员会的会期。甚至俄国在这场旷日持久、代价高昂的战争中取得惨胜之后，叶卡捷琳娜也没有重新召集委员会。但是，委员会的工作，以及《指导书》中的希望，并没有被俄国国内外的开明舆论所遗忘。不过，他们这些人，尤其是狄德罗，有没有真正理解这项工作，那就完全是另一个问题了。狄德罗的朋友法尔科内彼时刚刚抵达圣彼得堡，他此行是受叶卡捷琳娜之托，为彼得大帝打造一座纪念性的骑马雕像。在写给法尔科内的信中，这个哲学家就公开宣布了他对这位女皇的迷恋："目前为止，我们的叶卡捷琳娜是绝无仅有的能够对自己的臣民说出这些话的君主：'我们都生活在法律之下，而制定法律是为了让我们幸福。我的子民们，没有人比你们更清楚，什么东西能让你们幸福。因此，来告诉我吧，向我说明吧。不要害怕反驳我。我将带着宽容听你们说话，我发誓，你们的坦率不会给你们带来任何不幸的后果。'"46

与伏尔泰以及人文界的所有人一样，狄德罗对立法委员会的意义感到兴奋不已。他对法尔科内说，让我们为女皇建造一百座纪念碑吧。显然，狄德罗已经在心中为叶卡捷琳娜树立了一座雕像——一座难免会被时间和经历所侵蚀的雕像。如果狄德罗与俄国距离不是那么遥远，对叶卡捷琳娜不是那么深深崇拜的话，他可能会建议少建几座雕像。事实上，当他消除距离，从近处注视叶卡捷琳娜时，这位哲学家就会坚定地认为，虽然用雕像来致敬女王是一件好事，但是，用议会立法来限制她的权力并且授权给代议制政府，则更是一件好事。

第五章　阴影地带

这一定是因为它写在天堂里。

——宿命论者雅克

狄德罗跟他的朋友和家人说，他将在荷兰逗留不超过两周时间。但是他们都了解他，因此当两周延长至两个月的时候他们也没有惊讶。包括德皮奈夫人在内的许多人开始怀疑，那个被一连串新地方和新人所吸引的狄德罗是否还会前往他的目的地，甚至怀疑他是否还会回到巴黎。[1]另一方面，在加利亚尼神甫（Abbé Galiani）看来，狄德罗会继续前往俄国。"或者，更准确地说，狄德罗会在一个美好的日子里，发现自己已身处圣彼得堡，却不知道是怎么来的。"[2]

俄国女皇和这位法国沙龙女主人有着同样的疑虑，不过却没有她的好心情。在给法尔科内的一封信中，越发恼怒的叶卡捷琳娜特别提到，这位哲学家"似乎行进得很缓慢"[3]。以她高效的行事风格，她派遣了当时正在巴黎的宫廷大臣亚历克西斯·纳里什金（Alexis Narishkin），让他去海牙找狄德罗，并将他接回圣彼得堡。虽然狄德罗对于这位护送者的性格很是喜欢——狄德罗宣称纳里什金是一位很好的同伴，"虽然来自荒蛮之地，但却拥有一个文明国家的优雅品质"——但他还是有些焦躁不安。在8月23日动身的前一晚，他向德皮奈夫人坦承自己"心里很不安"。"朋友们将和自

第五章 阴影地带

己相隔半个地球的距离",这一前景让他痛苦不已,假如他再也回不到巴黎的话,他请求大家原谅他所犯下的错误。但让德皮奈夫人有所反应的并不是这位朋友夸张的告别表演,而是他宣称将在明年一月回到巴黎的这个消息。"瞧,"她幽幽地说道,"一个从没出过国的人的计划。"[4]

然而事实证明,狄德罗还有其他计划,与在隆冬时节穿越俄国的行为相比,这些计划更加不可思议,也更具哲学意义。狄德罗会即兴编些低俗的故事来逗乐那位年轻而窘迫的俄国人——《美丽而高尚的梅梅尔小姐》是他最喜欢的一个故事——而在其他时间里,他会转向其他不那么低俗但却更激进的体裁。狄德罗一直很清楚,为什么在60岁的年纪,他还要在一位俄国王室官员的陪同下,摇摇晃晃地穿过欧洲大陆,于是,他开始为自己与叶卡捷琳娜之间的讨论勾勒纲要。虽然《叶卡捷琳娜二世访谈》这一标题带有误导性,但狄德罗在概述中明确并细化了他们会面的主题。狄德罗会向情绪高涨的纳里什金抛出关于俄国经济、政治以及社会的问题,除此之外,他就在探究自己国家的历史,以此来衬托他对俄罗斯的想象。他在刚离开海牙时构思的第一次"访谈"是关于皇权增强方面的,而1771年莫普发动的针对巴黎高等法院的政变使得皇权达到顶点。

狄德罗免不了也会利用旅行这一行为进行即兴创作,来自娱自乐,而这次是以书面形式创作的。早在1771年,他就开始撰写《宿命论者雅克和他的主人》这本著作,而在他往返俄国的旅途中,他对手稿进行了修改和补充。这本书与《拉摩的侄儿》等许多作品一样,狄德罗在世时它们并不为人所知。除了向少数几个朋友朗读过以外,狄德罗在法国和荷兰都没有公布或出版过这部小说的节选或全书。他有可能是担心官方的反应；回到法国后不久，他在给荷兰出版商马克·米歇尔·雷伊（Marc Michel Rey）的信中写道："这里越来越难容异议。很快，审查机构允许的作品将只有年鉴和经过修正的《主祷文》了。"[5]

1796年，当《宿命论者雅克和他的主人》最终出版时，处在防御状态的变成了《主祷文》——无论是修改过的，还是没修改过的。在大革命期间，以及紧随其后的恐怖统治时期，一种新的教条主义在法国生根，它以无条件相信理性的力量和国家的能力可以改善人性为基础。共和主义评论家推崇这本小说，视它为反映贵族恶劣品性的"严厉的真理之镜"，一部基于"坚定的共和主义原则"的著作。不出所料，备受碾压的贵族们卷土重来，他们发行的期刊抨击这本小说是一种疾病，却假装自己是这种病的良药：它是哲学决定论者的宣言，让法国陷入到目前这种到处都是无神论和唯物论的悲惨状态。

这一切都不会让狄德罗感到惊讶。对于《宿命论者雅克和他的主人》这本书，这位哲学家也采取了宿命论的态度，接受了这部小说的命运，它是写给未来读者的，而不是写给他同时代的人的。而在英语世界，这个未来甚至来得要更晚一些；令人惊讶的是，这本书的首个英文译本直到1959年才问世。然而，《项狄传》（全名：《绅士特里斯舛·项狄的生平与见解》）——同时期爱尔兰裔英国作家劳伦斯·斯特恩（Laurence Sterne）的作品——却在狄德罗的作品中随处可见。颇有恶作剧意味的是，这位哲学家自豪地声称，自己抄袭了斯特恩小说的部分场景——他暗示道，除非他的小说出现在前，那就意味着斯特恩抄袭了狄德罗的作品！事实上，狄德罗小说的写作时间早于另一部爱尔兰经典著作（尽管最初是用法语写的）

《等待戈多》(当然，除非《等待戈多》先出现，那就意味着狄德罗抄袭了塞缪尔·贝克特 [Samuel Beckett])。

《宿命论者雅克和他的主人》就是一个更加忙碌、更加猥琐的贝克特。和戈戈（Gogo）和狄狄（Didi）一样，雅克和他的无名氏主人是旅伴，他们不紧不慢地向着一个不确定的目的地前行。习惯和熟悉像是一根无形的链条，将这两对伙伴相互捆绑在一起，当他们彼此不争吵时，就会思考大大小小的事情。他们在漫步的过程中会遇到奇怪的人，而这些人总是提出一些似乎没有答案的问题。这两对朋友的戏谑，虽然有点像红菜汤地带（对美国俄裔犹太人的谑称）的感觉，但也探究了人类处境的最深处。不过别指望会得到让人安心的结论。当狄狄直言不讳地说自己什么都不懂时，戈戈告诉他要运用智慧。狄狄照做了，而结果仅仅就是他坦承道："我还是不知道。"事实上，早在 200 年前，雅克和他的主人之间就已经有过这样的交流。当他们绞尽脑汁思考命运的本质时，主人就非要知道这究竟是怎么回事。当雅克回答说他不知道时，主人还是要追问原因，而雅克的回答是："我还是不知道。"[6]

当然，相似之处也仅限于此（不过，与狄狄和戈戈，还有雅克和他的主人各自的旅程相比，相似之处也算是够多了）。贝克特注意到了戏剧中的第四堵墙（演员与观众之间虚构的墙），但是狄德罗却径直穿过这堵墙，用他的手臂穿过了我们的手臂。作为他亲爱的读者，我们突然出现在了小说的进程中，跟他一起走在故事中的故事里。说故事的人屡次中断了对雅克爱情的讲述，要么是在他的叙事中强行塞入突然的偶遇，要么是与叙事外的读者争吵。正如叙述者提醒的那样，在冗长无趣却又是成功的哲学探索过程中，他可以对我们为所欲为。他让雅克和他的主人在一棵树下打瞌睡，然后低声说道:"读者,你可以看到,我完全可以让雅克和他的主人分开,并且让他们遭遇到我想要的任何风险,这样你就得为雅克的爱情故事等上一年、两年甚至三年。"叙述者揭示了,所谓的现实主义并不真实,相反,它是为那些容易上当的读者准备的愚蠢文学游戏,在这之后,他还是怜悯了我们:"不过,我只会让他们睡一个不好的觉,也只会让你们耽搁这一次。"[7]

但是叙述者的仁慈之举可能只是一次缓刑,他可以轻易地撤销或延续。一旦心血来潮,他就威胁要中断这个故事。旅馆老板娘用德·拉·波默拉耶夫人(Madame de la Pommeraye)的动人故事吸引住了雅克、他的主人以及你,亲爱的读者,而这时候叙述者又粗野地破坏了这场聚会:"好吧,读者!我可以让他们三人开始激烈地争吵,让雅克抓住客栈老板娘的肩膀将她赶出房间,让雅克的主人抓住雅克的肩膀将他赶出房间,让他们两人分道扬镳,这样你就听不到旅馆老板娘的故事,也听不到雅克剩下来的爱情故事,对此,有什么可以阻止我吗?但是别担心,我不会这么做的。"[8]他一点也不在乎使用敷衍的手段,在提供了雅克和他的主人对于这个故事的两种不同版本的反应后,便对我们置之不理:"明天或者后天,当你有时间进行更充分的思考时,你可以决定哪个版本更适合你。"[9]不依不饶的读者紧追不舍,强烈要求他对这些合理的问题给出明确的答案,而叙述者则推三阻四,抱怨我们总是有问题,却从不知道感谢。"如果你不感谢我告诉你的这些事情,那就感谢我没告诉你的那些事情吧。"[10]当读者希望知道某个故事的时间和缘由,再一次打断他的时候,叙述者无法控制自己了:"读者,你的好奇心极其烦人。这与你有何相干?"[11]

作为读者,这些与你完全相关还是与你完全无关,取决于你对

第五章 阴影地带

作者的权利与义务的理解。或者,更准确地说,取决于狄德罗文中那个虚构出来的作为我们替身的"读者":一个支持我的人,虽然我从未遇见过他,也从未与他商量过,但是他代表了我对现实主义小说读者的期待。我们大部分人都希望有一个叙事逻辑来驱动故事发展,故事中的鲜明角色都应该按照明确的动机行事。简而言之,我们所期待的现实主义小说中的生活,绝不是现实的生活。小说,尤其是当中的现实主义流派,给了我们生活中没有的东西:理性与结构,连贯与清楚,开始与结束。亨利·詹姆斯(Henry James)巧妙地刻画了这个悖论:"其实普遍来说,事物之间的关系无处不在,而艺术家的问题出在,他们总是按照自己的几何学来画圆,并且看起来乐在其中。"[12] 狄德罗是小说家塞缪尔·理查森(Samuel Richardson)最痴迷的读者,而他的现实主义给狄德罗的感觉是这样的:虚构的角色被赋予了自主性和独特性,牢牢嵌入到有明确逻辑的事件中,以至于狄德罗觉得,他们看起来就像他看自己一样真实。

但是,当踏上去往俄国的曲折之路时,狄德罗对于我们称作现实主义的这种强烈的错觉形式已经不那么迷恋了。这就相当于,无论是过去、现在,还是未来,我们在给别人讲故事的时候,都不会对真实发生的事情避而不谈(以此刻为例。打断我今天写作的事情——叫醒我的女儿,得知她肚子疼、头疼,然后她今天不去上学,于是我可以安静地写作——都被写成了现在你看到的文字)。而狄德罗早就知道了这一点。他在一篇命名很贴切的短篇小说《这不是一个故事》中,以引言的方式开篇:"当一个人在讲故事的时候,一定得有听众;而不管故事有多长,讲故事的人很少不被听众打断。"[13] 为了说明这一点,他就将我们空投到一个故事刚结束,而另一个故事还未开始的间隙,让我们自己收起降落伞并确定方位。

这部小说是标准的历史类型小说，而这种类型或许是西方文学中最独特的一种体裁，它遵循了现实主义的传统。从某种意义上来说，是现实主义定义了小说。在《小说的兴起》这部开创性的作品中，伊恩·瓦特（Ian Watt）认为，在"文学作品与其模仿的现实之间的相似性这个问题"上，小说要比其他任何体裁都体现得更加明显。[14] 但是，他继续写道，在理查森和菲尔丁（Fielding），巴尔扎克（Balzac）和左拉（Zola）的小说中，语言具备的是严格的指称功能，而其本身并不具有吸引力。不过瓦特忽略了一个事实，那就是对于劳伦斯·斯特恩和狄德罗来说，语言本身恰恰就具备极大的吸引力。在踏上圣彼得堡之旅的十年前，狄德罗就在巴黎遇见过斯特恩。两人相见恨晚，而斯特恩一回到英国，就给他的新朋友寄去了《项狄传》的前六卷。这部小说让狄德罗激动不已，他将斯特恩称为"英国的拉伯雷"，并且改变了自己对理查森小说的迷恋。实质上，他发现自己正位于文学道路的岔路口。一条道路是由菲尔丁和理查森铺设的，通向的是传统的文学现实主义；另一条道路由斯特恩开辟，是在第一条道路的下面开凿隧道，并且最终会以现代主义之名破土而出。

狄德罗既喜欢《克拉丽莎》，又欣赏《项狄传》，这并不出人意料。一方面，他珍视理查森的方法所带来的情感体验，坚持现实主义框架内所包含的道德训诫。但是，他也越来越着迷于为故事设定框架这一艺术技巧，以及当作者选取了某个框架和当中包含的故事，并且将自己置身于框架之内的时候，会发生什么事情。当我们讲故事的时候——或者当我们写别人如何讲故事的时候，就像我今天一直在做的那样——叙述看上去是天衣无缝，但实际上，这些叙述就像是弗兰肯斯坦的怪物一样，全身都是缝缝补补的痕迹和伤疤。在《宿命论者雅克和他的主人》中，狄德罗讲了一个关于讲故事的故事——亲爱的读者，书中那些缝补痕迹必须给你一种错觉，那就是它们并不是必需的。正像叙述者所嘀咕的那样，"我承认，一件事情，仅仅真实是不够的，还必须是有趣的"[15]。叙述者拒绝了介绍各种巧合的无数机会，而他对此的解释是，虽然小说家不会错过这样的机会，但他不愿意屈尊使用这种手段。"我鄙视所有这些权宜之计。我看得出来，只要有一点想象力和好一点的文风，没有什么能比写小说更容易的了。但还是让我们忠于事实吧。"[16]

当然了，写小说其实要比很多事情要困难，至少对于写一部好的小说来讲是这样的。但是更难的是写一部不是小说的绝妙小说，尤其是像那两个旅行者不在乎目的地那样，不在乎结局的小说（两个旅行者和他们的创造者一样，更喜欢的是在一个舒适的旅馆里谈论旅行，而不是从一个旅馆到下一个旅馆之间的不舒适的旅程）。读者不仅打断了叙述者，还经常纠正他的错误，提醒他说，他不可能像他声称的那样就在现场。甚至叙述者故事中的人物，也翻过了第四堵墙的废墟，打断了他。当他再一次偏离主题，去讲一个特别残酷的关于正义迷失的故事时，主人大叫起来："这太可怕了。"[17]确实很可怕，但比这更可怕的是，亲爱的读者，你突然控制了我的键盘，打出了你对这个故事的看法。

斯特恩写道："写作，如果处理得当的话，只不过是对话的另一种形式。"狄德罗完全同意这个观点，但与这位爱尔兰牧师兼小说家不同的是，狄德罗将小说中的对话当作哲学思考的另一种方式。在狄德罗的脑海中，爱尔维修和赫姆斯特赫斯的作品记忆犹新，于是他决定重新审视决定论中的悖论。当然，"决定"这个词的选择有些奇怪，因为在决定论的范畴中，过去不只是当下的序幕，而且从根本上来说，过去就是当下。已经发生的事情完全"决定"了将要发生的事情。在亚瑟·叔本华（Arthur Schopenhauer）的简洁公式中，人可以按照自己的意愿行事，但却不能决定自己的意愿。狄德罗对决定论的关注流淌在小说的每一页中，飞溅到了所有角色的身上。尽管决定论已经浸透了他们，但他们还是坚称自己完全没有沾上分毫；尽管他们承认决定论具有不可忽视的逻辑性，但是他们的言行好像都不受其影响。每一次，当事情出现意想不到的转折时，雅克都会引用他的前任主人——一个致力于斯宾诺莎和决斗的上尉军人——反复说的话，这是注定了的。雅克评论道，"上天的大卷轴中写着"，它的现在是由它的过去决定了的。

然而，小说中的人物却完全无视这些铁律。可以确定的是，雅克滔滔不绝地讲着他的上尉的斯宾诺莎主义，而且他有很多主人，不止一个。前一个主人显然是在一场决斗中身亡，但尸体偶然出现在了一辆马拉的灵车中，还有一个就是他现在的主人，看上去常常就像死去的那个主人似的，毫无生气。最为重要的是，过去的事情支配着一切：先前发生的无数事情堆积在一起，决定了现时现刻。然而，只有当雅克用哲学措辞表达了自己的行为后，他的自由感才会和炫耀感一样无法抑制。叙述者总结道："与你我一样，他也经常前后矛盾，很容易忘记自己的原则，当然，要除去他受控于自己的哲学之时，这时候他就会说：'这是上天注定了的。'"[18] 他时而勇敢和顽皮，时而骄傲和务实，他是一个独立自主的人，当他的主人侮辱他时，他的反抗是成功而又令人捧腹的。雅克告诉他的主人，大家都知道，"你的命令不值一文，除非雅克予以认可"[19]。最终，当主人承认自己将永远是雅克的仆人后，这两个人便和解了。

类似的和解也存在于叙述者与读者之间——与雅克和他的主人

一样,他们彼此也被捆绑在一起,处于一种相互激怒又相互需要的关系当中。他们都知道,没有了其中一方的话,另一方也将不复存在。因此,他们需要尽可能地沿着中间路线蹒跚前行。《宿命论者雅克和他的主人》中的叙述者夸口称,自己可以随心所欲地对待书中的人物,让读者见鬼去。但是他也知道,如果一直威胁下去,读者也会让他见鬼去,只要让他永远默默无闻就可以了。作为一个作家,他的权力并非不受限制;如果作者摒弃了读者的诉求,那么读者也会行使摒弃作者的权力。简而言之,读者可以反抗——即使这只是意味着合上书,并将它扔到一边。正如叙述者承认的那样,"我要么就得失去你们的喝彩,要么就得遵循你们的喜好"[20]。但是他还是坚持认为,两者可以达成一致,而当读者将他当作一个"发条娃娃"时,他的愤怒爆发了。他解释道,毫无疑问,"我必须要遵从你们的意愿,但有时候,我也必须要遵从我自己的意愿"[21]。至于这些意愿是不是他想要的,叙述者并没有说。在书中,针对雅克为决定论所做的辩护,主人做出了犹豫不决的回应:"我认为,我想要的时候就是想要了。"[22]而叙述者暂时所能做的,就是重复这句话了。

当马车在彼时组成德国的大大小小的王国之间穿行的时候,狄德罗最想要避开的就是普鲁士。格林姆,甚至还有伏尔泰——考虑到他被腓特烈像橙子一样榨干的个人经历,这实在是令人吃惊——都敦促狄德罗去拜见腓特烈,不过他们也怀疑自己的建议是否明智。格林姆有点担心狄德罗是否会听从他的建议,于是他便找到了在腓特烈宫廷里供职的一位朋友,内塞洛伯爵(Count Nesselrode),请他密切关注这位难以捉摸的哲学家。"承蒙您厚爱,我将狄德罗托付与您。如果您只尽应尽之责,他就会把错事做尽……让他做他该做之事,且只做该做之事。"慌乱而又沮丧的格林姆继续补充道:"问问他,为什么他一次都没有写信给我。"[23]

格林姆的担心和期望都没有变成现实。在永远顺从于他的纳里什金的陪伴下,狄德罗渡过了莱茵河,并在杜塞尔多夫稍作休息。四天的停留时间,足以让他会见在这个城市土生土长的弗里德里希·雅科比(Friedrich Jacobi)了,地点是在雅科比位于杜塞尔多夫的豪华避暑庄园内。这次会面注定是火星四溅,因为雅科比是一个反理性主义者,而他发现每一个启蒙典范背后都存在着邪恶的斯宾诺莎。早已与狄德罗形同陌路的卢梭,他的浪漫主义更加吸引雅科比,因此,对于这位客人出人意料的异端邪说,雅科比感到很不自在。在描述此次会见时,雅科比称这位法国人拥有"燃烧的灵魂"和"大胆而生动的思想",而这种说法与其说是赞美,倒不如说是痛惜。[24]

他们的马车离开了杜塞尔多夫和明显如释重负的雅科比,然后便一路颠簸向南,直到可以摆脱柏林的影响。腓特烈对狄德罗抛物线般的旅行轨迹深感恼火,在给达朗贝尔的一封信中,他不悦地用行星打了个比喻,"一位极其博学的杰出人物,"这位普鲁士国王指出,"以椭圆形的路径,掠过了我们的视野边界。但他的光芒却未能照耀到我们。"达朗贝尔强调自己已经竭力劝说他的朋友在柏林停留,笨拙地想为狄德罗的行程开脱,这时候,腓特烈阴沉沉地回复道:"对于那个见不着的狄德罗,我没什么可说的了。"[25] 为了防止达朗贝尔没有完全明白他对这位"杰出人物"的看法,普鲁士国王补充道(明显是绷着脸):"他一直在重复同样的东西。我现在知道的是,他的书让我读不下去,其中充斥的狂妄与自负令我自由的天性深感厌恶。"[26]

旅途中一次近乎灾难性的遭遇提醒了狄德罗，普鲁士的影响力有多大。在哈姆镇和利普施塔特镇之间的一条路上，载着狄德罗和纳里什金的马车接近了前方的另一辆马车。由于道路很窄，无法让两辆马车并行，于是狄德罗和纳里什金冲车夫大喊，让他吹响号角。但车夫拒绝发出警示，继续前行，结果险些翻倒在路沟里。气急败坏的狄德罗质问车夫，为什么不提醒那辆马车让路，而车夫有些错愕，他问狄德罗是不是没注意到那辆车上的普鲁士官员。"如果我按您说的做了，那些官员迟早会让我好看的。"即使在这里，狄德罗也能感受到腓特烈的强大威慑力："专制之下就是一长串的奴隶，从最底层的仆人，到最高层的官员，没有人敢在他的上级面前吹响号角。号角声音只能自上而下发出。当统治者的号角大声响起时，其他人还能怎么办呢？"[27]

在给妻子纳内特的一封信中，狄德罗没有讲述这段特殊经历。但他还是忍不住告诉她，在旅途中，他遗失了假发，还差点死于腹绞痛。德国的路况只会加剧痛苦，他对妻子说道："试想一下，一个承受着剧烈胃痛的人，正在最糟糕的道路上旅行。与每一次颠簸相比，就算是有人拿刀刺进我的肚子，也不会让我感觉更糟，而每时每刻都有着或强或弱的颠簸。"[28] 正如这位新手旅行者发现的那样，在这个诸多小国的联合体中，恶劣的旅行条件是它为数不多的常量之一。德国既没有像法国那样的一个强大的中央集权国家来维护道路，也不像西欧大部分国家那样拥有古罗马建设的道路网。因此在这里，旅行常常是一种冒险的举动，特别是在冬天以外的季节里，大雨会将坑坑洼洼、布满车辙的道路变成无法通行的泥沼。狄德罗还发现，旅店的质量与道路的质量不相上下。旅行者们习惯性地抱怨旅馆的账单不清不楚，食物难以下咽，而另一些人则附和着报纸上的警告,"人们可能在好几天的旅行中都找不到一张可以躺下的床"。许多旅行者确实会发现他们别无选择,只能睡在稻草上。²⁹

狄德罗于九月初抵达了莱比锡,他的假发丢了,光秃秃的脑袋没了遮掩,有可能还沾着一根稻草。很明显,马车奔跑颠簸得越久,越是深入这片陌生的土地,狄德罗就越感觉自己摆脱了平日里那些哲学上的束缚。他成了一个彻底释放的"他",一个毫不遮掩的叙述者。格奥尔格·佐里科夫(Georg Zollikofer)是这个城市的新教牧师领袖,他思想开明,在和他的一次对话中,狄德罗温和地否定了地狱的存在。他接着补充道,真可惜,因为它确实应该存在,"邪恶的贵族和他们的老师"³⁰ 会用得上。狄德罗还带着"梦想家的热情"来谈论无神论,使得彬彬有礼却又困惑不已的佐里科夫得出结论,他的这位贵宾身上的"感性和想象力",毋庸置疑地超过了理性。³¹ 著名启蒙作家戈特霍尔德·莱辛(Gotthold Lessing)的弟弟卡尔·莱辛(Karl Lessing),在对同样很有名的摩西·门德尔松(Moses Mendelssohn)谈起狄德罗在莱比锡发表的一次公共演说时,也表达了类似的看法。莱辛带着怀疑和厌恶的心情叙述道,狄德罗站在主人的屋外,并且还裹着被子,向一群商人和教授讲解无神论的合理性。此外,已经完全着魔于狄德罗的纳里什金,也在旁边对着一群学生做着同样的事情。莱辛总结道:"一个人可以既是一个优秀的哲学家,又是一个无神论者,但是,在一个他不了解的城市里如此直白地讲话,真是愚蠢得无以复加。"他最后说道:"愿俄国留住这个伟大的哲学家!"³²

不过,俄国还是没能欢迎这位伟大的哲学家。事实上,连俄国女皇也不能确定狄德罗的行踪。自打这位哲学家戏剧性地离开巴黎那一刻起,叶卡捷琳娜就在密切关注他的进展。但这基本上是徒劳的。当狄德罗终于到达海牙后,女皇松了一口气,但她现在又开始怀疑他是否会离开这个荷兰城市了。叶卡捷琳娜有疑虑,不仅仅是因为狄德罗那难以捉摸的性格。从格利岑那里得知这位客人的身体状况堪忧后,叶卡捷琳娜坦承道:"我担心,他能否来到圣彼得堡还是一件无法确定的事。"[33] 当生病的狄德罗到达位于莱茵河和鲁尔河之间的杜伊斯堡时,她的担忧加剧了。九月中旬,她向伏尔泰抱怨道:"我每时每刻都在期待着狄德罗,但我刚刚得知,他在杜伊斯堡病倒了。"[34]

不过,格林姆了解这个人。他的这位朋友总是夸张地暗示自己快死了,而作为一个长期被这种信息折磨的人,格林姆叹着气说道:"我预计会收到他正在杜伊斯堡寻找墓地的消息。"[35] 或许他会怀疑,狄德罗的旅行终点,正是他反复称病的原因所在。在18世纪,俄国是遥远而偏僻的旅游线路。以英国人为例,只有那些想避开成熟的欧洲大陆旅行线路,最爱冒险的旅行者,才会去俄国旅行。在他们去的时候,很多人都会选择海上旅行,虽然海上有很多危险,但不用面对陆路旅行那种使人身体麻木的考验。对于60岁的狄德罗来说,这次旅行则更为艰难。他决定出发的时候在想些什么呢?在给纳内特的信中他写道,没有什么比一个行动和思想都像年轻人的老人更荒唐的了。"一个老人的思想应该在他的身体里休息,正如他的身体应该在扶手椅里休息一样……要让一切安好,就让一切休息吧。"[36]

当狄德罗领悟到这些的时候,他也快要到达此次旅行的目的地了。具有讽刺意味的是,这场旅行说到底,本来是可以在他的书房里舒舒服服地进行的。在他出发前不久所写的一本著作中,狄德罗盗用了海军军官路易斯·安托万·德·布甘维尔(Louis Antoine de

Bougainville）刚出版的一本书。我们现在记得布甘维尔，是因为有一种以他的名字命名的花灌木，但在18世纪中期，这位海军军官轰动世界的环球航行记录，却让整个法国为之振奋。毋庸置疑，游记的高潮部分来自于他对塔希提岛的描写，而他声称塔希提岛属于法国。在《布甘维尔航海补遗》一书中，狄德罗将布甘维尔的描写作为他想象的素材。从本质上说，他彻底改造了布甘维尔创造的塔希提岛，将这位航海家的评论——已经受到了西方对"原始"社会观点的影响——与自己的评论结合在一起。孟德斯鸠为了批评法国的政治和习俗，在《波斯人信札》中创造了一种关于波斯的概念，与此相同，狄德罗也对他的塔希提岛做了一样的事情。狄德罗的塔希提岛没有牧师和国王，没有性禁忌，也不存在物质匮乏，与其说它反映的是真实的岛屿社会，倒不如说它反映了法国社会的缺陷与不足。

欧洲人需要有异国情调的太平洋岛屿，来帮助他们更好地了解自己——也让他们更加误解了这些用来思考的表面对象——而出于同样的理由，他们也需要东欧。和现在一样，地图制图学在当时也是一种叙述形式，它将真实和虚构、科学和感觉融合在一起。历史学家艾伯特·洛托拉里（Albert Lortholary）所说的"对俄罗斯的幻想情结"则更是如此，在十八世纪，这个几乎完全虚构出来的幻景牢牢吸引着法国人的想象力。[37] 事实上，俄国可能是启蒙运动中最大的一个虚构之物。在巴黎看来，彼得大帝之前的俄国是野蛮而荒芜的。彼得之后的俄国在文明和野蛮之间摇摆不定；而到了叶卡捷琳娜时期，俄国就变得完全欧洲化了。实际上，西方世界创造了"东方"这个概念，也创造了"俄罗斯"这个概念。文艺复兴运动塑造"中世纪"这个概念——或者更恰当的说法应该是"黑暗时

第五章　阴影地带

代"——是为了突出它在文化和知识上的杰出成就，而西欧人创造东欧这个概念——其中包含俄国西部地区——也是为了彰显自身的优越性。学者拉里·沃尔夫（Larry Wolff）认为，俄国"经历了同样的过程，包括发现、结盟、屈尊，还有知识的驾驭，而它的位置和身份可以使用和东欧一样的规则来界定：位于欧洲和亚洲之间，文明和野蛮之间"。[38] 简而言之，东欧构成了光明与黑暗之间，理性与迷信之间，希望与恐惧之间的阴影地带。用18世纪美国探险家约翰·莱迪亚德（John Ledyard）的话来说，东欧可以用来量度"文明与不文明之间"的渐变等级。[39]

在莱迪亚德称作"哲学地理学"活动中，没有哪个启蒙思想家能比伏尔泰更明确、更大胆地参与其中了。在他撰写的《彼得大帝》传记中，他呈现了俄国转向西方的图景，即使这种转向只是因为，俄国的脑袋被冷酷无情的现代化沙皇强行扭转到那个方向。伏尔泰宣称，在彼得大帝之前，俄国是一个"百废待兴"的国家。[40] 他为彼得喝彩，因为彼得"想要为臣民引入的既不是土耳其的礼仪，也不是波斯的礼仪，而是我们的礼仪"。伏尔泰不厌其烦地告诉叶卡捷琳娜，她注定要延续由她的前任开启的西化进程。他断言道："在彼得大帝的治下，你们的艺术和科学学院曾向我们寻求光明，而在叶卡捷琳娜大帝的治下，我们现在要向你们的学院寻求光明。"[41] 伏尔泰又从光明说到了利剑，他认为，叶卡捷琳娜针对土耳其的军事行动——还有她针对波兰的阴谋，致使波兰被俄国、普鲁士和奥地利三国瓜分——将启蒙运动的福音带到了愚昧的东欧国家。他让叶卡捷琳娜相信他，"您的使命和天赋，让我谦卑地期待着，世界陷入的混乱将被驱散……而光明终将战胜黑暗"。[42]

伏尔泰所描绘的俄国图景，在很大程度上构成了法国旅行者观看俄国的棱镜。这个融合了大量想象和少量信息的制图方式,在《百科全书》中占有了一席之地。在关于俄国的词条中,路易·若古(Louis Jaucourt)提到,这个幅员辽阔的国家,不仅"距离法国有将近2000里格"(1里格约等于4.8公里),而它自身的东西边界跨度同样惊人,差不多也是这个距离。若古惊叹道,俄国是如此辽阔,它横跨了两个大陆,形成了一个"一半在欧洲,一半在亚洲"的帝国。它仿佛是"欧洲"元素和"亚洲"元素间明显的分隔带,将俄国和"东欧"其他地区变成了文化的潮汐湖,湖中充满了在两个方向的双重作用下形成的淡盐水。在彼得大帝执政以前,"俄国的习俗、服饰和礼仪一直都更像是亚洲,不像是信仰基督教的欧洲"。欧洲习俗的植根还并不牢固,"间或的野蛮行为,可能会摧毁这座美好的大厦"。

在《指导书》中,叶卡捷琳娜坚定地将整个俄国拉进欧洲,而现在,若古则努力将这张地图拉回东方。与此同时,他还用一条虚线取代了欧洲和亚洲之间明确划定的分界线。在从未离开过巴黎的情况下,若古就完成了地图绘制,而这一点也不新奇。它反映了西欧的旅行者和思想家的心目中,东欧,尤其是俄国,变化无常的状态。18世纪80年代早期,路易·菲利普-德·塞居尔伯爵(Count Louis-Philippe de Ségur)动身前往圣彼得堡,就任法国公使的新职位,旅途中,他车窗外掠过的风景仿佛是伏尔泰和若古刻意安排的一样,而这种情况并不令人惊讶。塞居尔凝视着这片广阔的土地,不禁联想到彼得大帝"对自然的胜利",以及他是如何"将文明的浓浓暖意注入这片永恒的冰层之中的"[43]。当到达圣彼得堡,看到这个极地国家强烈的两极分化时,这个法国人的反应是目瞪口呆。他惊讶地发现,在这个城市里,和谐共存着"野蛮时代和文明时代、十世纪和十八世纪、亚洲的习俗和欧洲的习俗"[44]。

与其他启蒙哲学家一样，狄德罗也忍不住通过同样的棱镜去观看俄国。在通往圣彼得堡的最后一段旅程中，狄德罗最想看到的就是下一个旅店。他和纳里什金都筋疲力尽了，狄德罗尝试着用"恶魔旅馆的女仆"这种更加低俗的叙事诗来提振同伴的精神，但还是无法抵消看似永无止境的艰难跋涉所带来的沉闷感。当他们快到纳尔瓦河时，狄德罗再次因腹绞痛发作而倒下了。狄德罗已经精疲力竭，他在犹豫要不要让纳里什金独自向圣彼得堡前进，把他留在身后，而他很可能会在一家旅店中独自死去。但是，为了让纳内特放心，他还是决定完成这次旅程。唉，难道他还有其他选择吗？如果他留下不走，他那位年轻的同伴将陷入两难的境地，要么是独自到达圣彼得堡，却没有带回他应该陪同之人，要么是再次延误旅程，从而激怒期待已久的俄国女皇。但是，他们的考验还未结束；纳里什金不久也得了重病。狄德罗担心，这位俄国贵族会丧失社会地位，因此，他要么得"让纳里什金死在树丛里，要么把他当作一个白痴带回到他的国家"[45]。但是，他没那么做，相反，他匆忙地写了一首打油诗来鼓励纳里什金。狄德罗开玩笑地质疑了纳里什金的坚忍精神——他宣称，"最好是默默忍受，否则就结束一切"——反而在诗的最后一行声明："我宁愿大叫真该死，然后继续活下去！"[46]

10月8日，一个大雪纷飞的下午，在离开荷兰近五十天后，狄德罗和纳里什金乘坐的马车摇晃着驶入了圣彼得堡。虽然狄德罗"累得要死"，但正如他向纳内特报告的那样，他还活着。[47]至于他有没有大叫"真该死"，他并未提及。

第六章　冬宫

最重要的是别让女皇陛下感到厌烦。

——狄德罗致法尔科内

"这就是我们的时代！我们谴责，我们评判，我们蔑视，我们的话语中带着对一切人与事的怨恨。但我们觉察不到的是，这样的我们是本该受到嘲笑和谴责的。当偏见取代了常识，我们自己的恶就会被隐藏起来，我们只能看见别人的错误。邻居眼睛上的一点点木屑，我们看得清清楚楚，而我们自己的眼睛上即使有一块木板，我们也视而不见。"[1]

这就是1772年4月，在圣彼得堡帝国剧院上演的俄国喜剧《啊！如今的时代！》中的精彩演说。目光敏锐、能言善辩的仆人玛芙拉所说出的这些话，针对的是剧中的三位贵族女性，她们精神上的麻木不仁与智力上的浅薄不相上下。玛芙拉的评论强调了那些上等人（社会地位高于她的人）在宗教上的极度虔诚，与他们任意虐待农奴这一行为间的巨大落差。匿名作者借助一个女仆来展示启蒙运动中尚未完成的工作，让她的观众去面对那些关于他们自己的，令人不安的真相。

"啊，如今的时代，的确如此，"这位剧作家很可能会叹着气说道——这个时代是如此特别，以至于女皇们要通过喜剧来表达自己。仅在1772年这一年里，叶卡捷琳娜不仅写完了《啊！如今的

第六章 冬宫

时代！》，还完成了另三部戏剧的写作，这几乎是尽人皆知的秘密了。但是，更令人觉得不寻常的是，叶卡捷琳娜竟然有时间和心情来写一部轻嘲贵族和她自己的喜剧。

不过，最最不寻常的是，从立法委员会工作结束到这部戏开演的五年时间里，本来没有什么事由可以逗笑叶卡捷琳娜，也没有什么事由可以逗笑别人。叶卡捷琳娜告诉伏尔泰，在所有的国家元首中，她是最容易被逗乐的那个——"我基本上是一个非常快乐的人"——她说的是实话[2]。外国评论家常常提及她强烈的幽默感，尤其是和她最亲密的朋友和伙伴在一起的时候。然而，在这一时期，她的好心情却一直在接受考验。1767年，针对奥斯曼帝国发动的第一次军事行动，其所持续的时间超出了预期。虽然叶卡捷琳娜对这场战争抱有宏大的期望，但它却于1774年戛然而止，在占领克里米亚后，叶卡捷琳娜便觉得满足并宣布取得胜利。对于这一结果，或许更失望的人是伏尔泰，因为他热切地希望叶卡捷琳娜"消灭（他的）土耳其敌人"，这样他就能坐在轿子里，让人抬着进入君士坦丁堡。[3]

然而，国内的情况更令人不安。1771年春，大雨将莫斯科的街道变得泥泞不堪，与此同时，一场瘟疫也随之降临。不幸的是，这场瘟疫的源头——一直没有查清——很可能是从奥斯曼地区进口到俄罗斯的布制品。毫无疑问，叶卡捷琳娜担心这则新闻有损她的国家已经"完全欧洲化"的声誉，因此，她一直等到十月份才告诉伏尔泰这一消息。在她写信的时候，每天都有多达800名满身紫色斑点的莫斯科人死去。这场传染病不仅让这座城市本就摇摇欲坠的行政当局不堪重负，还让这座城市的文明表象变得支离破碎。在给伏尔泰的信中，叶卡捷琳娜讲述了这座城市的大主教——安布罗修斯神父（Father Ambrosius）的命运。疾病的持续蔓延令人们深感恐惧，因此，越来越多的莫斯科人涌向著名的圣像——圣母玛利亚，在圣像下聚集，以期得到拯救。安布罗修斯担心圣像会成为疾病的传播媒介，于是下令将其移走。当发现圣像不见后，愤怒的人群便涌入安布罗修斯藏身的修道院，将他撕成了碎片。直到赶来的士兵，杀死了一百多名暴乱者后，秩序才得以恢复。

对于理性在她第二故乡所能产生的影响，叶卡捷琳娜本并不抱什么幻想。但是，这位由她任命，且一直践行"人民利益最大化"的牧师——安布罗修斯的惨死还是令她深受打击。"显然，这出了名的 18 世纪有多少值得骄傲的东西啊！"她绝望地给伏尔泰写道："我们变得如此聪明！"[4] 叶卡捷琳娜的恐惧与日俱增，这一疾病异常狡猾——它毫无征兆地忽进忽退，始终无法得到明确的诊断。圣彼得堡采取了前所未有的隔离措施，叶卡捷琳娜派遣了格里戈里·奥尔洛夫前往莫斯科指挥。奥尔洛夫以他一贯的勇气和能力，加强了隔离措施，在新成立的防疫委员会中担任主席，并赋予该委员巨大的权力。到年底时，这些新的预防措施加上凛冽的寒冬，成功地阻断了疫情对城市的控制。

但是，叶卡捷琳娜几乎毫无喘息之机；六月，就在莫斯科瘟疫肆虐的时候，在圣彼得堡郊外的彼得霍夫宫，她的儿子保罗患了流感。当这个 17 岁的柔弱少年在生死之间徘徊时，叶卡捷琳娜所要对抗的不仅是她儿子的死亡，还有她统治政权的死亡。俄国国内外的评论家长期以来一直认为叶卡捷琳娜与保罗相处的时间太少，并觉得她似乎缺乏情感依附。但是，这位母亲并不缺乏的是，对于她的儿子在她公共生活中所扮演的角色的清晰认知。她的合法性是通过她的儿子获得的；如果他死了，她对权力的掌控也会随之消失。

因此，不管她的关怀中有多少母爱的成分，至少在保罗与发烧和腹泻抗争的近两周时间里，叶卡捷琳娜实实在在的照顾是逐步增多了的。宫殿变成了医院病房，叶卡捷琳娜全身心地看护着她的儿子，让他恢复活力。到七月底时，她已经赢得了这场战斗：保罗已经恢复到可以在他的卧室里走动了。她写信给一位朋友时提到，"关于大公，我们已经受到了一次严重的警告"。毫无疑问，叶卡捷琳娜所说的警告不仅仅是她儿子的健康状况。[5]这场恐慌也提醒了她，她的儿子越早结婚，就越有利于她未来的统治。

1772年年中，另一种隔离开始困扰她，而这一次针对的是格里戈里·奥尔洛夫本人。叶卡捷琳娜对十年前将她送上权力宝座的男人忠心耿耿，但她却获悉，奥尔洛夫与一位比如今43岁的女皇年轻得多的表妹之间有私情。这个消息震惊了女皇，她后来承认，奥尔洛夫的背叛"残酷地折磨着我，迫使我在绝望中随机做出选择"。[6]这一次，"随机选择"的是亚历山大·瓦西里奇科夫（Alexander Vasilchikov），这位英俊而温和的皇家卫队军官，引起了叶卡捷琳娜的注意。凭借特有的果断，她将瓦西里奇科夫提升为副官，与奥尔洛夫职位相当，而瓦西里奇科夫也很快就在叶卡捷琳娜的床上取得了一席之地。与此同时，叶卡捷琳娜禁止当时一直在摩尔多瓦与土耳其人进行和平谈判的奥尔洛夫重返圣彼得堡。愤怒的奥尔洛夫未能突破这一隔离，于是他告诉叶卡捷琳娜，自己将遵从她的决定，但她要付出高昂的代价。叶卡捷琳娜仍然深爱着奥尔洛夫，也深知自己承受不起疏远他的代价，因此她很快同意了"离婚"条件：一份国王标准的养老金、圣彼得堡的上等地产和10000名农奴。在一封异常坦率而又温暖的信中，她告诉奥尔洛夫，无论是过去还是将来，他对于她的幸福而言都是必不可少的："我永远不会忘记我对于你的家族有多少亏欠，不会忘记那些使你熠熠生辉的优秀品质，以及这些优秀的品质对于国家的作用。"叶卡捷琳娜总结道，她所希望的只是"彼此安宁"。[7]

奥尔洛夫接受了她的条件，仍然忠诚地做叶卡捷琳娜的臣民，即使不是她最喜欢的那一个，然而，安宁依旧是难以实现。虽然瓦西里奇科夫长得是一表人才，但与奥尔洛夫的精明——即使是没文化的那种——智慧和幽默相比，他就相形见绌了。对于叶卡捷琳娜，他既提供不了奥尔洛夫那样巨大的热情，也提供不了奥尔洛夫可以给予的建设性建议，因此，在分手后的一年多时间里，叶卡捷琳娜深感失落。这个可怜的男人意识到，叶卡捷琳娜对他的感情是麻木的，于是抱怨她把他"当作一个可爱的小东西（妓女）"。[8]显然，这个可爱的小东西无法填补奥尔洛夫被放逐后留下的巨大创伤。正如叶卡捷琳娜后来承认的那样，"自打我出生那天起，我从来没有像过去的那十八个月那样哭过"[9]。

正如大卷轴中写的那样，就在这个时候，一辆等候多时的马车载着狄德罗到达了圣彼得堡。不幸的是，他最初受到的欢迎并没有让他变得更有活力。在离开巴黎之前，他打算住在他的朋友——雕塑家艾蒂安·莫里斯·法尔科内的家里。在狄德罗的热情推荐下，法尔科内和他的助手（兼伴侣）玛丽—安妮·科洛（Marie-Anne Collot）在1766年来到圣彼得堡，接受了叶卡捷琳娜的委托，为彼得大帝建造一座骑马雕像。狄德罗为法尔科内的任务欢呼——"工作吧，我的朋友，用你全部的力量工作吧！首先，给我们一匹漂亮的马吧！"当他没在欢呼的时候，他就忙着想象他们在俄罗斯的快乐重聚。事实上，他为他们的重逢编写了剧本，并进行了排演："多么美好的一天！我敲开你的门，走进屋子，扑向你的臂膀，我们疯狂地相互叫喊,这个场面对我们俩来说,将是多么美妙的一刻啊!'是你。''是的,是我。''嗯,你终于成功了。''是的。'是的,我们要语无伦次地说话。如果一个人与朋友久别重逢,是口齿清晰而不是语无伦次地说话,那该多可惜。"[10]

法尔科内的住所坐落在百万富翁(Millionaya)大街,这条位于冬宫对面的大街名副其实,当狄德罗到达那里时,他所想象的场景中唯一的要素就是语无伦次。但最终这种语无伦次却是由尴尬造成的。这位疲惫不堪的旅行者刚走进屋内,法尔科内就告诉他,自己的儿子出乎意料地来到了圣彼得堡。皮埃尔-艾蒂安·法尔科内(Pierre-Etienne Falconet)一直在伦敦跟随约书亚·雷诺兹爵士(Sir Joshua Reynolds)学习,连招呼也没打一声就出现在他父亲的家门口。但是法尔科内没有告诉一脸茫然的狄德罗,皮埃尔-艾蒂安差不多两个月前就已经来了。在给叶卡捷琳娜的一封信中,他曾提到"小法尔科内像雨点般落下",而这位不太高兴的父亲决定让儿子睡在他为狄德罗准备的床上。[11]奇怪的是,尽管如此,他既没有为狄德罗另寻住处,也没有对自己的食言显得特别抱歉。朋友的坏消息和冷淡的表现让狄德罗深受打击,他的女儿后来写道:"这位哲学家的心受到了永远的伤害。"[12]

狄德罗没有时间顾影自怜。他接下来该怎么办呢,又该到哪里去呢?他这么虚弱的状态,怎么能考虑投宿旅馆呢?这就是他历经史诗般的长途跋涉,穿过欧洲大陆后的精彩高潮吗?"在那里,"他提醒纳内特,"我很难受,在这座城市里,我是一个外乡人,连一个字都听不懂。"[13]就在那一刻,他突然想起了纳里什金。狄德罗在绝望中写了一张便条给他的旅伴,而在一个小时内他就得到了回应:一辆马车停在了法尔科内的门前,把这位无家可归的哲学家带到了纳里什金的宅邸,这座宅子距离冬宫也就扔一个雪球那么远,并且和圣以撒大教堂共享同一座宽阔的广场。

在主人的强烈坚持下,狄德罗在逗留期间将一直待在那里。不过,显而易见,他几乎立即就开始梦想着回到法国。他对纳内特顽皮地说,这将是一次环形的返程。他说,他会继续向东到中国的长城,然后穿越亚洲和奥斯曼帝国,从君士坦丁堡航行到迦太基。回到法国后,他会在几个城市停留,在朗格勒耽搁一会儿,然后才回家。"但是你会说,为了找个安身之处,费这么大的劲是不值得的;你是对的。你还会告诉我,我必须用最短的路线尽快返回;你是对的。所以,那就是我要做的,而在久别的痛苦之后,我们将获得重逢的快乐。"[14]

遥远的距离将他和纳内特分隔开来,也让真实的家庭生活蒙上了一层美好的面纱,而与此相对应的是,近在咫尺的叶卡捷琳娜,让狄德罗曾抱持的,令他备感宽慰的俄国女皇的幻象开始消散。从他抵达圣彼得堡到与他的主人会面,已经过去了一个星期,他肯定有时间思考这件事。不过,腹绞痛的再次发作,迫使狄德罗在卧室里又待了几天,而他把这次发作归咎于涅瓦河的水。这一推迟正合叶卡捷琳娜的意,因为她当时正在处理一件重要的国家大事:保罗与黑森达姆施塔特的威廉敏娜公主(Princess Wilhelmina)的婚礼,叶卡捷琳娜在儿子流感痊愈后安排了这桩婚姻。众多庆典将在城里举行,而叶卡捷琳娜正忙着策划,几乎没有时间去想她新来的客人。

至于这位客人,他几乎没有力气从床上爬起来,因此有很多时间去想他尚未谋面的主人。更确切地说,狄德罗有时间来思考他与叶卡捷琳娜之间的恰当关系。对于一位哲学家来说,这种情况即使

第六章 冬宫

算不上是前所未有，也是极不寻常的。而对于狄德罗来说，这就更不寻常了。毕竟他这样一个人，就算没有被自己的政府关在监狱里，沙龙女主人也会敬而远之，因为他谈话和写作都很不小心。但是狄德罗知道，叶卡捷琳娜了解这一切，正如她了解——或者说他这样认为——他横跨大陆旅行至此，并不仅仅是为了向她表达对于馈赠礼物的感激之情。

当叶卡捷琳娜买下他的图书馆的那一刻，狄德罗就明白，她同时买下的，即使不是他这个人，也至少是一张无法退回的，去往圣彼得堡的车票。他总有一天要走，这是很清楚的；但不太清楚的是，到了那里之后，他该如何行事。他想知道，"狄德罗这个哲学家，怎样才能称得上是叶卡捷琳娜的合作者呢？他怎样才能同时为人民的幸福而工作呢？"这些反复的自我诘问毫不谦虚，但为什么要谦虚呢？"我很高尚，无意中发现了伟大而有影响力的思想，而我会用惊人的方式加以表达。我知道如何吸引、感动和触及他人的心灵。"的确，达朗贝尔更擅长微分方程，但在"提升并激发对于美德和真理的热爱"这方面的天赋，这位曾经的同事无法与狄德罗相比。但这就是症结所在！这样一个人怎么能在宫廷中生存呢？"我总是敞开心扉！我不能撒谎，不能隐藏我的喜爱和厌恶，也不能避开别人给我设置的陷阱！"[15]

他向纳内特解释道，他的任务就是展示叶卡捷琳娜，一个能做很多好事的统治者，她本身的形象。"不要因为这次旅行而责备我，"他恳求道，"我有义务这么做。"[16] 他对女皇有特殊义务，而作为哲学家，他又有寻求和说出真相的常规义务，他该如何协调这两者的关系呢？在《反对暴君》这本书中，狄德罗毫不犹豫地告诫腓特烈："如果哲学家不能对君主直言不讳，那应该对谁？"[17] 不过，虽然狄德罗能够远远避开柏林，但他却无法逃脱圣彼得堡的引力。在抗拒了这么多年之后，他终于决定把他的想法告诉叶卡捷琳娜；现在，他必须想办法温和地表达他的坦率。

有一条规则是，永远不要装作比女皇懂得多。他的哲学家同伴勒梅西埃·德·拉·里维埃（Lemercier de LaRivière）就犯了这个致命错误。狄德罗在1768年很不走运地向叶卡捷琳娜推荐了他，并且还声称，如果女皇渴望真理，那么拉·里维埃就是正确的人选。狄德罗对这个人选极尽渲染之能事，甚至说拉·里维埃是"对我们失去孟德斯鸠的慰藉"。[18] 然而，叶卡捷琳娜却断定自己被骗了。虽然拉·里维埃只见过女皇一次，但叶卡捷琳娜显然已经受够了。狄德罗在拉·里维埃身上看到了"美好的灵魂"和"杰出的思想"，而叶卡捷琳娜却完全感受不到。亚当·斯密（Adam Smith）是一位可靠的经济学家，他对拉·里维埃的著作评价很高，但这位法国人实在太过于自命不凡，他来俄国显然是为了说教，而不是学习。在短于预期的圣彼得堡之行中，拉·里维埃的傲慢性格惹恼了女皇，而女皇也最终打发走了这位"梭伦-拉·里维埃"。[19]

因此，狄德罗寻求扮演的角色不是梭伦，而是苏格拉底。不只是其他人为狄德罗选了这个角色——格林姆喜欢称他的朋友为"我们时代的苏格拉底"，而伏尔泰则称他为"狄德罗-苏格拉底"——狄德罗自己也认为自己很适合这个角色。[20] 在献身于美德并且热爱对话方面，他看到了同样的哲学血统，而在他这个现代巴黎人和那位古代雅典人身上，他还看到了几乎相同的命运。在写给皇家审查官马勒泽布的一封信中，狄德罗对《百科全书》遭受的不断攻击发出了哀叹，他将自己的监禁经历比作苏格拉底之死："十年，三十年，我从满溢的杯中饮下苦涩。"[21] 他参考苏格拉底的痕迹十分明显；

第六章 冬宫

狄德罗在文森打发时间的工作中，有一项就是翻译柏拉图的《苏格拉底的辩护》。

谁能知道，狄德罗有没有将叶卡捷琳娜视为亚西比德（Alcibiades）。亚西比德是雅典人的领袖，也是苏格拉底的学生，但人们对他的看法不一，有些人认为他完美地实现了老师的教诲，有些人则认为他将那些教诲贬得一无是处。不过，狄德罗确实把自己看作是苏格拉底式的牛虻，既是真理的携带者，也是疑问的携带者。但重要的是，他很明白，帝王手腕轻轻一挥就能赶走他这只牛虻。在为和叶卡捷琳娜会谈所准备的笔记中，狄德罗似乎决心要提醒自己以及他的东道主女皇，他不是拉·里维埃。他承认，这位经济学家"相当可笑地自视甚高"。狄德罗宣称道，不要以为我刚到一个地方，行李还没打开，就会去说："夫人，停下你正在做的事。除非你听我说完，否则什么好事也做不成。只有我知道如何管理一个帝国。"[22]

这导致狄德罗接受了第二条规则：感激总是意味着说抱歉——为不可避免的过失和误解而抱歉，为没有表现出足够的感激而抱歉。狄德罗大声说道，他根本不是另一个拉·里维埃，他"不算什么，真的不算什么"。他现在所拥有的一切——"幸福、和谐与安全"——都是拜叶卡捷琳娜所赐。如果非要说他有什么作用的话，那他就像是一个孩子，而叶卡捷琳娜"允许他把脑子里的那些胡思乱想说出来"。[23] 在另一份备忘录中，他把自己描述为"哲学家德尼"——一个梦想家，一个"冒昧地向女皇陛下讲述自己的白日梦的人"。是的，这些梦想很可能包含着信息，有时甚至是深刻的见解。然而更重要的是，狄德罗想要解读两位对话者所处的完全不同的世界。他认为，他们的对话将揭示，"一位统治者心中的思想和一个可怜的人在阁楼里说出的思想之间到底有什么区别"。狄德罗承认，没有什么事"比头倚在枕头上治理一个帝国"更容易的了。[24]

在到达一个星期后，哲学家德尼已经康复了，他不仅抬起了头，还抬起了身体的其他部分，为了在冬宫的化装舞会上与叶卡捷琳娜见面，很少有如此平常的事被赋予如此不寻常的意义。

幸运的是，梅尔基奥·格林姆比这位法国人早到了几个星期，人们热切地期待着那个将哲学与肉合二为一的狄德罗的到来，而他热心地在当中扮演了启蒙者施洗约翰的角色。格林姆出现在那里的直接原因是，他在保罗大公和威廉敏娜公主的婚约中发挥了决定性的作用，但是早在他作为《文学通信》杂志的编辑时，叶卡捷琳娜就认识他了。具有讽刺意味的是，当叶卡捷琳娜和格林姆终于在圣彼得堡见面后，他们之间形成的关系，最终超过了女皇和狄德罗之间的关系。

早年的格林姆和年轻时代的叶卡捷琳娜都无法预知这样的未来。格林姆于1723年出生在雷根斯堡，是一位路德教会牧师的儿子，他在莱比锡长大，1748年移居巴黎后，他完全摆脱了他的异乡背景、母语和父系宗教的影响。格林姆在一个德国贵族家庭做家庭教师，并随他们来到巴黎，当他年轻的雇主返回德国后，他却留在了巴黎。格林姆是个拘谨而又矮小的人，他棱角分明的脸因为擦了粉而变得柔和。他热情地接受了启蒙运动的观念，但这种热情并不过度（他的过度主要体现在对擦脸粉的使用上，这个嗜好让他获得了"白色暴君"的称号）。他能够用毫无瑕疵与口音的法语说出巧妙的顺口溜，因此在巴黎，他比他的贵族主顾们更有影响力。（多年以后，歌德懊恼地认为，德国人学法语都注定要失败——只有一个例外，那就是"格林姆先生"。[25]）

卢梭，首先与格林姆成为朋友，而后又把格林姆介绍给了狄德罗——具有讽刺意味的是，几年以后，卢梭与他俩公开地闹翻了。令卢梭生气的是，狄德罗和格林姆即使没有爱上对方，也至少是有着狂热的友情，他俩成为亲密的朋友和合作伙伴。狄德罗委托格林姆为《百科全书》撰稿；更重要的是，格林姆把狄德罗带进了《文学通信》。事实上，在1754年，当格林姆从雷纳尔神父（Abbé Raynal）那里接手这本杂志时，他就曾向狄德罗寻求建议。这位经验丰富的编辑的建议，不可避免地演变成了一场全面的合作；尽管狄德罗已经被《百科全书》弄得筋疲力尽，但他还是开始为这本杂志撰写文章和评论。格林姆欣喜若狂；在杂志中，白色暴君清楚地指明了谁是老师。他向狄德罗申明："你是我的朋友，也是我的老师。你让我知道了我的想法，并且让我坚定了这些想法。"[26]

1764年，叶卡捷琳娜主动资助在困境中挣扎的《百科全书》，得知此事后，格林姆认为女皇对于《文学通信》可能也会有求必应。"鉴于您向法国最著名的哲学家之一施予的恩惠，所有在文学和思想领域耕耘之人，无论身在欧洲何处，都视自己为您的臣民……因此，我满怀信心地在您的脚下呈上我的敬意。"不过，在对凯瑟琳大加赞赏的同时，格林姆也关注着杂志的底线。在用小号字印刷的、辞藻华丽的附加条款中，他还补充道："如果您严格的君主职责，允许您满足古往今来所有伟大的灵魂对文学表现出的热切需求，如果您屈尊瞥一眼这些纸张，您就会明白期刊的定期发行并不是总能得到保证。"[27]格林姆将订阅价格的决定权留给了他为数不多，但很有影响力的读者们，而当叶卡捷琳娜回复说，她愿意每年支付1500卢布来加入这幸福的少数群体时，格林姆喜出望外。

在叶卡捷琳娜看来，这些卢布花得很值。在格林姆的指导下，

《文学通信》将巴黎带到了欧洲各国的首都和统治者们的宫廷中。但这是一个特殊的巴黎——一个哲学上的巴黎。格林姆在 1767 年提醒他的读者们——包括叶卡捷琳娜："如今的法国，一切都是关于哲学的。"[28] 在《文学通信》中，格林姆宣告了他的先入之见："我推崇信徒们之间的交流，也就是说，当拥有杰出思想的精英们聚会时，分散在地球表面上的那些细腻而敏感的高尚灵魂，就能够从世界的一端到达另一端，来认识和了解彼此，而且我相信，开明的思想和有品位的人是团结一致的。"[29]

然而，喜欢好品位，并不完全等同于喜欢好的（和有精神内含的）哲学。而且，格林姆比他的朋友狄德罗更清楚，他所指的这些精英们要对他们的上层负责。1767 年，他报道了其中一个精英安托万·伦纳德·托马斯（Antoine Léonard Thomas）在法兰西学院发表的演讲："那些治理人类的人无法同时启迪人类。他们总是四处奔波，忙于行动，而他们的灵魂却没有时间去反思。因此，有一类人便顺应而生了，他们的任务是平静地使用他们的头脑，而他们的责任就是激活这些治理者脑中的公共利益。"[30]

但格林姆明白，这种平静只有在统治者的宽容下才会实现。作为一名文学记者，他知道自己不能糊弄那些订阅者。在他的朋友莫尔莱神父（Abbé Morellet）看来，格林姆变成了一个"为了钱，每周都要去取悦一位外国国君的人——他从属于这些人"[31]。格林姆是开明专制的拥护者，这一点与伏尔泰和达朗贝尔相同，但明显不同于狄德罗。他热烈地拥护统治者个人及其地位，而这也最终使得他和这位哲学家分道扬镳。

格林姆极力逢迎国王和王后们的这一致命弱点表现得越来越明显，但狄德罗则尽可能地忽略这些迹象。格林姆极力逢迎腓特烈大

第六章　冬宫

帝，但结果收效甚微，因为腓特烈拒绝了订阅《文学通信》。狄德罗虽对格林姆的做法感到不满，但他也理解他的朋友这么做的原因。然而，当狄德罗决定拜访叶卡捷琳娜的时候，他对格林姆变身为一个谨慎、博识的参谋，一个在外交与皇室事务上，为欧洲贵族们提供专业而稳健建议的顾问一事，一定已经开始感到奇怪。正如德皮奈夫人评价他的那样，他拥有"一种独特的天赋，能够在不付出任何东西的情况下就能鼓舞信心"[32]。他的朋友霍尔巴赫男爵则更为严厉，他告诉格林姆："你从不说任何东西，也从不相信任何东西。"[33] 然而，正是上述特质，帮助格林姆达成了保罗大公和威廉敏娜公主的联姻。就像一位艺术家陪伴着自己的作品到主顾那里去一样，格林姆的最后任务是将公主从她的家乡护送到圣彼得堡。当狄德罗到达圣彼得堡时，格林姆的杰出成果——在圣彼得堡举行的一系列婚礼庆祝活动——正在全面展开。

当狄德罗决定去圣彼得堡时，他知道他的这位德国朋友也会在那里。然而，就像法尔科内一样，格林姆也伤害了狄德罗；失意的艺术家没能张开双臂奔向哲学家，而意气风发的外交家也是如此。由于肩负新的责任和目标，格林姆没有立即去纳里什金的家里与"苏格拉底"见面。而"苏格拉底"也觉得没有理由自讨没趣。当格林姆最终前来拜访的时候，狄德罗掩饰了自己所受的冷落，坚称格林姆的到来，给他带来了"甜蜜的快乐"。与此同时，狄德罗也承认，他很少能体会到这种快乐。"我几乎从未见过格林姆；他已经成为一颗卫星，不得不绕着行星运动。"[34] 实际上，格林姆越来越想成为环绕帝王这个太阳运转的唯一一颗卫星——他甚至在一封给乔芙兰夫人的信中抱怨道，他不得不与狄德罗分享太阳系。依照叶卡捷琳娜的指示，皇家科学院举行了一个仪式，在仪式上任命他俩为皇家科学院院士。格林姆嘀咕道,女皇是在损他:"这是唯一一次,我被迫看着我的名字和狄德罗的名字放在了一起。"当我向女皇陛下抱怨此事时,她要么是不同意我的看法,要么就是嘲笑我。"[35]

格林姆当然有充足的机会来抱怨:狄德罗和叶卡捷琳娜在一起的下午时光,是在格林姆和女皇长时间单独会谈的间歇中进行的。更能说明问题的是,狄德罗从未被邀请参加冬宫的小型晚宴,但格林姆很快就成了宴会上的常客(尽管出于礼节,即使在这种轻松的场合,平民也被安排在女皇餐桌的另一端)。狄德罗对女王陛下和他的老朋友之间的意外投缘不会感到惊讶:格林姆和叶卡捷琳娜不仅拥有相同的母语(虽然他们主要使用法语),还拥有相同的世界观。狄德罗的世界以自己为中心,格林姆则不同,他是一个通晓世故之人,而他的座右铭很可能是"做出改变,但要慢慢来"。慢到可以在叶卡捷琳娜的圈子中尽情享受意想不到的快乐生活:"这是前所未有的,"格林姆对乔芙兰夫人脱口而出道,"我这种身份的人竟然被最强大帝国的君主友好相待。"[36]

在叶卡捷琳娜的回忆录中,伊丽莎白女皇统治下的生活,总是有没完没了的宫廷阴谋和化装舞会。而舞会往往不过是另一种形式的阴谋诡计。这些活动的规模从150人到200人不等,贯穿了圣彼得堡的秋冬季节。特别有趣的是叶卡捷琳娜所说的"变身"舞会,在这种舞会上,伊丽莎白会要求宫廷上下身着异性服装,且不带面具。叶卡捷琳娜注意到,男性朝臣们害怕这种特殊舞会,"因为他们觉得穿那些服装看起来很丑"。至于女性,"她们大多数就像是发育不良的小男孩,而年纪最大的那位的腿又短又粗,令她们感到很不舒服"[37]。

但大多数人这样,并不意味着所有人都这样:其中一个例外是伊丽莎白,叶卡捷琳娜注意到,伊丽莎白有着"美丽的双腿,比我见过的任何男人的腿都要好看,还有着极其匀称的双脚"。另一个例外就是叶卡捷琳娜她自己,尽管她并没有提及。在她的记述中,她就作为旁观者,悄悄地评论着这个狂欢活动,但并不参与其中。在这个颠倒的世界中,只有叶卡捷琳娜和伊丽莎白保持着得体。但是,在1750年冬宫举行的另一场化装舞会上,叶卡捷琳娜几乎凭借素颜获得了成功。叶卡捷琳娜注意到伊丽莎白不喜欢过分打扮,便穿了一件简单的白色衣服,头上插了一朵玫瑰。她的出现引起了全场的注目,伊丽莎白不禁感叹道:"上帝呀,多么质朴。天啊,连个美人痣都没有!"[38]

"他们说我非常漂亮,特别地光彩照人。"叶卡捷琳娜回忆道。但是,她补充说,情况并非如此。"说实话,我从来不认为自己非常漂亮,但我知道如何取悦别人,我想这才是我的长处。"当然,要知道如何讨人喜欢,就要知道如何表演;如果一个人在少年时期就知道她的长处是表演时,那么在成年后,这便会成为她的习惯。全俄罗斯的女皇,北方的密涅瓦,法律的制定者,德涅斯特河的克利奥帕特拉,土耳其人的灾难:这些只不过是叶卡捷琳娜用精湛的技巧扮演的众多角色中的一小部分。早在1764年,后来领导英国第一任驻华使团的乔治·马戛尔尼(George Macartney)公使,便对叶卡捷琳娜扮演女皇角色的能力感到惊叹不已:"难以置信,她是用了什么样的技巧,使得她从容的举止与她高贵的地位完美结合,她凭借什么样的天赋,去了解她最卑微的臣民,而又丝毫不失威严,她又是凭借怎样惊人的魔力,在顷刻间激发起人们的尊敬和爱戴。"[39]

正如在宫廷里习惯性放置的那道屏风，可以让女皇藏身其后窃听官员之间的谈话一样，叶卡捷琳娜的言行也是在构建一道屏风，让她可以藏身其后观察她的观众。毫无疑问，叶卡捷琳娜见到老人时非常激动，她为他们做了很多事情，但同时她也完全了解她的这些观众。她对这些情况的意识很可能是通过阅读亚当·斯密而得到了增强。在苏格兰接受教育的法学教授德斯尼茨基（S. E. Desnitsky）将《国富论》译成了俄语，叶卡捷琳娜借鉴了这本书，并将书中的某些元素运用到了她的《指导书》中。[40]但德斯尼茨基还翻译过斯密早期的《道德情操论》，在这本书中，斯密描述了个体是如何自然地调整表情和言语，使其变得不自然的——并且是一种有充分理由的不自然。因为如果我们不"调整"自己对世界的反应，世界就会远离我们；如果我们不能恰当地表达我们的同情，一切都将失去意义。

没有谁比狄德罗本人对这些公共表演的元素更加敏感。1773年间，很可能就是在圣彼得堡逗留期间，他完成了《演员的悖论》一书的写作。他将这部作品表现为一段对话，而引发对话的是一个颇具争议的观点，即伟大的演员对所扮演的角色必须展现出很高的智慧和极度的冷漠。狄德罗认为，为了令人信服地表现情感，演员必须是没有感情的。如果不这样的话，就会招致灾难。"如果演员被情感所驱使，那么他如何在连续两次的同一角色表演中带着同样的情感，取得同样的成功呢？"在第一次演出时，他无法控制自己，而到第三次演出时，他就会精疲力竭，态度淡漠[41]。如果演员混淆了伪装和真实、努力成为剧中人与扮演剧中人之间的区别，结果将是灾难性的。

出于这个原因，狄德罗认为技巧优于真实——或许更好的说

第六章 冬宫

法是，需要技巧来持续地表达真实。正如韦尔内在自己的工作室里，悠闲地在画布上再现了自然的激情，演员，也自如地借助他所扮演的角色中，在舞台上再现了人类的激情。显然，真实的情感只会发生一次，所以狄德罗想知道怎样才能对它进行重复。在理想情况下，你在街角遇到一个穷困潦倒、泪流满面的女人，你会感到不安并受到触动，从而做出反应。但在日常生活中，这种理想状况很少发生。在现实生活中，总会发生一些事情：一桶污水从窗户里泼出来，一位不速之客来到门前，或者是一个孩子需要关注。你可能会早到一分钟，或晚到一分钟，结果就遇不到那个哭泣的女人。因此，如果演员——无论是在舞台上还是在街角——想要扣紧我们的心弦，就必须学会如何再现那些情感。这并不是说演员不再有感觉；而是说，他们对特定场景的感情与观众不一样。为此，演员需要设法战胜时间并克服偶然性；如果他们擅长自己所做之事，那就能一次又一次地重复相同的动作，并且每一次都会引发观众的真实反应。

当狄德罗撰写这本著作中的对话时，他的脑海里一直浮现着大卫·加里克（David Garrick）。1763年，狄德罗在巴黎结识了这位著名演员兼导演；十年后，他仍然对那次邂逅记忆犹新。在一次非公开的表演中，加里克声称，仅仅通过面部表情和无言的动作，他就能令人信服地展现出任何他想要表达的情感。有人提议加里克表演一次，于是他便抓起了一个靠垫，声称那是他的孩子。在狄德罗的记述中，这个演员接着就爱抚、拥抱并且亲吻它——"一位父亲和他的孩子玩耍时会做的一切愚蠢行为。"但突然间，靠垫从加里克的怀中滑落，掉到了窗外。加里克的脸因极度绝望而扭曲，而狄德罗则惊叹道，观众们"陷入到极度的惊慌和恐惧之中，以至于大多数人都无法忍受，不得不离开了房间"。[42]

在这本著作中，狄德罗还回忆起了加里克的另一杰作。在巴黎的一家沙龙里，他从折叠门的缝隙中探出头来，在短短几秒钟之内，这位演员的脸上表现出了一系列惊人的情绪："从极大的喜悦到默默的高兴，再到完全的平静，从惊讶到震惊再到悲伤，从沮丧与担心到恐惧与绝望。"然后他又回到了起点。他的灵魂是否有可能和他的脸一样，体验并表达了所有这些情感呢？[43]在狄德罗来看来，答案是毋庸置疑的：加里克并没有探索他灵魂的深处，而是利用了观察的力量。"伟大的演员会研究世界，将拥有深刻情感的人作为模型。在经过冥想和反思后，演员将依照这个模型，决定他需要增加什么，删减什么。[44]

狄德罗着迷于表演，不仅仅因为他是一个狂热的戏剧爱好者，一个有远大抱负的剧作家。同斯密一样，他也将社会理解为一个舞台。这位苏格兰人曾说过，那些受制于情感、无视观众期待的人是危险的，而狄德罗呼应了这一说法，他警告称，"在若干情境中"，自发式的情感表达"在社会中的危害不亚于在戏剧中的危害"。同样，无数的情境需要我们展现自己感受并不深刻，或者根本感受不到的情感。因此，我们需要仿效普遍为人接受的表达规则，也就是据此进行表演。"在社会中，人们会说某个人是个好演员。而人们这样说，并不是指他能感受到这些情感，而是指他能出色地装出这些情感，尽管他完全没有这些感受。"[45]

当狄德罗和叶卡捷琳娜终于在宫廷的化装舞会上见面时，谁是演员，谁又是观众呢？狄德罗被领到叶卡捷琳娜面前，微微弯着腰，带着些犹豫，而此时的叶卡捷琳娜则被一群侍臣簇拥着，两人间的对比显得异常刺眼。他不仅给自己的脑袋上戴了一项借来的，很不合适的假发——代替他在德国丢失的那一顶——还套上了他的哲学家的斗篷：一套朴素的黑色服装。站在一百多名戴着面具、穿着华丽服装的宾客中间，狄德罗邋遢的外表让众人露出疑惑和震惊的表情。保罗大公的顾问尼古拉（L. H. Nicolay）评论道："每个人都只关注他稀奇古怪的（衣着）。"在尼古拉看来，俄罗斯贵族对狄德罗外表的反应凸显出"维护伟大的声誉是非常困难的，而离开自己的书房、来到华丽的宫廷是非常危险的"[46]。

然而，狄德罗比尼古拉更清楚地意识到了这种"稀奇古怪"。尽管他的外表和姿态近乎滑稽，但这位哲学家一点也不幼稚。在离开巴黎前不久，他给乔芙兰夫人写了一封信，对她送给自己一件新睡袍表示感谢。她的这一行为感动了狄德罗，但也让他感到悲伤。"这些讨厌的家伙真该受诅咒，"他假装愤怒地喊道，"居然发明了这种艺术，将一块普通的布染成红色，就让它变得精细起来！"他抱怨说，新睡袍不仅僵硬无比，而且传递的公众形象也与穿着者的自身形象不符。他现在看起来就像一个"人台"，旧睡袍上的墨迹和灰尘，"表明我是一个作家，一个踏实的劳动者。但现在的我看起来是又懒惰又富有，没人能看出我是谁"[47]。

毫无疑问，正如狄德罗所希望的那样，那一晚在冬宫的每个人都能看出来他是谁——或者，更准确地说，都能看出来他希望被看成是什么人。他的"哲学家外衣"在戴着面具的俄国贵族中，就像矗立于兵营和工棚中的圣彼得堡宫殿一般，显得格外醒目。这件衣服与狄德罗的作品《这不是一个故事》中的短篇故事是对应的，两者都以虚构现实主义为基础，又都破坏了虚构现实主义的基础。简而言之，这件衣服不是一件衣服。

也许，叶卡捷琳娜注意到了这一特殊装扮，于是她决定扮演同样的角色。她很好地忽略了这位客人的外表,并请他坐下来讲述他的旅程。尽管他们交谈了近一个小时,但狄德罗后来非常肯定地说,因为过于"激动和慌乱",他们谈话的内容他连一个字都想不起来了。但是,狄德罗所说的一切都"令她非常满意"——他记录道,甚至他可以从叶卡捷琳娜的回应中就能察觉到她"深受感动"。虽然我们无法得知叶卡捷琳娜的动情程度,但她无疑是被打动了。毕竟,她对站在面前的这个人,曾投入过非常多的关注和金钱,也曾多次间接地向他传达她日益坚决的邀请。她吩咐他的朋友们,让他到圣彼得堡来,哪怕只是为了表示感谢。伏尔泰太老了,达朗贝尔太粗鲁了,而剩下来的最后一位伟大哲学家就只有狄德罗了。现在,他来了:还有什么比这更值得知识界喝彩的呢?或者,就这次会面而言,还有什么比愉快而又有启迪的对话更令人期待的呢?叶卡捷琳娜注视着她的客人,当他的话语充斥了这位痴迷的观众的整个大脑时,他的假发记录了他说话时的夸张手势,此时此刻,她对自己在这个场合中所扮演的角色和狄德罗所扮演的角色都一样欣赏。

当她准备结束他们的谈话时,叶卡捷琳娜指着那扇通往她私人房间的门说:"狄德罗先生,你看见那扇门了吗?每天3点到5点对你开放。"[48]

我们该如何想象这一刻?叶卡捷琳娜是用她的手,也或许是用她的面具,指向那扇门?狄德罗的目光是在追随她的手势,还是一直注视着他的女恩人?他们是面对面坐着还是并排坐着?狄德罗黑色的外套,与其他客人华丽的服装形成了鲜明对比,这将他塑造成了一个值得同情的人物,还是值得钦佩的人物?那些参与会见的人表情是怎样的?是否有人在微笑,有人在皱眉?是否会有一些人的注意力因聚焦于别处，比如说情人或对手身上，而对眼前发生的非常事件毫无兴趣？

这位哲学家和女皇第一次交谈时说了些什么，是怎么说的，我们不得而知。叶卡捷琳娜并没有对这些细节做过书面的回忆，而狄德罗虽然滔滔不绝地谈论叶卡捷琳娜，但在他寄往巴黎的数量稀少的信件中，却也只提供了很少的细节。不过，虽然我们无法重构事情实际发生时的样子，但或许可以重构狄德罗所认为的事情该有的样子。狄德罗在他的《论戏剧艺术》一书中透露，当他在创作戏剧场景时，他常常像画家一样从空间的角度进行思考。"我寻找立意的一个方法，"他解释说，"就是将对象聚拢到我的想象中，把它们从自然中转移到画布上，然后在一个既不太近也不太远的距离检视它们。"[49]

但所谓的距离不仅仅是空间的距离，也包括精神上的距离。任何伟大的艺术作品，无论是写在纸上的，还是画在画布上的，都并非从笔尖开始的，而是从一个观念开始的。在编排人物角色的过程中——在脑海中勾勒出一系列的变化——狄德罗不仅在衡量角色间的相互关系，还在衡量角色与他想要传达的精神训诫之间的关系。"这些人以为只要把人物安排好就行了；他们不知道，第一点，也是最重要的一点，就是找到一个好的立意；一个人必须来回踱步，苦思冥想，放下画笔休息，直到发现这个好的立意。"[50]

在狄德罗看来，立意的伟大与否是由它的精神力量来衡量的。作为一个艺术批评家，狄德罗对美学与伦理学的关系十分关注。更确切地说，狄德罗认为，没有后者，前者就毫无价值。因此，没有哪个艺术家会比弗朗索瓦·布歇更令他失望了。1770年，就在狄德罗去俄国前不久，这位伟大的洛可可艺术家去世了，而他已经是那个时代最成功的艺术家了。尽管布歇是一位多产的画家，但他的田园风光画和丰满的裸体画却总是供不应求。这一切都令狄德罗恼怒不已。虽然他承认，这位洛可可艺术大师是一位无与伦比的画师，但他又愤怒地表示，这正是问题所在。布歇的色彩运用让狄德罗眼花缭乱，但这位画家的精神信仰则令他心如死灰。丰富的色彩和性感的女人都很美好，但只能作为墙纸，用在封闭的虚假世界里。"这样的色彩！这样的变化！如此丰富的物品和创意！布歇向我们提供了一切，除了本质。"[51] 狄德罗认为，一幅画不仅要如实地反映我们这个世界的本质，还要如实地反映生活在这个世界中的人的本质。

但是，让-巴蒂斯特·格勒兹（Jean-Baptiste Greuze）的绘画则全然不同，狄德罗很快就将这位艺术家称为"我的人"。在1763年的沙龙上，格勒兹展出的作品《瘫痪病人》引起了狄德罗的关注，它描绘了一个斜靠在椅子上、被家人围绕的病人。狄德罗特别喜欢格勒兹这类作品，因为它们赋予了他灵感，去讲述其中蕴含的故事和道理。从1759年的第一篇沙龙评论开始，狄德罗便在细致描述画面的同时，分享他对这些作品所产生的情感。那些他喜欢的艺术家所创作的作品，激励着他去为画中的人物编织故事，这些故事不仅为画作提供了注释，而且还是一种带有精神关怀的叙事。狄德罗对于他所执着的精神性没有丝毫犹豫。他用闲聊式的艺术评论，与读者分享他对格勒兹油画的看法："这种类型让我很高兴：它是有精神性的艺术。早该如此！难道画家们的画笔专注于淫逸和堕落上的时间还不够长吗？"[52]

狄德罗所珍视的精神理想，渗透在所有家庭成员的面色、表情和动作中。格勒兹通过他的笔触，仿佛让我们听到了声音——这位老人"气若游丝的说话声"——并重新体验到了其他人的情感：目睹"他对自己所受的帮助心存无限感激……他柔和的眼神，苍白的皮肤，只有是铁石心肠才会对这一切无动于衷"。[53] 狄德罗告诉格勒兹，如果你当时和我一起在沙龙里，就会听到一个年轻女孩在惊呼："上帝呀，这个老人太让我感动了！如果我再看他一眼，恐怕就要哭了。"狄德罗得意地补充说，其实那个年轻的姑娘就是我的女儿！"当我凝视着这位传神而又让人喜欢的老人时，我感觉自己的灵魂和我女儿的灵魂一样，被紧紧攥住了，眼泪快要从我的眼睛里涌出来。"[54]

依照狄德罗画家式的目光，当他回顾与叶卡捷琳娜促膝长谈的情景时，难道不会看到类似的情形吗？这一边，是一个弯腰驼背的男人，穿着一件简单的黑色外套，脸上布满了因年纪与艰难跋涉所留下的皱纹，他正走向女皇。另一边，女皇伸出一只手让他亲吻，同时用另一只手指向她身旁的座位。与此同时，聚集到一起的假面舞者们，已经摘下了面具，他们的脸上流露出对这个望穿秋水的时刻的期待和赞美。难道狄德罗口中的那个"我的人"就不能将冬宫的这一刻变成一幅同样感人的场景吗？

作为叶卡捷琳娜的客人，狄德罗在逗留期间，当然有充足的理由来问自己这个问题：毕竟，格勒兹笔下那位斜倚着的、衰弱的老人，恰巧就悬挂在冬宫里。1766年，也就是叶卡捷琳娜买下他的图书馆的那一年，狄德罗和戈利岑王子一道在巴黎担任了女皇的艺术代理人。狄德罗和戈利岑精心策划了一系列购买行为，震惊并且最终激怒了法国艺术收藏家们，而在他们购买的第一批作品中，就有格勒兹的杰作。狄德罗帮助女皇在同年获得伦勃朗（Rembrandt）的《浪子回头》，然后是巴托洛梅·牟利罗（Bartolome Murillo）的

《逃往埃及途中的休息》——看到这幅油画,法尔科内就脱口而出称,你会不由自主地跪下——此外,他还用计击败了一群买家,从而收购了梯也尔(Thiers)的藏品。狄德罗收获了 500 幅绘画,其中不少是伦勃朗、凡·戴克(Van Dyck)和鲁本斯(Rubens)的油画,因此他激怒了法国收藏家们。"公众真的讨厌我,"他记录道,"艺术爱好者、艺术家和富人们都在大声抱怨。"[55]

从某种意义上来说,狄德罗来到冬宫算是一种归乡。虽然这座房子不是狄德罗建造的,但确是他装修的。狄德罗敏锐的眼光和商业头脑,促成了叶卡捷琳娜大手笔地买入大量绘画和雕塑作品,在这一点上,其他帝国的所有代理人都无法与他相提并论。他的女主顾或多或少地给了他一些书面的和象征性的全权委托。叶卡捷琳娜乐意不惜一切代价地将这些伟大的艺术品带到俄国,就像她乐意让狄德罗来为那些艺术品精确地定义伟大之处一样。对女皇来说,冬宫里越来越多的大师作品只不过是另一种形式的帝国政治。不过,有些作品还是深深打动了她。她对让·胡伯(Jean Huber)的一系列私人画作特别感兴趣,其主题是伏尔泰在费尔内庄园的日常活动。

根据叶卡捷琳娜自己的解释,当她看到胡伯描绘的伏尔泰在同一时间内完成了起床、穿衣、口述信件时,她"突然大笑起来"。看着费尔内大人气冲冲地同时处理多项事务,她联想到,"他那活跃的性格和满脑子的想象力,令他没有时间一次只做一件事"[56]。

狄德罗是否在冬宫看到了胡伯的画作并不能确定——但可以确定的是,他从未见过让-安托万·乌东(Jean-Antoine Houdon)那件著名的伏尔泰雕像,尽管马尔科姆·布拉德伯里并不同意这个观点。这尊雕像由叶卡捷琳娜委托制造,在 1781 年,即狄德罗去世后的第七年,被运抵圣彼得堡(这座雕像在几年后险些不复存在,

第六章 冬宫

当时叶卡捷琳娜的儿子，也就是保守且短命的沙皇保罗一世，指着这尊伏尔泰的大理石雕像下令："弄走这只猴子。"庆幸的是，他的手下没有理会这道命令，反而把雕像藏了起来）。当然，布拉德伯里写的是一部历史小说，而不是一本专题论著。书中有一个场景是，狄德罗在冬宫发现了这座雕像，他以为自己面对的是真实的伏尔泰——"难道是自己的这趟旅行把这只聪明的八旬老狐狸从他富庶的瑞士老巢里引了出来？"[57]——真实和欢笑同时在空中回荡，哪怕只是片刻。

但在狄德罗的脑子里，这样的真实只是狄德罗真实中的一类——一种类似于逼真的真实。与历史学家不同的是，狄德罗认为诗人"需要确保他的作品中贯穿着清晰可见的关联性"。他认为，历史学家必须接受无法为过去的事情提供现成的事实这一情况，但小说作家却不必如此。后者的作品"真实性少了，但却比历史学家的作品更逼真"。[58]一个由艺术家巧妙塑造过的，看上去很可信的重要场景，转而可以提供一种精神的真实，而这是那些一连串混乱无序的真实事件根本做不到的。历史文献的缺失，非但没有给艺术家带来困扰，反而让他摆脱了束缚，可以重新创造一个既貌似真实又值得称赞的事件。狄德罗承认，历史学家已经告诉了我们一些亨利四世的言行。但这就足够了吗？在无数可能的情况下，这位善良的国王"会按照他的性格，用更令人意想不到的方式行事、受苦，但历史却没有告诉我们这些"，对此又该怎么处理呢？[59]

如果这位诗人的名字碰巧是叫德尼·狄德罗的话，他很可能会让我们想象，那天晚上，这位哲学家和女皇并肩而坐，他们虽身负不同的职责，但却同等重要，同样都令他们身旁的客人们赞赏不已。叶卡捷琳娜告诉狄德罗，她的私人房间每天都会向他开放，此时，狄德罗必定会感觉自己的重要性提升了。即使是这个惯于不切实际之人的预期，或者说他后来坚称的自己的预期也只是，自己会被给予几次见面的机会。他认为，在正式引见之后，需要等上一个月，才会有第二次会面，在会面期间叶卡捷琳娜会问他一些问题。然后再过一个月后，会有第三次会面，在那次会面上他就该道别了。[60]

但情况并非如他预计的那样，而这也恶化了狄德罗和法尔科内之间的关系。狄德罗将代为购买的绘画藏品寄给叶卡捷琳娜，而他也差不多就是这时候让法尔科内过去的。伊丽莎白曾计划，为自己的父亲彼得大帝建造一座和他一样不朽的雕像，但直到她去世时都未能实现，到了1764年，叶卡捷琳娜决定落实伊丽莎白生前的这一计划。这不仅是对伊丽莎白的虔诚纪念，也是她俘获宫廷和臣民的政治行为。通过这座雕像的完成，叶卡捷琳娜巩固了她的王位，而她本来是没有丝毫索取王位的权利的。

这个决定还有另一个积极影响：它为叶卡捷琳娜将俄国拉上欧洲舞台，尤其是法国舞台提供助力。巴黎是雕塑家的秀场，在这座城市的街道和广场上，散落着让-巴蒂斯特·皮加勒（Jean-Baptiste Pigalle）、让-巴蒂斯特·勒穆瓦纳（Jean-Baptiste Lemoyne）以及他们众多弟子的知名作品。当伊凡·别茨基，叶卡捷琳娜任命的皇家美术学院院长发出通知，为雕像的候选人举办一场选拔赛时，所有参与选拔赛的选手却都是法国人。所有候选人的出价都超过了40万里弗，除了法尔科内。他赢得了这场选拔赛，但要价却很低——20万里弗，分八年支付——因此叶卡捷琳娜告诉他，自己准备额外支付10万里弗[61]。法尔科内拒绝接受更改后的高价——他坚称这个价格太高了——这应该提醒了女皇，她刚刚签下了一个既有原则又

第六章　冬宫

很固执的艺术家。

使叶卡捷琳娜动心的并不是法尔科内的低价，而是他和狄德罗的亲密关系。无论是作为思想家还是雕塑家，这位年轻艺术家的技巧，都得到了狄德罗的高度评价。众所周知，雕塑这个概念一直困扰着这位《百科全书》的编辑，于是他便委托这位年轻的艺术家来编写关于雕塑的词条。更重要的是，两人还就艺术家的创作理由，以书信方式展开了激烈的辩论。他们是像狄德罗所认为的那样，是通过艺术作品的创作而获得不朽？"后代的尊敬触动了他们的内心，鼓舞了他们的精神，成为伟大造诣的原动力。"[62]还是否像法尔科内反击的那样，子孙后代去一边吧，艺术家唯一关心的就是同时代人的评价？"对嘲笑、羞愧和耻辱的恐惧，"他告诉困惑的狄德罗，"就是我所需要的全部激励。"[63]

当狄德罗敲开法尔科内在圣彼得堡的家门时，这位雕塑家已经尝遍了这三种痛苦的滋味。但是他那多刺的性格——狄德罗提醒他说，他"很容易感觉受到轻视，很容易感觉受到侮辱，并且总是时刻准备着挖苦和讽刺"——也是形成这些痛苦的助推因素。[64]1766年10月，当法尔科内和他的年轻助手（兼情人）玛丽-安妮·科洛率先到达圣彼得堡后，叶卡捷琳娜给予了他极大的关注。法尔科内很快就发现，对于叶卡捷琳娜而言，他远不止是一个被雇用的，完成一件特定作品的艺术家。他是知识界这一群体的典型代表，而叶卡捷琳娜想要加入的正是这个群体。几天之内，他们谈话的主题就变得宽泛起来，语气也变得轻松而熟络。次年二月，叶卡捷琳娜前往莫斯科为立法委员会做准备，而她和法尔科内仍然通过书信保持联系，信中轻松而又诙谐的语言引人注目。实际上，叶卡捷琳娜几乎是命令法尔科内不必拘礼："不要客套，不要拘谨，最重要的是，不要加上一堆让我显得平庸的头衔。"[65] 这个法国人想用其他方法表达恭维，便请求叶卡捷琳娜阅读他写给狄德罗的信，而叶卡捷琳娜断然拒绝了他："最后一次，我不想也不需要看你的信。不过，既然你已经要求我对这一封进行修改，那就请删掉那些你给予我的溢美之词吧，我不配。"[66]

起初，叶卡捷琳娜无论是在政治问题上，还是在哲学问题上，都会寻求法尔科内的建议。与此同时，她拒绝将她自己对雕像外观的看法强加给法尔科内，告诉他一定不要"将我说的话放在心上，因为我可能会大错特错。坚持你自己的意见"[67]。在法国宫廷里，法尔科内只不过被视作一个工匠，因此，女皇给予他的自由和尊重令他感到眩晕。这位50岁的雕塑家被叶卡捷琳娜的"不断关心"弄得不知所措，感觉自己在冰冷的北疆得到了重生："如果我来到圣彼得堡时是没有灵魂的，那这位伟大的奇迹创造者［叶卡捷琳娜］一定会为我专门创造一个。"[68] 至于叶卡捷琳娜，她显然对她新进的巴黎货感到很满意。她通知乔芙兰夫人，法尔科内已经安全抵达，并且让沙龙女主人放心，这些最新的货品让她感到很开心。叶卡捷琳娜将法尔科内描述成"独一无二的"，她总结道，虽然还有具备同样天赋的艺术家，"但我敢说，但他的聪明才智没有人可以匹敌"[69]。

但很快，叶卡捷琳娜便确信，在自视甚高这一点上，也没有哪个艺术家能与法尔科内相匹敌（如有人不认同法尔科内对自己的好评，法尔科内则会不尊重他）。这位法国人对于流芳百世表现得不屑一顾，但他却明确地渴望得到同代人的掌声和赞美。法尔科内深信，那些不会艺术创作的人无权评价艺术创作者的作品——这一立场激怒了狄德罗——因而他与别茨基将军发生了多次冲突。两人初

第六章　冬宫

次见面时，别茨基郑重地宣布："好吧，我的好先生，我们谈谈我们的雕像吧。"作为回复，法尔科内反问道："我们的雕像？抱歉，你是说我的雕像吗？"[70] 从那以后，他们的关系便稳步下行了。这位朝臣把法尔科内当作雇工对待，屡次试图影响雕塑的创作，而这位法国人均予以了拒绝，因此他感到非常愤怒。有一次，在别茨基访问工作室的时候，法尔科内断然拒绝了这位官员的建议："你是铁匠吗？先生，因为这才是我现在需要的……每个人都应该有自己的专业，任何人都不应该被剥夺属于他自己的专业。"[71]

到 1773 年的时候，叶卡捷琳娜起初对法尔科内的热情已经减弱了，造成这种情况的原因是，法尔科内对别茨基尖酸刻薄的抱怨，以及他身上那种目空一切的使命感，而这种使命感曾是叶卡捷琳娜所鼓励的。甚至有谣言说，那些来到法尔科内工作室的访客们，如果批评了雕像样式的话，就会被躲在窗帘后面的雕塑家突然袭击[72]。前三年里频繁而热烈的通信，现在却变得有一搭没一搭的，信中主要涉及的也是事务性问题。法尔科内一定也已经意识到，叶卡捷琳娜对于哲学家德尼的到来期待已久，而他只不过是这出大戏的序幕而已。正如叶卡捷琳娜对乔芙兰夫人说的那样，法尔科内难道不是"一个和我们的朋友狄德罗志趣相投的人吗"？[73]

在纳里什金的家中，狄德罗在修复涅瓦河水所引发的肠道不适，也在修复雕塑家的忘恩负义对他所造成的精神折磨，毫无疑问，他不仅在思考自己的状况，也在思考他朋友的状况。法尔科内的雕塑价值逐渐受到质疑，而狄德罗也将要对此发表意见，这些与法尔科内粗暴的欢迎态度有更大的关联，难道是完全没有可能的吗？狄德罗是向别茨基和叶卡捷琳娜推荐法尔科内的那个人，而自从法尔科内踏上前往俄国的道路，他就一直在告诫法尔科内不要辜负他的期望,并且他还不知疲倦地询问雕像的进度:"那么,我的朋友:你进展得如何?马开始呼吸了吗?沙皇呢?我仿佛看见了他。看,他是多么威风凛凛!看,在他面前,障碍是如何退却的!"[74]

然而,法尔科内面临的障碍似乎越来越多。被别茨基和他的部下攻击,被木然盯着彼得雕像的城市精英们羞辱,被曾经平等以待的女皇贬低,这些都有可能让法尔科内重新考虑子孙后代的认可了。他对自己作品价值的担心和怀疑达到了临界点,而就在此时——比预期的要晚,但不知为何仍很突然——他的赞助人兼笔友,那个时代最有影响力的艺术评论家,带着要看到与自己想象相符的沙皇与骏马雕像的期待,出现在了他的门口。如果狄德罗脑海中真的掠过了这样的想法,那就可以解释为什么在法尔科内把他打发走后,不到一周时间,他就又返回了工作室。他告诉自己,朋友的冷漠并不是针对他,而是一位极度痛苦、自我怀疑的艺术家的表现,他在这偏远之地孤单了太久。

法尔科内穿着那件他常穿的长袍,戴着羊毛帽子,对于这次来访,也许他会感到诧异。不过,他毫无疑问是松了一口气:在这个巨大的项目上,不懈地努力了六年后,狄德罗会告诉他,他是否做对了。法尔科内领着他的朋友走进工作室,狄德罗弯着腰,围着这个巨型的骏马与骑手的泥塑模型打转,而法尔科内则站到了一边。雕塑中的马以叶卡捷琳娜最喜欢的骏马布里连特(Brilliant)为原型,它用后腿站立——这与古老的马可·奥勒留(Marcus Aurelius)骑马雕像中那匹仪态庄严、四脚立地的骏马截然不同。彼得庞大的身躯上披着一件简单的俄罗斯斗篷,他从坐骑上站立起来,右臂微微弯曲,伸向地平线。当这座朝思暮想梦想的雕塑变成了实物,狄德罗到底端详了多久?当审视这座由雕塑家创作的"类似半人马一

第六章 冬宫

样"的作品时,他是否在不断地向法尔科内提问?

这两个人谁都没有告诉我们答案,不过,一旦狄德罗开始说话,便会滔滔不绝,而法尔科内的胸膛就会膨胀到跟彼得大帝差不多的尺寸了。"当我第一次走进你的工作室时,你感觉到了我的焦虑。但现在我已看到了你所做的一切,那么在你完成这座宏伟的纪念像之前,我将再也不会谈论雕塑。"[75] 这是狄德罗最初脱口而出的几句话——他在一封信中提醒法尔科内,这封信是法尔科内自己请狄德罗写的。有谁能比狄德罗更适合取代他,成为叶卡捷琳娜的偏爱之人,并让她再次确信,尽管宫廷里的谄媚之徒和平庸之辈给法尔科内设置了无数障碍,但他已经创做出了"此类别中全欧洲最出色的作品"[76],那么,还有谁能比这个人更加适合?现在,轮到狄德罗来雕刻一件作品了,这件作品与法尔科内的截然不同,但同样是杰出而永恒的。

第七章　非同寻常的人与事

> 我可以畅所欲言。理智的东西……当我感觉疯狂时,疯狂的东西……我感觉理智。
>
> ——狄德罗致达什科娃公主(PRINCESS DASHKOVA)。

在圣彼得堡,既有专属假面舞会的时间和空间,也有需要摘下假面的时间和空间——所有一切都只需听从叶卡捷琳娜的指令。在通往冬宫的大门上,刻着一套用西里尔文写的规则,这些规则显得既专横又顽皮。

1. 将一切等级丢在外面,帽子也一样,尤其是剑。
2. 颐指气使,或一切类似的行为,必须丢在门外。
3. 享受快乐,但不要损毁或破坏任何东西,也不要咬任何东西。
4. 坐、站、走,一切都随您心意,别管他人。
5. 说话要适度,不要太大声,以免在场人士感到耳痛或头痛。
6. 争论时不要生气或激动。
7. 不要叹气或打哈欠,也不要令人厌烦或疲倦。
8. 如果有人想到了一个并无恶意的趣事,旁观者都应该参与其中。
9. 吃可以随便吃,但饮酒要适度,这样每个人出门时都能站稳。
10. 争端不应被带出这间俄国村舍,在跨出大门之前,所有听到的事情,都应该一只耳朵进,一只耳朵出。

在这搞笑的十诫后面,还附加了对违反规则之人的罚则:

无论是谁，若违反上述规定，只要有两名目击者做证，犯错方的每个人，包括女士在内，都须自罚冷水一杯，并大声朗读一页《泰勒玛大道》(*Tilemakhida*)[1]。

无论是谁，若在一个晚上违反上述规定中的三条，都须被罚背诵《泰勒玛大道》六行。

无论是谁，若违反上述规定中的第十条，都将一生不得再进入这座宫殿。

与巴黎的沙龙相比，冬宫的晚宴更加肆意，也更加隐秘。巴黎的沙龙是由女主人监管的，她会负责管理对话——对话中的精彩部分会以书信的方式进行分享（并发表在格林姆的《文学通信》杂志上）——而冬宫的对话既没有类似的限制，也没有类似的听众。不过，值得注意的是，叶卡捷琳娜对言论自由较为随和的态度，并不只限于冬宫内部的密室中。在《指导书》中，叶卡捷琳娜对其他君主审查自由言论的普遍做法提出了质疑。她很惊讶，"为什么言论可以招致叛国罪，并受到与真正的叛国罪同样的惩罚"，她警告称，"以抑制和压迫的方式贬损人类的思想会带来危险"。叶卡捷琳娜总结道，这样的做法"只会导致无知，而且会阻碍和抑制天才们的积极性，并摧毁真正的写作意愿"。

由叶卡捷琳娜的态度所带来的实际结果是，至少在她统治的早期，俄国不存在正式的官方审查。外国书籍进入俄国的监管是宽松的，圣彼得堡和莫斯科的新兴文学圈基本上是不受监管的。在极少的情况下，叶卡捷琳娜也下令取缔外国作品，其中让-雅克·卢梭的作品被禁是最为大家所熟知的。然而，即便是卢梭的作品，也是选择性的禁止，她虽然禁止翻译《社会契约论》，但却批准了《论人类不平等的起源和基础》俄文版的出版。[2]

叶卡捷琳娜治下的俄国不仅结束了对出版业的垄断——任何人都可以购买印刷机，尽管还须在当地警方备案——还开始资助那些对社会实践和规则提出批评的期刊。在狄德罗到达俄国的前一年，《画家》开始发行。这本杂志充斥着对俄国贵族的尖锐讽刺，以及对农奴制毫不掩饰的抨击。杂志的主编诺维科夫（N. I. Novikov）从未批评过叶卡捷琳娜，这并不出人意料。但比较出人意料的是，这位女皇还帮忙解决这家杂志的财务危机，至少有一回，她曾悄悄地给诺维科夫送去了几百卢布³。正是这种看似矛盾的皇家赞助，让俄国至少在法国大革命发生前，在言论自由方面要比大多数欧洲国家更为开明。

在冬宫一群戴着面具的宾客中，狄德罗第一次见到叶卡捷琳娜，那时他还不知道，在 1350 英里外的南方，有一场截然不同的伪装戏正在展开，这便是大家所熟知的普加乔夫起义。这场戏的受邀嘉宾是乌拉尔河哥萨克人，他们属于哥萨克群体的一个分支。这个群体以捕鱼、狩猎、贸易为生，他的不同分支间，以及不同分支与沙皇俄国之间，时不时会发生争斗，他们正缓慢但坚决地入侵黑海和里海北部的大草原。发生战斗时，乌拉尔河哥萨克人穿着他们传统的深红色衣服，蓄着浓密的大胡子，但这场戏的召集者——叶梅利扬·普加乔夫（Emelyan Pugachev）却为自己设定了一个十分惊人的假身份：他称自己是彼得三世，向人们展示胸口上那个被称为"沙皇的印记"的伤疤。事实上，这位再度出现的"皇帝"是一名顿河哥萨克人，一名俄国军队的逃兵，但他解释说，1762 年，在背叛者们杀害他之前，他逃了出来，而后为了更好地了解他的臣民，他在全国各地漫游。普加乔夫的伪装的确鼓舞人心：在他发表声明后的几周之内，乌拉尔地区掀起了一场群众运动，虽然该地区与圣彼得堡的距离比它与巴黎的距离还要远，但这场风暴还是影响并动摇了叶卡捷琳娜的统治基础。

令人惊讶的是，冒充彼得早已成为一种时尚。在彼得倒台和普加乔夫崛起的十年间，在政治舞台上，好几个冒充彼得的骗子突然出现，然后又突然消失。骗子盛行的一个原因是：受奴役的农民生活状况日益恶化，他们绝望透顶，只要有人提供一个令他们脱离苦难的方法，他们就相信这个人。每一场代价高昂的胜利后，都是一场代价同样高昂的失败，俄国与奥斯曼帝国之间的战争看似永无止境，而农奴则是这场战争的主要受害者。30多万农民被征召入伍，其中许多人身体状况不佳，甚至有些人在战斗前便死去了。而那些逃过征兵的人却发现，自己在为士兵提供食宿，但这些士兵却常常洗劫他们的村庄，强暴他们的妻女。

俄国与土耳其之间的战争迟迟没有结果，在田地和矿山中劳作的农奴们的苦难在不断加深，而哥萨克人也越来越不安分。在《百科全书》中，"哥萨克人"这个短词条将这些人描述成"好战、狡猾、喜欢抢劫"。虽然不能说是完全不对，但这个词条的解释还是很不全面的。哥萨克人有可能是鞑靼人的后裔，十五世纪时，他们先是沿着伏尔加河下游和顿河，来到了这片大风肆虐的草原。除了狩猎和捕鱼外，这些善于马术的哥萨克人还靠攻打往来于俄罗斯和亚洲古老路线上的贸易商队获得补给。在17世纪和18世纪早期，俄国统治者试图通过禁止哥萨克人的劫掠行为来强制其恢复秩序，但同时也会招募他们来保卫边境，抵御来自更东边的游牧部落。可是，叶卡捷琳娜掌权的时候，哥萨克人已经开始针对圣彼得堡与日俱增的干涉行为，尤其是逼迫他们加入军队并且命令他们剃掉胡须的做法进行反抗。

普加乔夫既残忍又狡猾,他很快就在这个由不满的哥萨克人和绝望的农奴混合而成的群体里抓到了机会。当他和一小群乌拉尔河哥萨克人开会时,露出了胸口上的疤痕,而这些人随即就和普加乔夫自己一样,不再相信他是彼得三世了。但是,对于其他数百名哥萨克人,以及成千上万开始聚集到他旗帜下的造反农奴来说,情况就不同了。普加乔夫能够成功地扮演彼得,一部分是因为,他掌握了这个角色的技巧和距离,而这正是狄德罗认为的成功演员的必备条件。但还有另一个同样十分重要的原因是,有一大批观众急切地盼望有人能再次扮演彼得三世,把他们从悲惨的处境中解救出来。

1773年9月中旬,普加乔夫正在行军中。他那日益壮大的军队已经横扫了乌拉尔河沿岸的好几个城镇。普加乔夫的追随者将注意力转向了地区首府奥伦堡,并包围了这座要塞城市。由奥伦堡地方长官发出的情况报告,花了将近一个月的时间才到达圣彼得堡,随即,帝国议会在10月15日召开了会议——这正是叶卡捷琳娜和狄德罗开启对话的那一周。叶卡捷琳娜觉得奥伦堡的消息虽令人不安,但还不至于惊慌,于是她命令瓦西里·卡尔(Vasily Kar)将军指挥一支小型的讨伐远征军,去镇压"这场邪恶的民间骚乱",并将"强盗头子、煽动者和骗子"[4]缉拿归案。但讽刺的是,狄德罗的法国历史记录就发表在这一周,他本意是借助这份记录强调,专制权力无法自拔的扩张所带来的灾难性后果,但这却可能坚定了叶卡捷琳娜的信念——卡尔的小部队足以恢复秩序。

结果表明,没什么比这想法更不切实际的了。11月中旬,卡尔的部队被农民叛乱分子击溃,此时叛乱者人数已超1万。卡尔灰溜溜地逃回圣彼得堡,报告了这一消息。直到此时,叶卡捷琳娜才意识到问题的严重性。自从发动那场篡权的政变后,她一直生活在担忧之中，她害怕那些认为她的统治是非法统治的叛乱分子会发动政变。之前那些假扮彼得的骗子已经在提醒她，只要有一个高明且大胆的骗子，就能把她赶下台。叶卡捷琳娜的担忧是多重的，她知道她的开明思想，立法委员会的存在，曾鼓舞农奴们，使他们相信，他们的解放，或者至少是命运的改善，就在不远的前方。1768年，立法机构归于沉寂，扑灭了这些希望，而农民骚乱也在俄国的大部分地区蔓延开来。[5]

为了应对不断加剧的威胁，叶卡捷琳娜仔细研究了那个偏远之地的地图。为全力以赴处理此次叛乱，她派遣了亚历山大·比比科夫（Alexander Bibikov）将军前去镇压，此人之前曾在立法议会执行官一职上表现出众。比比科夫拥有军事和民事的全部管理权，与已被革职的倒霉蛋卡尔相比，他麾下的权力可要强大得多得多。然而，人员和武器还不充足；还必须有一篇写给普加乔夫追随者的文章，为叶卡捷琳娜的行为辩护。谁能比叶卡捷琳娜自己更适合来写这篇辩词呢？在这篇文章中，她将自己的统治描绘成一股促进社会福祉和国家强大的力量，并宣称她对"启蒙、博爱和仁慈"的信仰已经为所有俄罗斯人的"大丰收"准备好了土壤。叶卡捷琳娜还补充道，普加乔夫这样的恶棍取得成功，凸显了他的追随者由于远离首都而深深地陷入了"极度蒙昧"，因此他们非常需要她的引领。[6]

毫无疑问，叶卡捷琳娜的这份误判的声明，虽然在该地区贴得到处都是，但不如比比科夫的军队有效。这位俄国将军多管齐下，他说服当地地主组成志愿军，启动了农奴待遇调查，鼓动起当地的神职人员，最终在1774年年初瓦解了普加乔夫的杂牌军。尽管普加乔夫成功逃脱并重新征募了一支军队，但他本人还是于1774年9月被俘，此时距离他首次发动叛乱差不多有一年时间。他和他军队的核心成员被送到了莫斯科，在那里接受审讯并被处决。很明显，叶卡捷琳娜抵制住了对哥萨克叛军进行报复的呼声。她不仅命令下属"不要刑讯逼供，那样只会掩盖真相"，而且还敦促负责审判此案的法官，"在判处死刑的数量和方式上都要适可而止"[7]。他们迅速地执行了刑罚：普加乔夫被分尸，少部分共犯被处以绞刑，其他人被流放到西伯利亚，普加乔夫起义就此落下了沾满鲜血的帷幕。

普加乔夫起义让叶卡捷琳娜惊恐不已，其主要原因是，一个骗子所产生的威胁，不仅是破坏她的王位，还让整个俄国和欧洲的人都想起了这位女皇缺乏执政合法性的观点。她对叛乱所采取的措施，其性质是什么，这一问题令她在冬宫彻夜难眠。最终，文学界这些高尚的公民们会对于政府的暴力镇压给予怎样的评价？她对一位官员说道，普加乔夫和他的追随者"将被送上绞刑架，但对于我这样一个完全不喜欢绞刑架的人来说，这个结局到底是什么？欧洲舆论会把我们降格到可怕的伊凡大帝时代"！[8]

正如叶卡捷琳娜所知道的那样，"欧洲舆论"的代表人物中，几乎没有谁比她的那位刚刚抵达的客人更有威望了。叶卡捷琳娜和狄德罗第一次进行私人对话的时间，正是叶卡捷琳娜召开普加乔夫起义国家讨论会的那一周。狄德罗知道在遥远的乌拉尔地区所发生的事件吗？虽然他在备忘录中没有明确提到叛乱，但他后来告诉他的朋友让-巴普蒂斯特-安托万·叙阿尔（Jean-Baptiste-Antoine Suard），叶卡捷琳娜透露了相关事件的一些简单而美好的想法："那个傻瓜普加乔夫将在三个月内被绞死。"[9]结果表明，她预测错了。不管他知道了什么，也不管他是何时知道的，狄德罗为他和女皇单独谈话所选择的开篇话题，就是关于违法，而这很能说明问题。这里所说的违法不是指统治者的臣民违法，而是指统治者自己的不法行为。在旅途中，狄德罗开始写一篇关于法国历史的短文。他向叶卡捷琳娜说明，这是纳里什金的主意。当他们像两袋土豆一样，在德国的大街上被推来搡去的时候，狄德罗的旅伴建议他在对话时告诉叶卡捷琳娜，"法制健全、有法必依的国家会拥有巨大的优势"，而"冲动行事，留下一堆愚蠢、荒唐和矛盾制度"的国家会名誉扫地。[10]

因此，就在俄罗斯羸弱的公民制度为普加乔夫的起义创造了条件时，狄德罗选择痛斥法国君主制对法国公民制度的系统性压制。在狄德罗极具张力的表述中，法国政府被描述为一副过度干涉且收效甚微的样子。法国的地方性法律和惯例就像东一块、西一块拼接起来的碎布床单，而波旁王朝对于这些地方性法律和惯例的标准化——创造"一部由简单法律构成的法典，让臣民在年轻时就能理解"——并不感兴趣，他们感兴趣的是破坏地方议会那些有限的权力。在过去的几个漫长世纪里，这些处在中间位置的机构（地方议会）从君主制中夺得了一部分势力和特权，因此，它们成为某些基本自由的守护者。狄德罗告诉叶卡捷琳娜，只要这种权力分立的方式能不受威胁地存在下去，国家和人民就会繁荣昌盛。

但没过多久，"攻击它（权力分立）成为转向专制统治的第一步；消灭它（权力分立）成为最终的结果"[11]。带着众多的考量和巨大的决心，路易十四治下的法国废除了这个国家的贵族政治，将一个古老而光荣的，致力于国家福祉的社会阶层，变成了一群"由乞丐、谄媚者和无知者组成的"，完全依赖宫廷施舍的暴民。与此同时，地方议会由来已久的特权被凡尔赛宫慢慢没收，一个纯正的君主政体变成了一个纯粹的专制制度。

令人更加担忧，却也更加不解的是，皇宫内日渐增长的权力不仅危及了现实中的自由，还危及了幻想中的自由。在向叶卡捷琳娜进行陈述时，狄德罗不遗余力地强调，即使民众并不真正地拥有自由，也至少要让他们"相信自己是自由的"[12]。狄德罗将这种特殊的幻想比作在独裁者面前铺开的一张"巨型蜘蛛网"，民众在这张网上，"膜拜自由的意象"。有眼睛的人早就透过网眼看穿了一切，明白网背后有什么。但独裁政治却撕掉了这张网，将它本来的面目展示在所有人眼前。即使民众并不拥有自由，但让他们相信自己是自由的，这是非常重要的。让他们继续保持这种信任本是更好的做法，但现在他们却亲眼看到，亲身感受到了奴役。[13]

此时此刻，狄德罗将自己表现得和他的东道主，一个敏锐的政治实干家一样敏锐。在他使用蜘蛛网这个意象的时候，狄德罗或许想到了红衣主教雷兹（Cardinal de Retz）对混乱而充满杀气的投石党运动所作的著名评论，在17世纪中叶，这场针对尚未成年的路易十四发起的贵族起义，最终以失败告终："当他们（贵族们）醒来后，就摸索着寻求法律；他们未能寻见；惊慌失措中，他们大声呼唤法律；而在这片混乱中，他们提出的问题……变成了让人怀疑的东西；结果，与之相关的人当中，有一半人讨厌它。人民进入了圣殿；他们揭开了面纱，这层面纱总是掩盖着涉及人民的权利和国王的权利的一切言论和思想，而当这两种权利被沉默笼罩着的时候，看上去是再和谐不过的了。"[14]

在这点上，约翰·洛克可能是和雷兹一起影响了狄德罗。在为《百科全书》撰写完"洛克"这一词条后，狄德罗知道了这位英国人的政治著作并大为赞赏，其中就包括他的《二论公民政府》。这本论述，启发狄德罗撰写了"政治权威"这一颠覆性的词条，也在他的思想中留下了一个相当痛苦的印记。在颇具争议的一段中，洛克认可，在某些时候，为了更大的社会利益，统治者必须违反法律。他宣称,特权"只不过是民众允许统治者,在法律无法管辖之处,以及在一些事情明确违反法律条文的时候,可以基于公共利益,做出他们自己的自由选择"。[15]

虽然这种允许无疑会令狄德罗感到痛苦,但他清楚地知道非此即彼显然是更加痛苦的。此外,他还被他(洛克)观点中的唯物主义原理说服。从某种意义上来说,狄德罗在自己的主张中借用了洛克的感觉论,他认为,对自由的感知——能感觉到它,当它不在时会想念它——与所有理论上或抽象概念上所确认的自由同等重要。如果没有对人类自由的本能感知,我们就无法体会到失去它的感觉。狄德罗的唯物主义坚持认为,一个生来双目失明的人,无法像一个后天失明的人那样理解日落。因此,狄德罗早前才会断言,如果一个暴君的臣民不以暴力来对抗自身的奴役,"就不会存在反弹力,而整个体系就会变得松懈和退化"。为此,狄德罗告诉叶卡捷琳娜,如果提升臣民对于自由的感知力,她从中可获取的利益将不亚于她的臣民。即使立法议会只不过是一个"自由的幻影",也仍然会"对大众心灵产生积极的影响"。一个民族必须是自由的——这是最好的情况——或者至少相信自己是自由的,因为这种信仰具有很重要的作用。[16]

在他的那段关于个人自由和蜘蛛网的隐晦宣言中,狄德罗不禁感叹道:"啊,不幸的民族!我忍不住为你们的命运落泪!"[17]毫无疑问,他在发表这番夸张的声明时,会提高嗓门,举起双臂。从这夸张的表演中,叶卡捷琳娜第一次,但绝不是最后一次,目睹了狄德罗对于自编自演的热爱。起初叶卡捷琳娜似乎对她的客人很感兴趣。实际上,狄德罗的朋友,比狄德罗早几个星期抵达了圣彼得堡的格林姆,或多或少地把自己当成了狄德罗的公关代言人。他在一封信中写道:"女皇是真的被他迷住了。"而在另一封信中,他宣布狄德罗在冬宫的出现取得了持续不断的成功:"女皇继续对狄德罗施以恩惠,而我们的德尼则与女皇一起享受着最彻底和最辉煌的成功。"[18]

狄德罗的谈话内容是否促成了这次成功?这个原因肯定存在,因为叶卡捷琳娜一直有求知欲。在一次谈话中,叶卡捷琳娜对各式各样的臣民都很熟悉,当狄德罗对此表现出惊讶时,他的东道主则回答说:"这要归功于不幸和孤独,这两位曾经伴随我二十年之久的优秀老师。"[19] 我们并不清楚,对她来说,狄德罗对于政治的剖析——人性本身——是完全陌生的东西,还是仅仅将她早已深刻洞悉的东西变成了她耳边极具煽动性的语言。但是,更加清楚的是叶卡捷琳娜对这些会谈的反应,她时而钦佩,时而惊讶。叶卡捷琳娜坐在第一排——实际上那是唯一的座位——观看狄德罗的演讲,对这位客人演讲中的多样性和独创性赞叹不已。"我发现狄德罗的想象力是无穷无尽的,"她告诉伏尔泰,"我认为他是有史以来最不寻常的人物之一。"[20] 伏尔泰也附和着她的惊讶情绪,哀叹自己"从来没有机会见到这个独一无二的人,他是这个世界上我最第二想交谈的人"[21](当然,伏尔泰不需要提醒叶卡捷琳娜,在他的名单上谁排第一个)。

"他的头脑最为特别,"叶卡捷琳娜早前评论狄德罗,"所有的人都应有和他一样的心灵。"[22] 然而,狄德罗有时表现得过于特别了。无论在思想上还是动作上,他的独创性都大胆到近乎要犯亵渎君主罪。在一次激烈的讨论中,狄德罗自己暗示了这一点。叶卡捷琳娜突然不耐烦地说道,他们两人都没注意听对方说话:"我们俩都太急躁,老是打断对方。"狄德罗挖苦地回答说:"不过,区别在于,当我打断陛下的时候,我是愚蠢的。"叶卡捷琳娜极其坦率地驳斥了狄德罗的话:"如果这是人与人之间的对话,这样的行为还会是愚蠢的吗?"23

无论是否愚蠢,狄德罗依然我行我素。正如格林姆兴奋地向内克尔夫人(Mme Necker)说起的那样,他们共同的朋友与女皇的相处方式就像是和内克尔夫人这样的老朋友相处一样。"他和她在一起时,就像和你在一起时一样古怪,一样有独创性,一样狄德罗。他就像握着你的手那样握着她的手,他就像摇晃你的胳膊那样摇晃她的胳膊,他就像坐在你身旁那样坐在她身旁。"但是,格林姆补充道,"在最后一点上,他是服从了君主的命令,而你可以想象,一个男人是不会坐在女王陛下对面的,除非他被要求这么做。"24 叶卡捷琳娜很快就意识到,让狄德罗坐在她伸手便能够到的地方是一个错误。在写给乔芙兰夫人的一封信中,女皇惊叹于——或许是抱怨——狄德罗在她面前表现出的不经意的冒犯。"每次和他谈话,我的大腿都会变得青一块紫一块。我不得不在他和我之间放了一张桌子,使我自己和我的四肢远离他的动作范围。"25 流言四处扩散,说狄德罗在叶卡捷琳娜面前还有更加放飞自我的行为。那不勒斯的加利亚尼神父(Abbé Galiani)将狄德罗不知分寸的最新行为告诉了他们共同的朋友、哲学家安托万-莱昂纳德·托马斯(Antoine-Léonard Thomas):"你对我们这位哲学家有什么看法?有人听说了一些他在女皇面前的可怕行为。据说他胆敢把自己的假发扔向她,还捏她的膝盖。我们的狄德罗是独一无二的;他的脑袋是世界的宝库;他什么都知道,但有时又似乎什么都不知道。"26 叶卡捷琳娜本人也表达了同样的感受,惊叫道:"有时他看起来像是一个百岁老人,而有时他看起来还不满10岁。"27

尽管他给人的感觉是成熟的，但在与叶卡捷琳娜的对话刚开始的时候，狄德罗就直接回忆起，那些比他位高权重的人，在心血来潮时给他带来的巨大伤害。那一年年初，当狄德罗离开法国前往俄国时，凡尔赛宫上下对他的离去几乎没有丝毫遗憾或懊悔。实际上，有一则无情的笑话流传甚广，说当狄德罗询问国王是否反对他的此次旅行时，他得到的回复是，尽管十分不舍，但国王不仅不会反对此行，而且还希望他留在圣彼得堡。[28]

不过，凡尔赛宫对于狄德罗俄国之行，表现出了夹杂着一丝轻蔑无知的冷漠，但并不是所有人都这样。驻叶卡捷琳娜宫廷的法国大使弗朗索瓦-米歇尔·杜兰德·德·迪斯特洛夫（François-Michel Durand de Distroff）很快对狄德罗的活动产生了兴趣。这位从维也纳调任至此的法国人很快便发现，自己的差事并不令人羡慕，因为他所代表的那个国家，正越来越迫切地想要打击俄国与日俱增地想要跨越欧洲大陆的军事和外交野心，并且他还要克服叶卡捷琳娜长期以来对法国方案的不信任感。事实上，至少有一部分俄国官员认为，法国极其迫切地想要阻止圣彼得堡的崛起，以至于有传言称，法国在暗中煽动了乌拉尔地区的农民叛乱。[29]虽然，杜兰德与普加乔夫是同谋这一说法荒谬到不值一提，但这位外交官曾试图让狄德罗陷入一场真实的共谋中，而这场阴谋与乌尔拉地区的农民判断相比，也只是稍逊了一点点而已。11月中旬，杜兰德去纳里什金的宅邸拜访这位哲学家。狄德罗与叶卡捷琳娜无拘无束的会面既令这位外交官印象深刻，也令他极为恼火。他向外交大臣艾吉永公爵（Duc d'Aiguillon）报告说，女皇"特别喜欢同狄德罗交谈。她每天为他腾出固定的时间，希望他来看她"。他的恼火显而易见，杜兰德继续补充说，他们的"谈话没有目击者，并且常常持续很久"。[30]

不过，在这位任性的法国人和俄国统治者的亲密交往中，杜兰德也看到了机会，因此他决定去拜访狄德罗。他解释说，这次拜访是为了提醒狄德罗他热爱祖国的义务。大使（杜兰德）向这位目瞪口呆的对话者提出，要让祖国拥有更大的荣耀，他告诉狄德罗"我对一个法国人的期待是什么"——那就是，说服叶卡捷琳娜（杜兰德知道自己被她鄙视）重新考虑她的外交政策，并且改变对俄法联盟前景的持续敌意。为此，杜兰德强行塞给狄德罗一份建议清单，上面写着这位大使的卓识和远见。杜兰德最后说道，狄德罗要做的，就是在他们下一次单独谈话的时候，把这些建议呈递给叶卡捷琳娜。[31]

狄德罗所要面对的前路，是被一个只希望自己倒霉的国家利用，去对付一个永远祝自己好运的女人，这使他感到彷徨。他推辞称，他不能胜任杜兰德的这一任务，但却无济于事：不可抗力占了上风。杜兰德向凡尔赛宫报告，狄德罗已经同意"尽可能消除女皇对我们的偏见"，此时，如果狄德罗拒绝的话，杜兰德似乎就会叫醒巴士底狱这个怪物了。这当然是艾吉永回复杜兰德想法时的要点所在。考虑到狄德罗的政治和哲学立场并非正统，艾吉永认为杜兰德不应该"指望[狄德罗]的感情会正确地引导他自己"。他建议他的使者，最好提醒他们在冬宫的那个人，我们"对他热爱祖国的程度印象不佳"。这句话的背后是一种毫不掩饰的威胁：狄德罗如果回到法国，迎接他的不会是张开的双臂，而是一封逮捕密令和又一次牢狱之灾。正如英国驻圣彼得堡公使罗伯特·贡宁爵士（Sir Robert Gunning）向伦敦报告的那样，狄德罗"担心，如果他拒绝法国大臣的要求，回国后就会被扔进巴士底狱"。[32]

恐惧一词完全不能反映出在杜兰德来访后狄德罗的焦虑程度。狄德罗与巴黎的朋友和家人相距甚远，而在这个陌生的、被大雪围困的城市中，没有人可以为这个孤独的异乡人提供建议，他必定会感到难挨的孤独与脆弱。突然之间，事情似乎就成了如果他不完成杜兰德的任务，他就要面临以叶卡捷琳娜客人的身份度过余生的结局。毫无疑问，这条阴森的前路让狄德罗本就很重的思乡病更加严重了。在写给一位密友的信中，格林姆为他这位法国朋友日益恶化的"瑞士病"感到担忧，"瑞士病"是表达思乡之情的常用语，而他的情况已经严重到让格林姆"时而感到焦虑"[33]。格林姆并不是唯一一个担心狄德罗精神状态的人。瑞典大使诺尔肯男爵（Baron de Nolcken）也一睹了狄德罗思乡病的严重程度。他写道，一见到狄德罗，伟大的哲学家不会受制于"父爱、夫妻关怀和友谊等世俗美德"这一流行观点就被纠正了。这位"和蔼可亲的老人"，诺尔肯评论道，"只谈论他的妻子、女儿、孙女和朋友，以及他对于再次见到他们的极度渴望"[34]。

安吉莉卡生下了一个健康的女婴，这则消息既令他欣喜又令他心碎。在写给妻子的信中，狄德罗哀叹"过度活跃的晚年"毫无意义。属于一个老人的地方是家，是那群"在爷爷去世后，他们仍会继续寻找他，以他们的失落和遗憾作为献给爷爷的挽歌的孩子们"[35]的中间。对于安吉莉卡，狄德罗努力地保持着幽默感——"好吧，我的女儿：你是个母亲了。天知道你现在变成了一个多么严肃而睿智的人啊"——但他的绝望还是渗透在了信中："相信我，我一定会竭尽全力——毫无保留——加快我的归程。"狄德罗还向安吉莉卡透露，虽然叶卡捷琳娜赋予了他无尽的荣誉，但他却惊讶地发现，自己"出乎意料地思念你们所有人，并且这种思念所带来的痛苦与日俱增"[36]。

在给安吉莉卡的信末，狄德罗惊叹于婴儿的第一次啼哭。"你可曾听过比这更动听的音乐吗?"他问道。当狄德罗思考他目前所面临的困境时,这种音乐很可能正在他的脑海里回荡。十月下旬,狄德罗陪同女皇前去考察斯莫尔尼学院,这是叶卡捷琳娜于1764年创办的一所女子学校,在此次行程中,一定有一些情景让他想起了叶卡捷琳娜所特有的仁慈。女皇关照下的这些孩子对于她的热烈欢迎,令狄德罗深受打动,他兴奋地向纳内特复述了这段经历:"我希望你能看到,她被五十个多个女孩包围着,她们抓住她的胳膊,搂着她的脖子,将她浸没在亲吻中。你会喜极而泣的!"[37]

最终,狄德罗打算请求叶卡捷琳娜的宽恕。他只能向女皇表明真心,而后承担起说出真相的后果。但袒露真相前需要做一些准备工作。叶卡捷琳娜对于杜兰德所做出的荒唐行为似乎还并不知晓,在接下来的一次对话中,战战兢兢的狄德罗向她介绍了他的主题——"哲学家德尼的梦想"。虽然只是个梦,他继续说道,但却是绝对真实的。他告诉一头雾水的女皇:"我将遵守诚实的法则,因为一个人在成为一个良民或爱国者之前,首先必须是一个诚实的人。"[38]

考虑到叶卡捷琳娜与普鲁士的腓特烈之间亲密的私人关系和紧密的外交关系,狄德罗这番坦诚誓言近乎自杀。他告诉叶卡捷琳娜,虽然法国宫廷与启蒙哲学家的意见总是相左,但有一个值得关注的例外:"我们所有人都由衷地讨厌普鲁士国王。"虽然叶卡捷琳娜知道这种说法值得怀疑——毕竟,她的好朋友伏尔泰,与这位普鲁士统治者即使有过不快,不也还在称赞腓特烈吗?——但她还是让狄德罗继续说下去。他观察到,这两类人产生敌意的原因不同。"哲学家们讨厌他,因为他们认为他是一个不道德的、野心勃勃的政治家,对他来说,没有什么东西是神圣的;这位国王为了追求权力，愿意牺牲一切，甚至臣民的幸福。"凡尔赛宫的原因则更为实际：王室讨厌腓特烈，因为"他是王室规划的障碍"。狄德罗似乎在暗示，无论是出于哲学原因，还是出于政治原因，叶卡捷琳娜都有理由讨厌腓特烈，或者至少是不信任他。谈到已经进入到第五个年头的俄土战争，狄德罗表示，俄国和法国在结束这场战争上有着共同的利益，而普鲁士则不一样。他哀叹战争的时间太长，并建议通过谈判解决问题，而不是寄希望于一场决战。狄德罗警告说，只要战争还在继续，"您就不可能去追求造福人民这一宏伟目标"[39]。

在让腓特烈是开明统治者的这一说辞化为乌有后，狄德罗紧接着又推翻了路易十五可能拥有这一头衔的所有说辞。狄德罗无疑非常得意于女皇全神贯注的倾听，直言不讳地说道："夫人，我们的君主完蛋了。一个伟大的国王，在其漫长统治结束时往往会贬低其统治的起点，而对于一个普通的国王，说得委婉点，却很少能在最后几年修复其在早期造成的灾难。我们还有一段路才能走出堕落的谷底。但谁能知道在下一任国王的统治下，我们的命运如何呢？就我个人而言，我表示悲观，但请让我们一起期待是我错了！"对于与叶卡捷琳娜同时代的统治者，狄德罗所表现出的直率令人瞠目，但真正令人惊讶的是，他的这些评论使得他刚刚提出的支持结盟的论据失效。如果这位上了年纪的法国国王是个平庸之辈，并且他的继任者也不出色，那叶卡捷琳娜为什么还要对法俄谅解协议的前景心存期待呢？

狄德罗似乎意识到了这一矛盾，因此他不仅使出了全部本领，还出示了杜兰德给他的那份文件。抛开了顾问这一老成而睿智的伪装，狄德罗大声说道："这个角色不适合我。我非常清楚，这份文件可能意味着我生命的终结，也意味着我遗产的消失。"狄德罗停顿了一下，让他的话语充分地发酵，然后补充道："但我也知道我有幸与您对话，并在这个神圣的庇护所中沉淀下我的思想。"带着真挚与臣服，狄德罗强调了这个特殊庇护所的神圣性："我的法国同胞们认为他们了解您！然而，无论他们对您给予多高的评价，他们还是不了解您。我会让他们知道您到底是谁……你的身上有罗马人的精神与克利奥帕特拉的魅力。"狄德罗凝望着叶卡捷琳娜的私人卧室，仿佛在对一群杰出人物发表演说，他感叹说："啊！我的朋友们！假如这个女人登上了法国的王位，法国将成为怎样的帝国啊！她将在极短的时间内，创造出一个令人畏惧的帝国！"[40]

当叶卡捷琳娜意识到，这位破天荒地享有觐见女皇之特殊通道的贵客，却已经变成了波旁王朝的外交侍从时，她的反应一定也非常令人畏惧。根据贡宁的说法，叶卡捷琳娜向狄德罗承诺，她不会让他为杜兰德的厚颜无耻埋单，但有一个条件：狄德罗必须如实地向法国特使报告，她是如何对待这份文件的。说着，她把纸揉成一团，扔进了壁炉。[41] 当狄德罗看着这张纸燃烧成灰烬时，他在仔细思考着这位东道主的夸张表现，也在领会着，他，或者任何一个男人或女人，在君主面前——或者更准确地说，在一个暴君面前——的极度无助。

"在你所说的奴隶之地上生活，我感觉到了前所未有的自由，而在你所说的自由之地上生活，我却感觉到了前所未有的奴役。"[42] 当狄德罗向叶卡捷琳娜做出这一矛盾的论述时，他强调了俄国，简单地说，就是一个奴隶之地。在一些备忘录中，这位法国人带着对奴隶制发自肺腑的憎恶，忍不住提出了农奴制这个话题。在一份备忘录中，他以务实的态度表明，俄国需要的是公民，不是农奴。"要么给他们自由，要么允许他们赢得自己的自由。"这些新解放出来的男男女女将成为"第三阶层",而如果没有这个阶层,俄国就永远不能自称进入了现代社会。[43] 更加令人难以置信的是,他还建议叶卡捷琳娜"在俄国中部建立一个自由人的殖民地,非常非常自由,自由得像瑞士那样"。这个群体可以继续拥有其传统的自由和习惯,他们将充当一种"酵母",通过对社会潜移默化的影响,缓慢但扎实地提升农民的品性。[44]

不过,狄德罗关于自由和奴役的言论也表明,他的处境非比寻常。尽管仅限于冬宫的围墙内,并且还要赢得东道主的欢心,但与在法国的权力殿堂相比,他在这里可以有更多的自由去谈论更多的话题。狄德罗在谈论宗教话题时的直言不讳,即使是在他的朋友霍尔巴赫那无拘无束的沙龙里,也会令人震惊。他无疑是受到了叶卡捷琳娜的鼓励,而她认为基督教——尤其是东正教——是社会秩序的福音,而非个人救赎的途径。与宣扬宗教怀疑论的腓特烈不同,叶卡捷琳娜作为俄罗斯东正教的名义领袖,毫无怨言地承担了许多繁重的宗教职责。但她也推行了既务实又真诚的宗教宽容政策,并将这种宽容政策延伸到帝国中的穆斯林和(尽管程度较弱)犹太人。正如她在《指导书》中所宣称的那样,"人类的心智会因迫害而被激怒,而如果允许一个人根据自己的信仰来选择宗教,那么即使是最冷酷的心也会被融化"[45]。

在狄德罗看来,在褊狭所造成的恶果中,精神上的愤怒算是最轻的了。有一次,他和叶卡捷琳娜就包容这一主题进行了专项讨论,在对话中,他长篇累牍地讲述了党同伐异所造成的危害。那是谎言的温床、真理的敌人、不公的根源和流血的缘由,"不能包容一直是我的国家最大的瘟疫之一"。狄德罗接着说道,它最想攻击的,就是他本人以及其他的哲学家同行。"如果一个国家得到了启蒙，那么政府就不敢任意妄为地做蠢事了。"但不能包容的政府会导致民众变得"麻木"。狄德罗以一种极具先见之明、近乎奥威尔式的洞察力指出，如果一个国家染上了褊狭的思想，那么不仅他的人民会遭受残酷对待，它的语言也一样会被残酷对待。"在我看来，语言是一个民族思想状态的温度计。如果我在一个世纪后回到法国，想要知道那里的情况，那我便会去看一看他最新出版的书籍。"[46]

显然，冬宫的一次对话还不能彻底说尽狄德罗在这个话题上的思考。他接下来的备忘录标题是"关于包容的第一次补充"，这表明狄德罗将在与叶卡捷琳娜的下一次会面中，重新回到这个主题。这一次他指出，罪魁祸首不单是宗教暴行或宗教狂热，还有宗教本身。他说道，历史表明，一个遭受过迫害的宗教团体，只有仍处于被迫害的状态下，才会标榜包容；一旦它掌握了权力，它就会变成施害者。[47]宗教派别所提出的那些主张是绝对的、排他的，基于这一点来考虑，它怎么可能还会有包容呢？每个教派都有其特定的神和特定的真理，但它们都宣称自己的信仰体系是不可分割的、万能的。

即使所有宗教消失，这个问题也不会有一个令人完全满意的解决方法。狄德罗承认，"狂热和褊狭与无神论又互不相容"——对于一个刚刚承认自己是无神论者的人来说，这无疑是一个巨大的让步。虽然在临终前他有可能改变自己的立场——"智者千虑也会有失"——但他知道自己现在的想法是："我不相信上帝。"[48]但即使这是他个人的信仰也无关紧要。狄德罗强调称，如果他是国王，无论他是相信上帝，还是不相信上帝，都会把上帝这个概念从他的法典中剔除。他代替上帝向叶卡捷琳娜保证："我会将所有事情归因于与一些简单、自然的动机,而这些动机就像人类一样是亘古不变的。"[49]

就在狄德罗的马车将要到达圣彼得堡时,装在外交邮袋中的《文学通信》九月刊先行抵达了,如果叶卡捷琳娜读过这本杂志,就不会对狄德罗的说法感到惊讶了。她会发现在《文学通信》的第一部分有一篇奇怪的作品叫《布甘维尔航海补遗》。她之所以觉得奇怪,并不是因为没有听说过布甘维尔——这位法国海军军官不是出版了一本记录他环球航行的畅销书吗?那本书广受欢迎,很大程度是因为布甘维尔描述了他与塔希提岛原住民的相遇。而《文学通信》中的这部作品之所以古怪,是因为它是以一系列对话的形式呈现的,而对话的人物不是身份不明之人,就是没在布甘维尔那本书中出现过的人物。更奇怪的是,《补遗》一文就位于"狄德罗小说续篇"这个标题下方,并且选取了狄德罗早期发表的两篇小说的题目,其中一个是"这不是一个故事",而正如这个名字所表达的那样,它不是一个故事。

总而言之,《补遗》并非补充——至少不是那位优秀的海军军官自己在原作上的补充。而是狄德罗,为了各种目的,再次偷偷潜入别人的作品,强行操弄。结果,诞生了这样一部黑色喜剧作品,反复地颠覆欧洲人对宗教、道德和性的设定。在所谓的补充材料——一位塔希提老人的讲话,以及探险队牧师与一个叫欧若(Orou)的塔希提人之间的一系列对话——中间穿插着"A"和"B"这两个法国人的对话。有一次,他俩热情洋溢地谈起了布甘维尔所述之事,在这次会谈中,A 不断地向他的朋友询问"补充材料"中的相关问题,而与好奇且经验不足的 A 相比,B 则很快就显出了成熟与睿智。实际上,B 向 A 坦白说,在阅读布甘维尔的作品前,"我一直认为一个人只有待在家里才是最富足的",这句话表明,人物"B"其实就是巴黎宅男——德尼·狄德罗。[50]

当然,狄德罗从未起航前往塔希提岛;圣彼得堡之旅不仅让他失去了假发,也让他打消了对于旅行仅存的一点热情。但这几乎不是什么障碍。B开心地认为,就像布甘维尔只需要一块"木板"就可以周游世界一样,他和A坐在椅子上"就可以环游宇宙"。[51]事实上,要想塑造出一个人自己心目中的外国,有什么方法能比不去这个国家更好呢?弗兰克·赫伯特(Frank Herbert)构思了沙丘世界,詹姆斯·卡梅隆(James Cameron)提出了潘多拉星球,而在这之前,18世纪的思想家们,为了批判自己的国家,就已经在自己舒适的书房里,重新创造出了一些不寻常的国家。在《波斯人信札》中,孟德斯鸠搜罗了波斯的旅行记录,在此基础上创建了一个他自己的波斯。他所创建的波斯主要是充当一把解剖刀,凭借这把刀,他便可以剖析、谴责法国的政治和习俗。狄德罗也是如此,他被布甘维尔对这个岛的描述所鼓动,兴奋地想要创造他自己的塔希提岛。

起初,狄德罗满足于给格林姆1771年出版的《航海》作简单的评论。但事情并未就此结束,而是就此开始。狄德罗就像一个好奇的路人,不请自来地走进别人的屋子,他对眼前所看到的感觉不满意,便建造了新的房间和地面,把别人的叙述转变成他所认为应该有的样子。这导致欧若和牧师之间的交流,有时候读起来就像让·雅克·卢梭与阿伯特(Abbott)和科斯特洛(Costello)联合创作的文学作品。

因此,欧若鼓励牧师与他性感且主动的女儿一起睡。而这位不知所措的牧师虽然抗议说,他的宗教信仰和神职身份禁止他这样做，但他还是顺从了自己的欲望。第二天早上，年轻的女孩感谢他和自己发生了关系，而困惑的牧师试图找回他的理论地盘。对于这种不受约束的性习俗，牧师感到不解，于是便问笑容满面的主人，在塔希提，父亲和女儿、兄弟和姐妹，以及丈夫和别人的妻子，是否可以发生性关系。欧若毫不犹豫地回答道："为什么不行呢？"这位圣人被这个回答震惊到了，叫喊道，这样的行为是乱伦和通奸。欧若耸了耸肩，坦承自己不懂这些词的意思。为了加以说明，牧师呼喊道："这些是罪行，可怕的罪行，在我的国家，人们会因此被烧死在火刑柱上。"欧若可能会困惑得停顿了片刻，然后说道："嗯，他们有没有在你的国家被烧死，跟我没有关系。"[52]

虽然卢梭在他革命性的著作——《论人类不平等的起源和基础》一书中几乎没有谈及性这个话题，但他却谈了许多关于教化及其缺憾的话题。卢梭认为，这部作品"比我的其他作品更符合狄德罗的口味"，事实上也正是如此：直到生命的最后一刻，狄德罗仍在不断地提及卢梭对于人类被教化后的自我和天然的自我之间的冲突所作的悲剧性描写。[53]虽然写《补遗》的时候，狄德罗与卢梭失和已久，但这位昔日的朋友对于自然状态下的人的描述，仍然令他着迷不已。卢梭的"野蛮人"——愉快地丧失了语言和自我意识——与狄德罗笔下具有自我意识且被社会化的塔希提人几乎没有相似之处，但两位思想家对西方文明都持不祥的预感。卢梭在叙述文明进程的时候，对我们物质上的繁荣和道德上的衰退深感痛惜：社会的起源"为弱者套上了新的枷锁，让富人拥有了新的力量，天然的自由被永远地摧毁了，财产权和不平等将永远受到法律的保护，将一场聪明的篡夺变成了一项不可更改的权利，并且从此以后，全体人类都被迫为了少数野心家的利益而承受劳作、奴役和痛苦。"[54]

第七章　非同寻常的人与事

布甘维尔之船的到来，让狄德罗预见塔希提人将要遭受的痛苦，这种痛苦与卢梭在其著作《论人类》中所揭示的痛苦相同。在评论布甘维尔著作的时候，他已经深感痛惜，因为布甘维尔之船的到来，会使这些简单而纯洁的人变得堕落。狄德罗丢下他的批评，而后向这位海军军官传达了一个引人注目，但或许无效的请求，他大声疾呼："啊，布甘维尔先生，让你的船远离这些无辜而幸运的塔希提人的海岸吧：你只会破坏他们的幸福。"[55] 但狄德罗对于这样的哀求并不满意。因此在《补遗》中，他创造了一个令人难忘的角色（一位塔希提老者），一个迷人的场景（布甘维尔的船员和船只正在离去的海滩），以及一段华丽的（不过也相当经典的）演说。看着法国水手离开这个岛，老人慷慨陈词："哭吧，可怜的塔希提人，哭吧——但哭泣的原因是这些邪恶贪婪之人的到来，而非他们的离开！"老人警告他的岛民同胞们，这些水手们总有一天还会回来的，但对于这样的前景，他们应该感到担心，而不是慰藉。因为水手们回来的时候，"就会给你们戴上镣铐，割开你们的喉咙，让你们沦为他们愚蠢而罪恶的奴隶。总有一天你们会成为他们的奴隶，而你们也将会变得和他们一样堕落，一样卑鄙，一样可怜"[56]。

在狄德罗看来，在欧洲人带到新大陆的愚蠢之物中，最为重要的就是他们古老的神。欧若和他的法国客人在另一场对话中谈到了宗教话题，而狄德罗通过这段对话清楚地表达了这一观点。牧师实事求是地解释道，世界，以及世界上的一切，都是造物主的杰作。欧若带着狡黠的天真回复道，这个造物主和所有称职的造物主一样，一定有手、脚和头。但他随后却发现，这个特殊的造物主不仅没有这些特征，而且还既无处不在，又无影无形。欧若越来越感到困惑，他表示："在我听来，他像是一个不怎么关心孩子的父亲。"[57]

但是，当牧师告诉欧若，造物主规定一对男女必须终生厮守在一起时，欧若的困惑变成了愤怒。造物主也给予男人和女人完全的自由来打破这条规则，但如果他们打破了这条规则，他便会毫不犹豫地给予他们永久的惩罚。欧若认为这样的安排完全是任性妄为，对此感到愤愤不平，在得到可以直言不讳的允许后，他对牧师主张中所依据的道德和理性基础发起了毁灭性的攻击。他认为，这些戒律"完全是要蓄意增加罪行的数量，并且会给那位不用手、头或工具便能创造一切，无处不在而又无影无形，存在于当下和未来却能永葆青春，发号施令却无人服从，可以阻止自己不喜欢之事却从未做成的老工匠，带来无尽烦恼"。[58]

在列举了众多逻辑上和道德上的荒谬之处后——由于是一字不差地从牧师那里得来的，因此更具颠覆性——狄德罗让欧若转向了塔希提岛的性习俗这个话题。根据布甘维尔对岛上多配偶制习俗的评述，狄德罗创造了一个只要男女双方愿意，就可以自由交换伴侣的社会。但是，狄德罗的塔希提岛并不是一个淫欲泛滥的场所，不是十八世纪版本的地中海俱乐部，他笔下的塔希提人是有原则的，是务实的。欧若解释称，他们是有原则的，因为他们追求这种乐趣的行为遵循了自然法则。他问道："将男人和女人永久地拴在一起，侵犯他们的自由，禁止我们天生向往变化的冲动，命令我们维持一种不可能存在的永恒，还有比这些更愚蠢的东西吗？"[59]欧若还指出，他们也很务实，因为这种对性欲的追求提高了岛屿的繁荣程度，至少从健康状况和人口规模上来衡量是这样的。人种改良论的先行者——欧若尖锐地总结道："不要因为我们是野蛮人，就认为我们看不出自己的最大优势所在。"[60]

可以预见，狄德罗也会得出结论，把治理社会的法律与支配自然的法则联系起来，是他的哲学优势所在。A 和 B 刚回到对话中，后者便毫不犹豫地明确了这一点。B 提醒 A，我们出生时带来的需求和欲望，快乐和痛苦，构成了"适合人类的道德准则"。因此他认为，"世界上最落后的民族——塔希提人，虽然只是简单地坚持自然法则，却比任何一个文明国家都更接近于拥有一部良好的法典"[61]。B 带着卢梭式的激情宣称道，人类不幸福的根源在于，我们未能遵循自然的法则，却遵循了君主和教皇所拥护的法则。A 问道，教化人类与让人类顺从本能，哪一种做法更好？而 B 则毫不犹豫地回答："如果你想成为暴君，就让他变得文明；尽你所能，用违背自然的道德体系来毒害他。"但如果我们想让自然人快乐，那 B 的宝贵建议就是："不要管他的事。"[62]

虽然狄德罗对基督教的攻击会激怒卢梭，但另一个对狄德罗产生影响的人——斯宾诺莎，无疑会赞成这一攻击。实际上，这位荷兰思想家的著作《神学政治论》的开篇——"君主制的最大秘密就在于欺骗，用宗教的名义来掩盖人们的恐惧，这样的话，他们就会努力争取被奴役，仿佛那样就能得到拯救"——似乎就是狄德罗攻击政府和宗教机构的起点，因为"它们千方百计地想要束缚他，设计了一千种障碍想要绊倒他，用令他恐惧的鬼怪来折磨他，而且还精心安排一些事情，使得自然人总是被人造人踩着脖子"[63]。

或许，正如一位传记作家指出的那样，狄德罗在写《补遗》的时候，正处于"一种更为无政府主义的情绪中"[64]。不过即便如此，在他完成这部作品的时候，这种情绪也基本烟消云散了。狄德罗是一个缺乏自信的无政府主义者，他再一次随声附和卢梭的观点，而后者在《论不平等》中对同样的问题也絮叨了一番。在那部作品中，卢梭用一条长长的、拐了好几道弯的脚注，撤回了对文明的尖锐批评。他真像伏尔泰等评论家所说的那样，希望回到森林，与熊为伴吗？没有比这更愚蠢的了，他回答道。他指出，我们无法再以坚果和浆果为食了，更不用说恢复到原始的天真状态了。实际上，我们就是现在这个样子。因此，他的读者有义务"尊重他们所处社会的神圣关系……并且严格服从法律以及法律的制定者和执行者"。[65]

狄德罗也以类似的方式打了个急转弯，避开了其哲学主张所带来的后果。他没有像在生日那头的打油诗中所写的那样，期待着用最后一个牧师的肠子勒死最后一个国王的那一天，而是寄希望于国家的法律和习俗。狄德罗把他虚构的另一个自我导向了改革之路，而不是革命之路，他让 B 坚持认为我们应该抗议愚蠢的法律，直到改变它们为止。但与此同时，他也向 A，以及所有读到他文字的权贵们再次保证："我们应该遵守法律。"[66]

第八章　腹痛与宪法

> 我已经完成了巨量的工作,并且完成得如此轻而易举,这令我惊讶不已。
>
> ——狄德罗致纳内特

在《布甘维尔航海补遗》的结尾,B力劝A以那位优秀的牧师为榜样:"在法国做修道士,在塔希提做野蛮人。"对此,他那位年轻的朋友兴奋地回答说:"你要去哪个国家,就穿上那里的服装,但要保留好你回家时要穿的衣服。"[1] 好吧,这在塔希提岛也许行得通,但是一个人在俄国的话要怎么做呢?狄德罗应该穿得像叶卡捷琳娜的老师,还是取悦她的演员?穿上现代塞涅卡(Seneca)的服装还是纯粹的小丑的服装?

在圣彼得堡的政治旋涡和私人内讧中,狄德罗简单的黑色外套实现了双重目标。它既符合狄德罗作为一位启蒙哲学家的自我设定,又让他在叶卡捷琳娜的皇宫里表现出了一种具有危险性的离经叛道。不过,当涉及某些特定问题时,这件外套和它的穿着者传递出来的信息,远比离经叛道要严重得多。正如在莱比锡,狄德罗曾对着一群毫不知情的观众发表即兴演说那样——一个重要的差别是,在俄国他没有穿着睡袍——现在,他正在一连串的社交聚会上,大肆谈论无神论相对于宗教的优越性。他在短篇小说《一位哲学家与某元帅的对话》中宣称,"无神论者仍然可以是一个正直的人"，然而这一论断非但没有说服听众，反而激怒了他们。据一位客人记述，在这些聚会上，狄德罗"经常扮演着一个自负的无神论者"。可想而知，结果令人遗憾："大家都讨厌他。"

但是，也并非所有人都讨厌他。在女皇那里，这位哲学家继续受到青睐；她私人房间的门仍然每天对他敞开。在给伏尔泰的信中，叶卡捷琳娜继续畅谈着他们这个共同好友的非凡之处。她承认，她担心狄德罗在圣彼得堡会感到厌倦，而"我可以和他说一辈子话，并且永远不会对他感到厌烦"。[2] 对于他更具挑衅性的言论，叶卡捷琳娜可曾有过烦恼？狄德罗向他的妻子一口咬定称，这从未发生过。他大喊道，女皇"全心全意地热爱着真理，虽然我有时会对她说一些国王们很少能听到的真相，但她从未觉得被伤害到"。事实上，当女皇告诉狄德罗她准备实施一项政策时，狄德罗直截了当地反驳了她，而她则突然拉着狄德罗的手说道："你是对的。"[3]

当然，狄德罗明白，他所依靠的完全是叶卡捷琳娜对他的高度尊重。年底时，他让索菲·沃兰放心，"女皇陛下仍然对我青睐有加"[4]。狄德罗也对妻女表达了同样的感受，提醒她们，他"每天下午三点到五六点间，仍然可以自由进入叶卡捷琳娜的私人住处"[5]。比较能说明问题的是，当一个熟人警告狄德罗，他的异端言论正在使他疏远整个宫廷时，狄德罗咧着嘴笑了："我不在乎仆人们；我唯一需要的就是那位掌权的女人。"[6]

格林姆对朋友说过一句特别精辟的话，它概括出了狄德罗那句嘲讽后所隐藏的不利信息："除了女皇，德尼在这里没有征服过任何一个人。"[7] 狄德罗树敌无数。谈话中肆无忌惮的坦率，加之女皇为其开设的史无前例的通道，使他成为朝臣们特别害怕又极其厌恶的对象。但狄德罗也有同样的恐惧。"我害怕敌人，"他对纳内特和

第八章 腹痛与宪法

安吉莉卡透露道,"他们嫉妒女皇陛下给予我的荣誉和恩宠。"[8] 格林姆注意到,由于狄德罗在冬宫的特权地位,宫廷里的数个派系联合了起来,原因只是他们都不喜欢狄德罗。格林姆指出,与叶卡捷琳娜不同,她的朝臣们"不喜欢,也不适应天才人物及其一连串的怪癖"[9]。格林姆感到焦虑不安,因为狄德罗的存在所催生出的那些阴谋诡计,与狄德罗的才华一样非比寻常。"你无法相信,"他向一个朋友透露道,"德尼所遭受的那些狡猾阴险的迫害。"[10] 格林姆并不是唯一一个记述狄德罗身陷阴谋网络的目击者。瑞典大使诺尔肯男爵报告称,这位哲学家"遭受了最恶毒的嫉妒",他把这归因于宫廷上下的奴性。[11]

不过,狄德罗在圣彼得堡确实还有几个盟友。虽然大多数朝臣像对待麻风病人一样对待这位哲学家,但也得到了一小群自由主义思想者的欢迎。领导这个小群体的是别茨基将军,他曾于1765年负责了叶卡捷琳娜收购狄德罗图书馆的相关事宜。这个小群体中还包括他的女儿阿纳斯塔西娅·索科洛娃(Anastasia Sokolova),她是叶卡捷琳娜最亲密的侍女之一,以及副议长 A.M. 戈利岑(A.M. Golitsyn)。在某种程度上,这一群体拥护狄德罗,有一部分原因是巴黎——别茨基家族与狄德罗的联系可以追溯到收购其图书馆的时候,而副议长则是狄德罗在巴黎的老朋友迪米特里·戈利岑的表亲——也有部分原因是哲学。懦弱的改革派对立法委员会的失败感到失望,担心叶卡捷琳娜有专制的倾向,而他们有充足的理由相信狄德罗站在他们这一边。虽然这群人是仰慕狄德罗的听众,但他们对冬宫的影响甚微。除了长期以来由别茨基负责的教育政策外,这个群体的意见在叶卡捷琳娜的斟酌考量和宫廷政治中无足轻重。[12]

尽管如此,但在这样一个陌生而寒冷的地方,这些支持还是让狄德罗心生感激。虽然他的活动轨迹紧密地围绕着冬宫，但他却有一种强烈的无足轻重感。每天下午，他可以自由地拜访叶卡捷琳娜，但他也知道，格林姆是女皇每晚必邀的客人，已经成为她知己、密友圈的一员。否则该如何解释他的好友很少来看望他呢？带着些许苦涩，狄德罗看出了他的朋友这些年来的变化。他曾是一个出类拔萃之人，和狄德罗一样致力于无私的目标和理想，而现在他却成了王室联姻的掮客和统治者的传声筒。德皮奈夫人对格林姆的性格有着敏锐的洞察——"他也许拥有一种独特的天赋，能在不信任别人的情况下，却激发出别人对他的信任"——这种性格确保了他可以成为一个成功的朝臣和知己。[13] 狄德罗无奈地告诉纳内特，格林姆最想追求的是"充满仰慕者、荣誉和娱乐的精彩人生"[14]，哪怕是以牺牲友谊为代价。尽管狄德罗自己年轻时对这种欲望并不陌生，但他担心，随着他年纪渐长，格林姆已经成了一个陌生人。

狄德罗与格林姆、法尔科内的关系日益恶化，与之一起恶化的还有他的健康状况。自从渡过涅瓦河并饮用过河水后，在旅途中击垮他的腹绞痛就开始反反复复。十一月，为庆祝自己的命名日，叶卡捷琳娜邀请他一起前往沙皇村的皇家庄园，但那时他的腹绞痛已持续发作了颇多时日，因此，他不带一丝遗憾地谢绝了这次邀请。[15] 十二月，他的腹绞痛又再次发作，以至于卧床不起，十天都没去见叶卡捷琳娜。当他回到冬宫时，叶卡捷琳娜打趣道："狄德罗先生，距离我们上次见面，已经过去好久了呢。"[16] 事实上，直到一月份，叶卡捷琳娜还跟伏尔泰说，他们这位共同的好友健康状况仍然"很不稳定"[17]。

当狄德罗没在纳里什金的豪宅里，也没在冬宫时，他会时不时地短暂造访一下圣彼得堡。虽然对于这座城市的众多宫殿来说，他

第八章 腹痛与宪法

都是不受欢迎之人，但他发现，自己在不那么高贵的社区还是受欢迎的。有一天，这位自称"铁匠儿子"的人参观了一家铁匠铺，想想他对工匠世界的热爱，这个做法也并不奇怪。他赞美那些在火炉旁工作的人，还对叶卡捷琳娜说，火炉本身还可以做得更好一些。[18]狄德罗同意为俄罗斯著名肖像画家德米特里·莱维茨基（Dmitry Levitzky）担任模特，想想他对艺术家世界的热爱，这个做法同样也并不奇怪。与范洛（Van Loo）早些时候对狄德罗的描绘一样，莱维茨基画中的狄德罗也没有戴假发；但与范洛版本不同的是，莱维茨基画中的狄德罗没有笔、纸和桌子这些表明他身份的工具。虽然这两幅肖像画相隔不到十年，但它们似乎来自不同的时代。狄德罗在俄国时看上去疲惫不堪，有些脱发，身上穿着红袍，面带淡淡的微笑，这与在巴黎时的狄德罗几乎毫无共同之处。狄德罗曾说过，为了让他看起来比实际年龄年轻，范洛的画没有把他描绘成一个作家，而是把他描绘成了一个咧着嘴笑的调情老手[19]，但他绝不可能这样评价莱维茨基画中的自己。莱维茨基的画，以及俄罗斯的经历，使得狄德罗开始思考自己的死亡。[20]

他曾陪同叶卡捷琳娜去了斯莫尔尼学院，这不足为奇，但他还参加过帝国科学院的一次会议，因为他在十一月当选为这个庄严的学术机构的成员。在正式致辞时，狄德罗并没有发表鸿篇大论，而是向其他十几位成员提出了一长串有关西伯利亚的问题。然而，他的首次露面也成了他的最后一次露面：尽管接下来的那次会议是专门用来回答他的问卷的，但狄德罗却没有参加，而且他也没有参加随后的会议（格林姆也在那天被选入学院。在了解到即将发生的事情后，他不停地向乔芙兰夫人抱怨叶卡捷琳娜的决定，令他不得不和他的朋友分享这特殊的荣誉）。[21]狄德罗还去法尔科内和科洛的工作室访问了几次，不过，虽然他力劝他的妻子原谅这位雕刻家之前的无礼表现，但他们友谊的裂痕已经无法修复了。狄德罗给法尔科内写了一封信，称赞了他的彼得雕像，并在信的末尾意味深长地重复了两次"再见"。在落款时，他坦承："我害怕即将到来的凛冬。"[22]

冬天很快就来了。11月中旬时，结冰的涅瓦河已经变成了雪橇犬的赛场，气温也降到了零度左右。[23] 即便叶卡捷琳娜为狄德罗准备了毛皮衬里的大衣和暖手筒，她的客人也还一定觉得这天气太可怕了，他的身体太虚弱，不适宜参观游览。圣彼得堡，他已经看得够多了，得出的结论是，此地根本不适合作为俄国的首都——或者更确切地说，不适合作为叶卡捷琳娜的首都。

这座城市有个传说，当彼得大帝将他的第一任妻子尤多西娅（Eudoxia）贬黜到一个修道院后，她便诅咒了这座他从沼泽中建起的城市："圣彼得堡将空无一人！"[24] 如果狄德罗听过那个故事，那他有可能会相信尤多西娅的诅咒，在这座城市里，从宽阔的涅瓦大街到花岗石点衬的涅瓦河岸，宏伟建筑风格与寥寥无几的行人所形成的巨大落差，令狄德罗深感震撼。他坚信，尽管彼得大帝付出了巨大的努力，但这座他想建成为第二个巴黎的城市，不仅没能成为巴黎，而且也没能成为一座城市。相反，它是一个沼泽的舞台，其中遍布着成群的宫殿和成排的兵营，只有零星的商业机构和民间团体。

从纳里什金的宅邸往冬宫走的这一路，总在提醒狄德罗这种奇怪的国家状况。作为一个在欧洲首都度过了整个成年时期的人，狄德罗一定觉得圣彼得堡空荡荡的广场和风景是一种怪异而阴郁的景象。这在一定程度上解释了为什么他固执地要和叶卡捷琳娜讨论这

第八章 腹痛与宪法

个问题。除了沼泽土壤这个因素之外,他还在一次会面中,专门讨论了圣彼得堡不适合承担首都职责的其他地理因素。一句话,把首都设在帝国的最边缘是不合理的。这违反了常理,不利于有效的统治。狄德罗认为,首都就像心脏:只有当一个国家的商业血管和社会血管与维系它们存在的心脏距离相等时,它们才能发挥出最佳效能。因此,如果将首都设在"一个远离帝国中心的地区,那就像是一个动物的心脏长在了手指末端,或者如纳里什金先生所说的那样,胃长在了大脚趾里"。[25]

当狄德罗引用没主见的纳里什金的话时,叶卡捷琳娜也许会扬起眉头;接下来,当狄德罗引用她的话时,她也许会皱起眉头。在之前的一次讨论中,女皇告诉狄德罗,彼得建造圣彼得堡,是因为他担心莫斯科人不喜欢他,这与路易十四离开巴黎前往凡尔赛的原因没有什么不同。狄德罗接着表示,叶卡捷琳娜不必担心:"就像她爱她所有的孩子一样,她所有的孩子也爱她。"实际上,狄德罗相当于被收容在冬宫,从未离开过圣彼得堡,因此他在这个有待商榷的说法后面又加了一个理由。即统治者和被统治者之间的相互热爱,或许并不是将莫斯科恢复为帝国首都的理由,但还有气候这个问题。他指出,莫斯科比圣彼得堡更加靠南,因此气候更为宜人。[26]但事实并非如此:狄德罗再次混淆了地图与现实。莫斯科在纬度上确实比圣彼得堡偏南四度,但差异并不明显:它俩的平均气温大致相同。[27]

奇怪的是,尊重现实——狄德罗在炼铁上所体现出的这一品质,在他关注城市建设时,却变得极度缺乏。不过,他还是注意到,叶卡捷琳娜并没有被他的论据说服。女皇告诉他,将政府从圣彼得堡迁移到莫斯科,需要的不是几年,而是几十年,甚至是一个世纪。[28] 在随后的一次谈话中，狄德罗抛出了备选计划。这个计划简而言之就是，如果首都不能搬到人民所在的地方，就将人民迁到首都去。他问道，"让更多的人来充实圣彼得堡，让它充满生机和活力，将众多孤立的宫殿与民宅连在一起，从而让它的商业活动变得活跃"，这难道不可能吗？[29]

但是，即使是女皇，要完成这个提议，尤其是她如果按照狄德罗的建议草率进行的话，一定会举步维艰。他建议叶卡捷琳娜将自由归还给这个国家的手工业者——"各种各样的工人，例如修车匠、木匠、泥瓦匠和制绳匠，像巴黎的那些工种一样。"当然，与巴黎同行不一样的是，俄国的手工业者是农奴，被束缚在俄国主人的田庄里。但是请想象一下，他建议道，这些劳动力中所蕴含着的巨大文明潜力。如果将他们迁往圣彼得堡，他们就会形成类似于法国的"第三阶层"，使首都变成人口更加稠密且更加活跃的地方。在另一份备忘录中，他再次强调了这个主题："我不喜欢人们四零八散，我也不喜欢被孤立的宫殿。"[30] 有些时候，狄德罗会用地质学来强调他的这一观点："当石头的棱角相互摩擦时，它们就会变得圆润、光亮。"[31] 也有一些时候，他会借助社会学来强调，认为人与人之间的接触越多，美德就会越多："距离相近的人会紧密地联系在一起，而相互之间的交流会使他们变得文明。"[32]

然而，所有的这些转变都隐含着一股既仁慈又强横的力量——这股力量要强大到足以将全部城镇连根拔起，而后移往他处。事实上，狄德罗是在力劝叶卡捷琳娜在"俄国中部"引入一个瑞士殖民地。这些"非常自由之人"虽被安置于这片陌生而封建的土地上，但"他们的自由特权会被保留"。这个过程虽缓慢但确定，他坚称，这些"宝贵的酵母"会让其周围的人达到和他们一样的水平："他们独特的品质将传播开来,成为一种普遍的品质。"[33]如果叶卡捷琳娜不希望瑞士工匠影响到俄国的中心地带,那她就应该在这些城市中建起成排的街道。他问道,建完街道后,叶卡捷琳娜应该做什么?"建更多的街道。"[34]显然,狄德罗的目标实现完全依赖于一只强有力的手。而且毫不夸张地说,这只手要做的,就是逼迫。狄德罗劝叶卡捷琳娜将她的臣民强行聚在一起。"把他们紧紧压在一起"——或许他会将手伸过隔着他和叶卡捷琳娜的桌子,并握起了拳头——"这样一来,你就会拥有一个帝国。"[35]从根本上来说,狄德罗想要培育俄国人,就像欧若想要培育塔希提人那样;但与欧若不同的是,狄德罗想在圣彼得堡培育他们——实际上,如果有必要的话,他想把他们迁移到圣彼得堡。他不能指望火山爆发或海啸将大量人口转移到需要的地方,因此,他想借助独裁者的巨大力量。

然而,这种力量也令狄德罗感到恐惧。虽然它们加速了文明的早期进程,但也对文明的后期发展产生了威胁。对于一个国家的福祉来说,城市街道的建设和手工艺的发展非常重要,但需要法律来让它们维持下去。在狄德罗的第一份备忘录中,专门探讨了事实上不受法律约束的法国君主制,从那时起,他就呼吁叶卡捷琳娜要遵守法律。"从一个时代进入下一个时代,法律的来源"[36]必须是国家,而不是统治者。叶卡捷琳娜的最大成就不是艺术品的收集,也不是领土的扩张,而是让国民和她自己都遵守同一部法典。"可以确定的是,她能做的最好的事情,就是建立起持久的法律体系,而这些法律将对未来的独裁者形成不可逾越的权威。"[37]

虽然狄德罗对法律至上的主张是无可非议的,但他从这一主张中梳理出的结论却令人不安。他警告叶卡捷琳娜,即使是最开明的专制统治,也是有害的。如果法律只能约束人民,而不能约束独裁者,那么无论这个独裁者是多么仁慈,她也还是一个独裁者。他继续说道,事实上,开明专制存在着一种反常的逻辑:其统治风格越是具有怜悯之心,就越会造成灾难性的后果。一个性情好的独裁者,不可避免地会让国民接受他那种根本不受法律制约的统治方式。他断言,这样的君主"会让尊敬并爱戴统治者成为国民的常态,而不顾他们具体的性格差异"。这样的统治进而会"剥夺国民的思考权,想要或不想要的权利,以及反对的权利——即使这些思考和反对是对统治有利的"[38]。它会使公民沦为奴才,对统治者卑躬屈膝,就像拉摩的侄儿对他的主顾那样。狄德罗还对这个悖论做了进一步的解释,他对叶卡捷琳娜说,如果英格兰被"三个像伊丽莎白那样的君主统治过,英格兰就会被奴役几个世纪",而女皇则回答说:"我相信这一点。"[39]

为了证明自己的观点,狄德罗从叶卡捷琳娜的"祈祷书"——《论法的精神》中引用了一段文字。正如所料,狄德罗对孟德斯鸠的态度是复杂的——孟德斯鸠和他的书都已经成为一座丰碑。在编撰《百科全书》的早期,狄德罗曾找到孟德斯鸠,厚着脸皮请他撰写"民主"和"专制"这两个词条。这位杰出但胆怯的老人没有答应这个请求,转而就"品味"这个词条写了一些零碎的文字。孟德斯鸠用一些无足轻重的,关于品味的文字敷衍了狄德罗,使他未能成功地攻克这道文学难题。孟德斯鸠在1755年去世,这使得执着的狄德罗无法再提出更多的要求,但这并没能阻止这位大胆的编辑将《论法的精神》变成文学上的特洛伊木马。狄德罗不仅用它作为在政治理论写作中,一些颇具争议的章节的掩护,而且还把孟德斯鸠的葬礼变成了一根敲打王室的棍棒。在一篇"折中主义"专题论文的文末,狄德罗突然对读者说:"1755年2月11日,我写下了

第八章　腹痛与宪法　　　　　　　　　　　　　　　　　　　　　　／181

这些反思，此时的我刚从这个时代最伟大之人的葬礼上归来，我为国家和文学界的损失感到极度沮丧，我为他已知的迫害感到烦恼。"狄德罗叹息道："王权和神权的敌意，就孟德斯鸠——这位为法国带来了荣誉，为世界做出了重要贡献的人，所得到的凄凉回报。"[40]

因此，狄德罗在主张立宪制时谋求了孟德斯鸠男爵的帮助。一方面，这两人的联合是合乎情理的。毕竟，孟德斯鸠曾将暴君比作"路易斯安那的野蛮人"。他注意到，当暴君们想要得到水果时，"他们会把树齐根砍断，然后摘取果实。这就是专制的象征"[41]。叶卡捷琳娜会成为另一个专治的象征吗？这种危险确实存在，而这就是，或者说狄德罗坚持认为这就是，孟德斯鸠在写这些文章时，脑海里想到了这位女皇的原因。他向叶卡捷琳娜保证："孟德斯鸠写这些是为了她，并且仅仅是为了她。"[42]狄德罗反复提到孟德斯鸠的精神，不亚于他提到法律的次数，以此来暗示女皇不要辜负祈祷书的期待。孟德斯鸠的政治目标——英式宪法，如果以某种方式被引荐到俄国，叶卡捷琳娜难道不会拥抱它吗？[43]

甚至再美好一点，如果孟德斯鸠出现在冬宫，叶卡捷琳娜难道不会拥抱他本人吗？狄德罗担心自己无法胜任圣彼得堡之行所赋予的历史职责，一直坚称孟德斯鸠会做得更好。"啊，孟德斯鸠，要是你能代替我就好了！你将会如何说！她又将会如何回应！你会如何聆听！又会得到怎样的倾听！"[44]在狄德罗看来，孟德斯鸠坚决反对专制统治，这一点是毋庸置疑的。难道他会不同意恐惧是专制政府的唯一准则，而自保是其唯一目标这一观点吗？

但另一方面，就君主制下政治合法性的初始来源这个关键问题，狄德罗与孟德斯鸠的观点却是相左的。它是在统治者手中，还是在阻碍专制统治的国家中间机构手中？孟德斯鸠的回答再清楚不过了:"在君主政体中,国王是一切政治和公民权利的来源。"[45]这个回答令叶卡捷琳娜极为满意,但却令狄德罗极为不安。孟德斯鸠意识到他的定理可能会造成专制的后果,因此他还强调,君主是根据基本法律进行统治的,与独裁者不一样。不过,孟德斯鸠自己也暗示,他的主张存在瑕疵,因为他承认君主的权力与暴君的权力几乎没有什么不同。"无论君主转向何方,他都能打破平衡,从而获得胜利并赢得人们的臣服。"[46]

这一点转而成为狄德罗的爆点。早在《百科全书》的第一卷,狄德罗就反对孟德斯鸠的主张(这种做法当然无助于说服后者来撰写有关民主和专制的文章)。狄德罗在《政治权威》一文中宣称,君主的权力不是来自自然或上帝,而是来自他的臣民。"总而言之,国民是王权、政府权力和公共职权的所有者,而国王作为负责人和受托人,对此拥有使用权。"虽然狄德罗在备忘录中避免使用这种过于生硬的语言,但他却毫不掩饰自己与孟德斯鸠的分歧。君主非但不是权力的来源,还成为褊狭的源头;强权非但不是开明政府的基础,甚至还会破坏建设性政策。最终,一个至高无上的统治者会为了得到朱庇特(罗马神话中的宙斯神)式的喜悦感而出卖正义——狄德罗叹息道,这个神,统治世界的方式极为奇怪。"他被世界的骚动惊醒,打开地板上的门,并开始观察:'塞西亚在下冰雹,亚洲有瘟疫,葡萄牙火山爆发,西班牙发生叛乱,法国在遭受苦难。'说完,他就关上门,头靠着枕头睡着了。这就是我所说的统治世界的方式。"[47]作为一个不仅要努力击败土耳其军团和哥萨克叛军,而且还要努力抑制自身情感需求的君主来说,对于狄德罗的话,她能做的只能是付之一笑,笑的时候她没有扬起眉毛。

后来,叶卡捷琳娜承认,"问题是,我的内心无时无刻都不能

第八章　腹痛与宪法 / 183

没有爱。"[48] 当狄德罗到达圣彼得堡时，叶卡捷琳娜用不幸的瓦西里奇科夫进行的实验彻底失败了。女皇几乎立刻对他感到厌倦，抱怨称："我感觉快要窒息了……他是个讨厌鬼。"[49] 实际上，她只不过把他看作一个必要时随时可以牺牲的临时替代品。值得赞扬的是，瓦西里奇科夫足够敏锐，他明白自己的处境。"对她来说，我只不过是一个男妓，"他抱怨道，"就是被当作男妓来对待的。"[50]

12月，牺牲这个男妓的时候到了。令叶卡捷琳娜感到窒息的，不仅仅是瓦西里奇科夫在他们私人住所里的殷勤，还有普加乔夫在乌拉尔地区的肆意掠夺。尽管在给伏尔泰的信中，叶卡捷琳娜不屑地称这次叛乱是"有勇无谋"，但她的不安还是显而易见的。[51] 英国使者贡宁报告说，奥伦堡的起义给"女皇带来了一大堆麻烦"。[52] 此外，六年前带着乐观预期发动的对奥斯曼帝国的战争，也陷入了血腥的僵持局面。在她任期内的这一关键时刻，叶卡捷琳娜既需要极大的热情，也需要精明的建议，既需要一位眼光敏锐的顾问，也需要一位称心如意的情人。

格里戈里·波将金是符合帝王所有要求的人选。几个世纪以来，他的家族一直担任沙皇的军官和外交官，而波将金本人则雄心勃勃，英勇无畏，他很早就给叶卡捷琳娜留下了深刻的印象。1762年，皇家骑兵卫队倒戈至叶卡捷琳娜麾下，而这位勇敢的军官便是其中一员，他向大公夫人献上流苏，系在她的剑柄上，准备向彼得霍夫宫进军。后来，波将金在政府和军队中获得了一系列任命，他在战争中的表现一直很出色——他在1769年率领一个骑兵师与土耳其人作战——在和平时期亦是如此。波将金精通希腊语和拉丁语，并对宗教着迷——学生时代，他就投身于神学——成为这个庞大帝国众多宗教团体间极为重要的协调人。

波将金的赫赫功绩与叶卡捷琳娜的迫切需求，让她对他产生兴趣成了迟早的事。12月初，当波将金正在南部前线抗击土耳其人时，她终于采取了行动。"我非常希望留住热情、勇敢、聪明而灵巧的人，"她在信中写道，"所以我请求你，不要将自己置于危险中……读到这封信时，你可能会问：为什么要写这封信？对此，我的回答如下：为了让你确定我对你的心意，因为我一向对你最是亲切。"波将金不需要神学学生时期获得的解释学技巧，就可以解读叶卡捷琳娜的信件：几周之内，他就策马飞奔回了圣彼得堡。

同样是在12月，另一段亲密关系也开始有结束的迹象了。12月31日，杜兰德·德·迪斯特洛夫在写给巴黎的一份报告中，兴奋地评论道，女皇与狄德罗的会晤"一个接着一个，没完没了，而且一天比一天久"。[53] 不过，这个与王室和狄德罗都有一定距离的法国人，并不是最可信的目击者。他的说法令人更加怀疑的地方在于，在这个月的一部分时间里，叶卡捷琳娜在沙皇村庆祝自己的命名日，而狄德罗在纳里什金家里与腹绞痛作斗争。在12月底写给纳内特的一封信中，狄德罗坚决表示，或者说是过于坚决地表示，他仍然"享受着女王陛下屈尊赐予我的恩宠"。[54] 但是就在一周前在一封信中，他描述他和叶卡捷琳娜一周两次的对话时所用的是过去时，这两种说法之间如何一致起来呢？[55] 在备忘录合集的扉页上，狄德罗签署的日期是"12月3日"，这或许更能说明问题。事情是否可能像亚瑟·威尔逊（Arthur Wilson）所说的那样，狄德罗"自己意识到，在那个日期之后，他们的对话已经不具备改变政策的性质了"。[56]

狄德罗很明白，对于叶卡捷琳娜来说，施予同样的恩惠并不意味着同等的上心。就这一点而言，他本可以告诉朋友们，当叶卡

第八章 腹痛与宪法

捷琳娜称赞她这位客人（狄德罗）的"非凡"风采时（她经常这样做），很可能意味着她认为他的谈话很迷人，但并不令人信服。不过，即使他不能让叶卡捷琳娜的统治从头到尾焕然一新，也并不意味着他放弃了改变某些局部的希望。这在一定程度上解释了，为什么他有几份备忘录专注的是教育问题，而不是法律或政治问题。他和叶卡捷琳娜一起访问斯莫尔尼学院，女王由衷地关心年轻学生们的教育和幸福，这给他留下了深刻的印象。他真诚地认为，尽管安吉莉卡拥有最慈爱的母亲和最关心她的父亲，但和斯莫尔尼学院的女孩相比，她得到的培养"更为严格，却不那么细致"[57]（另一方面，狄德罗高度称赞了曾经教过安吉莉卡的比赫隆小姐，并劝说叶卡捷琳娜在斯莫尔尼学院引入人体解剖学课程）。[58]

叶卡捷琳娜对于教育的热爱造就了斯莫尔尼学院，这所学院也是她对于启蒙事业所做的最长久的贡献之一。这是意料之中的；与其他载体相比，教育更能够灌输彼得·盖伊（Peter Gay）所说的"启蒙逻辑"——也就是说，即使大多数男女还没有能力自治，"他们也必须为此做好准备"[59]。教育是造就一个民族的手段——至少能造就一个与君主制或共和制相匹配的民族。女皇说过，教育的目标是"造就理想的人和完美的公民"。[60]正如叶卡捷琳娜的导师孟德斯鸠男爵所宣称的那样，专制指挥让教育毫无意义。"（专治下的）教育为什么要煞费苦心地培养一个与公众共疾苦的好公民呢？"[61]的确，《指导书》只是简略地提及了教育。这种漠视反映了叶卡捷琳娜的担心，"在以教育为目标的建筑物内让众人接受教育"，这项任务超过了这个政府的能力，至少在短期内，无法创建必要的学校系统。虽然如此，立法委员会还是设立了一个特别委员会来准备这个系统。[62]不过，和立法委员会发起的大多数项目一样，这个特别委员会也没能到达终点。最终报告从未提交，而该委员会也于 1771 年解散。

但是叶卡捷琳娜还通过其他方式来推行教育改革。在掌权后不久，她任命别茨基将军为她的教育政策顾问。尽管别茨基的政治对手觉得他令人讨厌，但他和他的雇主一样，不知疲倦地追逐着文明。他很快发布了《男女青年教育总体计划》，这份文件更注重的是培养公民，而不是科学家。课堂上要避免体罚，是该计划中反复出现的主题之一。计划中有一句话很可能是叶卡捷琳娜写的："不允许效仿那些愚蠢而野蛮的教师所做出的残酷惩罚，因为这样的惩罚会让孩子感到羞耻和侮辱。"[63]

斯莫尔尼学院之行让狄德罗激动不已，他敦促叶卡捷琳娜在这一成果的基础上再接再厉——或者更准确地说，是扩展这一成果。他请求女皇不单要让出身高贵的孩子接受教育，还要关注她的其他臣民。"一位母亲，如果对自己的一些孩子很温柔，"他说，"那她当然不想在其他孩子面前表现得像一个刻薄的继母。"[64] 通过这个大胆的（如果不是鲁莽的话）比喻，狄德罗得出一个直白的论断，那就是，所有在艺术和科学领域有所成就之人，几乎都是平民。他认为，出身的卑微和年少时的艰辛，会促使人们在一个充满敌意的无情世界中脱颖而出。因此，"在所有帝国中，艰苦的社会环境都是考验人们风度、学识、才能以及国家荣誉感的地方"[65]。正如狄德罗从别茨基那里了解到的那样，俄国的社会情况要比欧洲大多数地方都要艰苦。叶卡捷琳娜登基时，由教区牧师所负责的小学教育相当随意，有二十多所文法学校教授着 6000 多名学生。[66] 至于这些学校的效果，可以想想别茨基在教育规划中谴责教学实践所占据的大量篇幅，体罚在这里似乎已经成了一种常见的教学手段。

第八章 腹痛与宪法

十年后狄德罗到访时，国家教育体系的建设进展甚微。君士坦丁堡之战导致财政和政治花费不断攀升，因此，叶卡捷琳娜政府既没有钱也没有动力来进行教育改革。实际上，这将会形成第二个战场，这个战场上的敌人将是宗教蒙昧主义和官僚保守主义。叶卡捷琳娜的教育理念与俄国的严酷现实之间形成的鲜明对比——别茨基的周遭环境让狄德罗认清了这一点——肯定引起了这位哲学家的注意。他告诫叶卡捷琳娜，如果没有全国性的教育体系，才能和美德都不会得到回报，俄国将陷入平庸和苦难的泥潭。[67] 他警告称，这一后果将是灾难性的。狄德罗打了个比方，这个比方听起来或许和恶毒的继母一样刺耳，他将叶卡捷琳娜的政变比作一场地震，它让俄罗斯人陷入了一种不确定和不安的状态。因此，叶卡捷琳娜需要让她的臣民明白，这一切只是希望他们能够幸福，她可以借助于"促进公共教育"这一实质性内容支撑她的上述观点。[68]

国民教育体系的基础是理性的培养、知识的传授和公民意识的激发，但狄德罗或许是未能把握，或许是选择性地忽略了这一体系带来的后果。叶卡捷琳娜统治下的俄国是一个专制主义国家，对于这样的国家来说，狄德罗代表着一种瘟疫，而他却自封是这场瘟疫的解药。知识的民主化迟早会导致社会和政治的民主化，这几乎无法避免的。这些都没有让叶卡捷琳娜感到惊讶。毕竟，她当时正在考虑一部俄国版的《百科全书》，并且她完全意识到，这部作品的目标和狄德罗的教育目标一样，不仅是要改变民众的思维方式，而且要让平民加入到启蒙运动的行列中来。但对于女皇而言，所有这一切，往好了说是无关紧要，往坏了说是惹人烦恼，而当她的统治进入到第十个年头时，她最关心的不是巩固宪法，而是巩固保罗的继承权。

虽然我们不知道狄德罗陈述其备忘录的顺序，但我们知道，即使在面对令人生畏的挑战时，狄德罗也和他笔下的雅克一样顽固。不难想象，直到最后，这位哲学家都还在继续推进他最所喜欢的议题：法律至上。虽然他来访的一个重要原因，是对叶卡捷琳娜的慷慨表达感激之情，但他真正的目的是想让她成为开明统治的典范。为了表达感激之情，还有什么方式能比帮她塑造自己的雕像更好呢？这座雕像将牢牢地安置于法律的底座上，它会让法尔科内所塑造的彼得雕像下面的那块大石头相形见绌。他告诉纳内特，自从他到达圣彼得堡后，还没有停止过工作，这时，我们仿佛可以看到他站在一间碎石遍地的工作室里，穿着一件皮背心，敲打着一块巨大的大理石，他心目中的叶卡捷琳娜形象呼之欲出。狄德罗对法尔科内的彼得雕像的预言，也是他对自己所塑造的叶卡捷琳娜雕像的期待："他将成就伟业，他将载誉而归！"[69]

但是狄德罗的雕塑工具与法尔科内的不同：他用的不是锤子和凿子，而是他的意见和理性。在11月的一次重要谈话中，他使用这些工具的技巧让人惊叹。那时候，叶卡捷琳娜和狄德罗已经有过几次会面，彼此也有了一定的了解。[70]狄德罗发现，在过去的那些会面中，他说的是自己的意见。但是，现在，他要像一个古代的吟游诗人那样，把自己仅仅作为绝妙灵感的载体。但他的灵感不是诗歌，而是理性。他告诉叶卡捷琳娜，他将成为"一个被动的理性声音"——一种带着警示的声音。[71]为将启蒙理想引入俄国，她做出了努力，对此理性一面表示赞赏，一面也宣称，如果这些努力不被编成法典，就注定要失败。"仅仅创造是不够的，"狄德罗吟诵道，"还必须让你的创造维持原貌。"[72]法律的制定，其实就相当于用黏土塑造一个模型。雕塑家用凿子将他的想象转化为不朽之物，而立法者则是用理性来让法律成为永恒。理性要求立法者必须遵守她所制定的法律。立法者"必须尊重法律"，而她创建的独立机构将致力于捍卫这些法律的完整性，从而确保这一点的实现。他警告称，"如果统治者自己破坏了其中的一条法律"，那整座大厦都将倾覆。[73]

在备忘录的最后，狄德罗从理性之声变换到了叶卡捷琳娜之声。一个真正开明的统治者不仅要受制于法律，还要受制于她的话语。他大声说道，如果叶卡捷琳娜尝试无视其早期的声明，然后又宣布她不会无视那些声明，那将是多么了不起啊。"我郑重承诺，我不会让我的臣民对我的话语产生怀疑。"[74] 这有没有可能是狄德罗在警告叶卡捷琳娜，不要违背《指导书》中的承诺？或者更宽泛一点，是在劝告她不要辜负了她的统治在哲学家眼中的远大前程？至少在这次谈话中，他拒绝重复他在先前讨论中所做的事——那就是，每当宣告一个真理时，都把自己贬低成一个不负责任的梦想家或口吃的傻瓜——这是非常重要的。这一次的真理朴实无华。

第九章　未被采纳的路径

> 傻瓜是最合适上流社会的。长久以来,国王一直在任命小丑,却从来没有任命过一个圣贤。
>
> ——《拉摩的侄儿》

新年伊始,深受腹绞痛折磨的狄德罗,很少冒险离开他的避难所——纳里什金的家。不过,即使在那里,突发的阵痛也会迫使他放下手中的鹅毛笔,从书桌前缓慢地走到床边。毫无疑问,其中的一次发作导致狄德罗终止了军校学员教育备忘录的写作。潦草地结尾后,她告诉叶卡捷琳娜,他已虚弱得无法再继续下去了。"请允许我向女皇陛下道声晚安,然后就离开吧,因为我非常需要休息。"[1]

尽管如此,狄德罗还是在坚持尽其所能地搜集一切关于俄国的资料。"我正在尽一切努力,"狄德罗向纳内特保证道,"在这里自学。"[2] 但是,障碍相当多。即使这位带病的法国人逃离冰封的圣彼得堡去往乡村探访,并遇到了当地的居民,他也无法摆脱不懂俄语的影响。狄德罗从未能与农奴——这个他最关心的社会阶层中的代表有过任何交谈。同样不便的影响还有,他对这个国家的了解只能完全依赖为数不多的几个渠道——其中当然包括别茨基和他那一小群不得志的人,以及少数法国侨民。总的来说,他从这些人中了解到的是,他们对自己雇主的统治不再抱有幻想。

第九章　未被采纳的路径

事实上，叶卡捷琳娜发现她所邀请的客人在质问她。在纳里什金家中，狄德罗伏案编写出一份关于俄罗斯经济状况的详细问卷，然后交给了女皇。她很快就做出了回复，从这些回复中可以看出：从物权法到大黄种植，这一系列晦涩难懂的事情她都懂。有些时候，她不知道实际情况，但总是表现得很有才华。叶卡捷琳娜承认自己不知道俄国每年的谷物产量或牛肉出口量——"我不知道，"她会立即告诉狄德罗——然后用一句妙语转移了其他问题。当狄德罗问她俄国是否有兽医学校时，她回答说："上帝保佑我们不需要它们。"当狄德罗追问她关于木材工业的一般规定时，她叹了口气："很少，而且也很少被遵守。"[3]

当狄德罗勉强可以离开床榻时，他便和一小群法国侨民进行交往，狄德罗特别温暖地提到了尼古拉斯-加布里埃尔·克莱克（Nicolas-Gabriel Clerc），觉得和这位军医"相当合拍"，还提到了在斯莫尔尼学院接受过教育的索菲·德·拉·丰特夫人（Mme Sophie de la Font）以及她的女儿威廉明妮（Wilhelmine），除此之外，他还和别茨基的圈子有交往。[4]但这些圈子的排他性，又令狄德罗感到孤立，这使得他在冬宫内外都要面临同样严苛的氛围。一月份，宫廷上下都在传阅一篇评论，其点评的对象是一版未经授权的狄德罗文集。尽管这篇评论没有署名，但作者貌似是腓特烈，此时他还在为狄德罗早前让马车拐弯，远离柏林一事耿耿于怀。他痛斥狄德罗的戏剧，嗤之以鼻地说，它们"不是为了表演而写的，也根本不适合阅读"——第一个说法并不准确，而第二个则令人反感——并且还嘲笑了他早期的哲学论文《对解释自然的思考》，认为里面充斥着"极端的胡言乱语"。[5]

更荒谬的是，尽管如此，腓特烈还期待在格林姆的牵线下，狄德罗能在返回巴黎时赏脸拜访他一下。随着思乡之情日益加深，狄德罗开始计划返回巴黎的行程。他决定与格林姆同行，但也同时决定不在柏林逗留。一边是对狄德罗真挚的情谊，一边是亏欠腓特烈的人情，格林姆被这两头撕扯，似乎没有什么方案可以解决这个困境。"我对德尼的计划感到非常尴尬，"年底时他向内斯尔罗德坦承道，"你可以想象，我最不愿意做的事就是取消柏林之行，但德尼最不愿意做的事就是前往柏林。"⁶ 两天后，格林姆再次劝说狄德罗重新考虑，但结果令人沮丧，他向内斯尔罗德汇报道："对于德尼，我已经绝望了。他完全不想路过柏林，为此我感到沮丧，为他，也为我自己。"两周后，也就是一月中旬，这位老练的外交家承认这一计划失败："我认为德尼不会和先知 [即格林姆] 一起旅行，而先知也不会和德尼一起旅行，这让他俩都非常烦恼。"⁷

伤透脑筋的不只有格林姆和狄德罗。1774 年年初，叶卡捷琳娜王位所受到的威胁与日俱增，这些威胁既有来自帝国边境地区，也有来自帝国核心区域。一月份，她得知了一个不可思议的阴谋——要迫使她和儿子保罗分享权力。策划这一阴谋的是一个叫卡斯帕·冯·萨尔登（Caspar von Saldern）的德国独立外交官，阴谋被发现后，他逃离了俄国，而他幻想中的计划也以失败告终。但这样的计划居然被制订出来，而且保罗本人显然也幼稚地参与共谋，这令叶卡捷琳娜愤怒不已，因此她发誓要将萨尔登"五花大绑，然后带回俄国"接受审判。⁸ 尽管她的誓言没有兑现，但叶卡捷琳娜意识到，无论是在乌拉尔地区的寒冷草原上，还是冬宫的廊前檐下，她的生命和她的统治所面临的威胁都将继续。普加乔夫的叛乱无法平息，近卫军内部动乱的谣言无法确定，与瓦西里奇科夫的关系不甚愉悦，这一切让叶卡捷琳娜几乎无暇顾及她的巴黎客人。事实上，

第九章　未被采纳的路径

像贡宁这样细心的观察者已经察觉到了她越来越烦乱迹象："女皇的脾气近来变化很大；她没有表现出人们一贯认为的那种和蔼可亲的样子。"[9]

从一月初到三月初，也就是在他逗留的最后两个月里，狄德罗没有提到女皇的殷勤程度有所下降。这种默不做声，并不是因为他不能像贡宁那样，清楚地领会女皇的情绪，而是因为他几乎就见不着女皇。就算他们见面交谈，狄德罗的大体感觉也是白费工夫。或许是出于这个原因，在他最后的备忘录中——完全不清楚它是否用在了冬宫的对话中——狄德罗为自己"鲁莽轻率"的行为做出了近乎卑微的道歉，但也坚持为自己从去年十月份以来所主张的理念进行温和的辩解。一方面，他为自己"政治上的莽撞"请求"一千次原谅"，但另一方面，他坚称自己既没有"不诚实，也没有恶意"。的确，他只不过是一个"旁观者，想用自己微不足道的头脑去治理一个伟大的帝国"。[10]尽管如此，他还是请求得到原谅，哪怕只是因为他的言论完全是源自想要帮助女皇的真诚愿望。在结尾处，狄德罗似乎是有意呼应了叶卡捷琳娜的那句评论，即，他有时看起来像一百岁，但有时又像一个十岁的孩子。他承认，他和"其他任何哲学家一样，就是一个对重要问题喋喋不休的孩子"。[11]狄德罗很中意这句话，抑或是他认为叶卡捷琳娜会中意这句话，于是在离开前，用拉丁语把这句话刻在了备忘录合集的扉页上，并将合集送给了叶卡捷琳娜。[12]

狄德罗现在明白了，他与叶卡捷琳娜的对话就是为朋友们的闲谈、敌人的嘲笑，以及外交官们的猜测提供素材而已，除此之外，别无他用。这也就解释了为什么他陷入了懒散的状态，既不愿同他在圣彼得堡的小圈子交往，也不愿同他在巴黎的家人和朋友通信。

狄德罗对新结识的克里翁伯爵（Comte de Crillon）透露，自己已经完全不写信了。遥远的距离和日益加深的沮丧感挫败了他。"我离朋友太远了，没法和他们聊天，尽管我已经尝试过不下二十次。除了告诉他们，'家人和朋友们，我想离开，我想离开'，我就没什么可写的了。"[13]

此外，狄德罗也没什么可与叶卡捷琳娜说的了——除了再次表达他的感激之外。女皇已经开始为狄德罗的返程做安排，给他准备了一辆新马车——一辆精致的"英式四轮马车"，可以让这位虚弱的乘客躺下，但很快便证明了，这辆车的设计并不适合布满车辙，且已经结冰的道路——还安排了一位忠诚可靠的随从，亚塔那修·巴拉（Athanasius Bala）一直陪他到达荷兰。狄德罗担心：叶卡捷琳娜打算赠予他的大量金钱和礼物会损害他在同行面前想要表现出的那种刚正不阿、两袖清风的形象，所以他要求只需给他一些旅行费用即可。二月中旬，狄德罗回到阔别多日的冬宫参见叶卡捷琳娜，他们都知道这很可能是他们的最后一次见面了。随后，他们进行了一次奇怪而深刻的交流，谈及的不仅有对彼此的感想，还有对后世如何评价他们的预测。在问候过这位哲学家后，叶卡捷琳娜问他自己还可以为他做什么。作为对这个高高在上的姿态的回应，狄德罗又来了一次出人意料的举动。他展开了一份文件，并称之为"一位伟大的君主和一位哲学家之间的和平条约"。女皇感到既有趣又惊讶，而当她被要求在文本上签字时，她表示无须阅读细则，但狄德罗不同意。他看了一眼交头接耳的朝臣们，然后宣布："不，夫人，我不能接受。虽然你的同行——其他国家的统治者们经常违反他们已经阅知的条约，这是事实，但还请劳驾听一下。"

叶卡捷琳娜在恼怒和期待之间左右为难，最终还是同意了；狄德罗清了清嗓子，在情节剧和喜剧之间来回切换。"第一条，"他声明自己不希望得到金钱或黄金，"我不想让别人认为我的赞扬是被收买的。"¹⁴（在后来写给索菲·沃兰的信中，狄德罗解释说，虽然他本可以"从国库中用双手装满金子，但我更愿意平息圣彼得堡的流言蜚语，让巴黎的怀疑者信服"。）¹⁵ 随着叶卡捷琳娜笑逐颜开，狄德罗转向了第二条，请求补偿他的旅行费用。但是不要比实际花费多出一个卢布："一个哲学家，"狄德罗宣称，"不会像贵族那样旅行。"¹⁶ 叶卡捷琳娜高兴地给了他 3000 卢布——这远远超过了这次旅行的实际花费，而且是一笔纯收益，因为叶卡捷琳娜已经提供了马车和随从。最后，条款三提议，狄德罗从叶卡捷琳娜那里得到一件此次访问的纪念品。但是，这个纪念品不能是奢华贵重的物品，而应该是一件狄德罗可以将它与叶卡捷琳娜联系在一起的日常用品。他停止宣读"条约"，抬起头，建议选择女皇的早餐杯碟。

叶卡捷琳娜再一次表现出，她比她的客人更加务实。她拒绝了这个建议：在返回法国的长途跋涉中，这样的礼物太容易破碎。而后，将一枚刻有她肖像的宝石戒指从手指上摘下，取而代之。"将这作为信物吧。"她既是在对这位客人说，也是在向整个宫廷宣布。¹⁷ 狄德罗无法要求更多了，而他也没有再提要求：他的沉默堪称典范。他完成了他一直珍视的那种正人君子的场面——观众不会错过的一幕景象。格林姆向内斯尔罗德讲述了这次交流，并且感叹不已："多么迷人的女人，多么伟大的男人。"¹⁸

狄德罗明白，没有必要再返场了——至少不需要亲自现身了。2 月 22 日，在动身前两周，他起草了一封给叶卡捷琳娜的告别信。在狄德罗的请求下，格林姆阅读了草稿，并且欣慰地发现，他的朋友表现出了一种不太一样的伟大——那就是，一位傲慢的思想家，因为皇帝而降低了自己的身段。狄德罗解释说，如果他亲自现身的话，叶卡捷琳娜会因看到他情绪激动而感到烦恼，而写信就可以避免这种烦恼。他强调，离开她就像去年离开自己的家人一样，令他痛苦不已。但是他宣称，向全世界——或者更准确地说，是向巴黎歌颂叶卡捷琳娜会抚慰这离别之痛。"我告诉自己，如果你再也见不到这位伟大的君主，那么至少应该为能够经常提起她而感到心满意足。想到这一点时，我的痛苦似乎有所缓解。"[19]

在评价他的东道主时，狄德罗提到叶卡捷琳娜愿意把自己降低到和他一样的地位。"为了让我忘却自己的渺小，陛下忽略了我们身份上的巨大鸿沟……那些时刻我此生都将铭记，"[20] 狄德罗对他的死敌腓特烈进行攻击，其中一些攻击有点令人尴尬——"如果我们知道腓特烈们是从哪里孵出来的，一个好人就将去敲碎那里所有的蛋，然后把所有的腓特烈换上叶卡捷琳娜。"——然后，狄德罗再一次为"他那些挑战了陛下耐心的顽固不化"而道歉。最后，他得意扬扬地发誓，如果他对叶卡捷琳娜的赞美听起来不诚恳，他就愿意被人称作最忘恩负义之人。

但是，没过多久，这恰恰就成了叶卡捷琳娜对他的评价，尽管他在世的时候并没有听见。

在四个多月的谈话中，狄德罗在冬宫用各种各样的形式来表达他自以为是的政治观点，特别是翻来覆去地劝说叶卡捷琳娜承认法律至上。乍一看，其精彩程度可以与大卫·加里克（David Garrick）在巴黎沙龙为老顾客们所进行的表演相媲美，在那里他可以从一种情绪迅速转换到另一种情绪。当然，加里克能在几分钟之内就把这些情绪表演一遍，而狄德罗则用了几个月的时间才把它们表现出来。在这两个事例中，观众都被震撼到了；但这两个事例却又未能

第九章 未被采纳的路径

改变任何事情。在演出结束后,那些为加里克的非凡表演而喝彩的巴黎观众们,脸不红心不跳地过着一切如常的日子。而圣彼得堡的这位女皇观众,则在盛赞狄德罗的表演后,也原封不动地回到她的日常生活中去了。听完狄德罗的陈述,叶卡捷琳娜继续保持原有的统治模式。

狄德罗肯定明白,加里克取得了成功,因为他是一个完美的演员:他呈现出了莎士比亚(Shakespeare)或马洛(Marlowe)所创造的角色,他模仿他们的语言和手势,同时也始终保持着一种批判的距离。而这位哲学家却失败了,这个失败部分归因于他是一个糟糕的演员,情不自禁地将自己的情感带入到表演当中。在《论演员的矛盾》中,他问道:"我们可以想笑就笑,想哭就哭吗?"他认为答案很明显:"我们的成功程度取决于我们能在多大程度上成为加里克。"[21]因此,他一生都在练习的唯一角色——真诚的人——难以应付冬宫的演出要求。不管扮演什么角色,他仍然还是德尼·狄德罗。他从自己的著作中引述了与法律至上这一主题相关的各种说法,但这无助于解决问题。狄德罗被自己的剧本和真诚所束缚,因此他成了一个糟糕透顶的演员;他永远不会成为一个"骗子,一个可以背诵着某位作家所写的悲剧或喜剧台词,彻底玩弄你于股掌之间的骗子"。[22]因此,当狄德罗的英式马车于3月5日离开圣彼得堡时,他已经开始重新思考他的观众的性格,以及他的剧本内容。

与前一年狄德罗从荷兰到俄国那段旅程中悠闲的节奏不同,此次回程速度飞快,马不停蹄。在穿越德维纳河时,冰流差点冲毁他们的马车,旅行者们侥幸活了下来(至少狄德罗是这么描述的),而当他们到达荷兰时,身后已经留下了三个损坏的车厢。在长达一个月的航行中,狄德罗的皮大衣里面只穿着一件睡衣。后来,安吉莉卡用和她父亲类似的夸张口吻写道:"他不会为了睡觉或吃饭而停止向前。他把他的马车当成一座房子。"[23] 尽管如此,狄德罗还是在汉堡停留了一段时间,为的是与汉堡著名的作曲家卡尔·菲利普·伊曼纽尔·巴赫(Carl Philipp Emmanuel Bach)取得联系,他是伟大作曲家——巴赫的众多后裔之一。他向这位乐队指挥解释说,他本想亲自前去拜访,但因为他只有一件睡袍可穿,所以还是决定不去了。不过,狄德罗还是念着安吉莉卡,于是便询问是否可以向他购买几首钢琴奏鸣曲的乐谱。但他补充说,价钱必须合理。"我的名声,"写信人解释道,"大过我的财富,不幸的是,我和大多数天才所拥有的财富是一致的,却没有和他们一样的名声。"[24]

4月5日,他到达了戈利岑位于海牙的家中,这位精疲力竭的旅行者进入了一段冬眠期。连着好几天,狄德罗除了与主人一起用餐时会离开他的房间,其余时间几乎都在一直睡觉。他坚持说这次旅行并不累,但他身上明显留有疲惫的印迹。狄德罗回到了荷兰——这片他珍爱的"自由之地",但他却没有恢复到从前的自己;人们经常谈论起他,因为此时他已很少在公众集会上讲话。这位以合群著称的哲学家,成为人们谈资的主要原因却是人们很少见到他。法国使者报告称:"人们几乎感觉不到他在海牙的存在。哪儿都见不着他。"[25]

当狄德罗慢慢地从隐居状态中走出来时,他行为举止的转变让观察家们感到困惑。那个容易激动,几乎热衷于并敢于表达一切激进观点的思想家消失了,取而代之的是一个缺乏自信,明显上了年纪的老人。照一位荷兰学者的说法,狄德罗现在"在社会群体中非常保守,小心地避免谈论宗教和其他与神有关的话题"。[26] 狄德罗的哲学对手——赫姆斯特赫斯,也对他性格的转变感到不可思议,竟不可思议地坚持认为这位法国人一直是一个悲伤而压抑的人："欢乐从未在那个忧郁的灵魂里停留过半刻。"[27]

巴达维亚的苏格拉底彻底误解了狄德罗的性格，正如他彻底误解了斯宾诺莎的作品一样。没有什么比狄德罗对欢乐一无所知这种说法更有悖事实的了。不管怎样，反正赫姆斯特赫斯看到狄德罗变化后的行为举止；这个巴黎人显得更加严肃，更加深沉了。狄德罗对自己和世界的理解似乎都笼罩在阴影之中。如果真是这样的话，这些变化是叶卡捷琳娜造成的，她不仅统治着俄国，而且还掌控着狄德罗的大部分未来。这个未来不仅涉及公共层面和政治层面，也涉及个人层面和物质层面。

在圣彼得堡的时候，叶卡捷琳娜提醒狄德罗，他曾经建议她出版一部新的《百科全书》。狄德罗担任编辑，叶卡捷琳娜担任出资人，而这个项目将满足他们双方的需求。狄德罗忍受了近十年的创伤也能因此得到治愈。在1764年，《百科全书》的出版商安德烈·布勒东做了一件永远无法弥补的事情。因为担心审查人员会再次扣押这部作品并有损他的投资，布勒东将这部作品最后十卷中几十个有争议的段落进行了删除。当狄德罗发现这件事时，他震惊了，但已经于事无补：当他带着自己发现的东西去质问布勒东时，他得知编辑已经销毁了校样。这个深受打击之人回到了家中，提笔给布勒东写了一封信："我愤怒地哭泣，在你面前……在我的妻子、孩子和仆人面前……这一伤害将永远伴随着我，直到死去。"

在俄国短暂停留期间，这道创伤似乎将会随着《百科全书》修订版的出版而愈合。此外，第二个版本将会打消他长期以来对家庭经济状况的担忧。狄德罗兴奋地告诉纳内特，作为这部作品的编辑，他可以得到20万法郎的预付款。有了这笔意外之财，他们就可以离开塔兰内街那间狭小的房子了。狄德罗叮嘱纳内特要着手寻找一间更加宽敞、设施更好的公寓，并且兴高采烈地表示，这部《百科全书》"会有价值的，不会让我心痛"。[28]

然而，心痛却紧随其后。叶卡捷琳娜委派别茨基负责合同谈判，但沮丧的狄德罗告诉叶卡捷琳娜，这位老人仍然"在行和不行之间摇摆不定"，甚至在他收拾行李准备回巴黎的时候也是如此。[29] 狄德罗无法和他敲定协议，于是就用告别信来提醒叶卡捷琳娜，他正等着为她"建造这座金字塔"。尽管狄德罗用了些策略，但他却永远建造不了这座金字塔了。最终，别茨基的闪烁其词有可能已经反映出，叶卡捷琳娜对于这个项目信心不足，甚至是漠不关心的态度了。自从她提出出版《百科全书》以来，国内外发生了这么多的事情，而她早先的动机——尤其是渴望赢得知识界的尊敬——已经不再要紧了。狄德罗的圣彼得堡之行难道还不够她作为已赢得这种尊敬的证据吗？

狄德罗不愿意接受这些转变，一再推迟返回巴黎的时间。6月份，他向别茨基发出了一连串的问询，并迂回地表示，尽管"我的妻子、我的孩子和我的朋友在哭喊"，但他仍在荷兰坚守岗位，为《百科全书》搜集人手和材料。[30] 由于没有得到肯定的答复，垂头丧气的狄德罗向索菲承诺，他正在尽一切可能返回巴黎，让金钱见鬼去。[31] 但是，希望还未完全破灭，狄德罗继续在荷兰磨蹭。8月初，狄德罗向纳内特和安吉莉卡保证，他"即将离开"荷兰——一个月后，他又重复了这一保证，允诺说他回归的日子"不远了"。[32]

与此同时，狄德罗还在准备着另一场特别的回归。狄德罗对家人做出承诺后不久，他给叶卡捷琳娜写了一封很长的信。这封信表面上是就7月23日俄罗斯和土耳其间签署和平条约一事向她表示

第九章　未被采纳的路径

祝贺。"多么伟大的和平！多么光荣的和平！"狄德罗大声宣告。对他来说，和平的意义并没有消失：一场旷日持久、代价高昂的战争结束了，俄罗斯军事和政治统治的新阶段开始了。该条约让俄国在克里米亚和黑海地区的陆地与海洋建立强大的驻军，也为我们这个时代爆发血腥的领土争端埋下了隐患。因此，他写给叶卡捷琳娜的这句话——"您最优秀、最热心的臣民听到这个消息，也不会比我更为由衷地高兴"——也就当属意料之中了。[33]

不过，对于这位刚刚离开俄国的客人，叶卡捷琳娜已经学会了要听言外之意。她知道狄德罗不会像伏尔泰那样，仅仅满足于为她的军事才能唱赞歌。她发现，狄德罗并不是对女皇无比热忱，而是对他所希望她成为的那个典范形象无比热忱，这个发现是对的。为了达到自己的目的，他立即陈述了他感到高兴的原因，以及叶卡捷琳娜的胜利无比光荣的原因。但狄德罗警告说，虽然军事胜利造就了辉煌的统治，但却不能造就一个幸福的民族。"随着理性的加深，我们的赞赏将留给道德天使，而不是留给恺撒和亚历山那样的人。我们发现造就人比杀死人更加光荣。"[34] 军事征服最多就是实现开明政治的一种手段；而在最糟糕的情况下，它们自身会成为目的。他提醒叶卡捷琳娜："您有一个年轻的国家需要塑造。"

诚然，这项任务非常艰难，但并没有复兴法国这样一个古老的国家那么艰难。狄德罗的祖国败局已定，但他的"第二故乡"仍然是一个让所有开明人士心波荡漾的地方。"愿上天，"狄德罗祈求道，"不要分散你对这项艰难任务的注意力。"[35] 但可以预见，狄德罗不愿意只寄希望于上天。因此，他决定加入这场战斗。他告诉叶卡捷琳娜，他冒昧地重读了《指导书》——而且，他"这么做的时候，还傲慢无礼地拿着鹅毛笔"[36]。叶卡捷琳娜读到这句话时，肯定皱起了眉头，或许还把手中的信丢了下来。确实，傲慢无礼。她对这部作品投入了大量的时间和希望，而且这部作品也为她赢得了开明统治者的声望，而现在，这位"最不同寻常的人"居然要对此做评注。这件事只会让她感到不安，而不是欣慰。几年后，当叶卡捷琳娜终于读到狄德罗的评注时，她那种模糊的不安感将被转化为强烈的愤怒。

在那封决定性的信件发给叶卡捷琳娜之前，狄德罗给他的仰慕者内克尔夫人写了信。内克尔夫人是一位有影响力的沙龙女主人，改革派财政部长雅克·内克尔（Jacques Necker）的妻子。内克尔想要尽快了解狄德罗在俄罗斯的经历，所以催促他尽快返回巴黎。狄德罗回复称，他没法汇报他的旅行，因为他几乎就没怎么旅行。他坦白道，他从来没有离开过圣彼得堡，并且除了女皇，他很少与人见面。从本质上来讲，狄德罗来了，什么也没见着，然后又走了。但关于他与叶卡捷琳娜的交往，狄德罗确实有一些只愿与内克尔分享的特殊见解。"在我们之间，"他开始说道，"我要指出，那些自认为了解专制主义的哲学家只是看到了冰山一角。看奥德里（Oudry）（一位以动物肖像画而闻名的艺术家）画的老虎和看森林里的老虎是完全不一样的！"[37]

狄德罗在冬宫伴着那只老虎的时光，或许是他十分迫切地想从圣彼得堡逃往海牙。在狄德罗飞速穿过那片大陆时，有四节车厢因不堪重负接连坏掉，也就是在这一路上，为了弄明白自己（在圣彼得堡）的所见所闻，他转而向塔西佗求教。这位罗马历史学家对于皇帝草率行事和元老院软弱无能的犀利描述，再次击中了狄德罗。一到海牙，他就转而将塔西佗（理论）作为总结、提炼自己俄国经历的方法。在给叶卡捷琳娜的信中，狄德罗告诉她，塔西佗重新吸

第九章　未被采纳的路径

引了他,这种吸引激励他迅速写成了一本小册子:《一位统治者对帝王史的评论》。[38] 正如最初的标题所表明的那样——这本小册子最终被重新命名为《统治者的政治原则》——这本小册子假装成是由一位君主创作的。

不过,究竟是哪一位君主,狄德罗故意没有明示。这部作品中呈现出的冷漠无情和不择手段的样子,很容易让人联想到狄德罗的死敌腓特烈二世。不过,作品中的讽刺视角,也常常会使其与狄德罗的大恩人叶卡捷琳娜二世联系在一起。作品中的一部分评论似乎只不过是对罗马时代的塔西佗理论所做脚注,剩下的那些则是狄德罗在俄国时磨砺出来的一些尖刻的格言。他写道:"就算有权势的人赐予我们见面的机会,就算他们恩准我们忽略他们的地位,我们也不能相信他们。"[39] 在写这句话的时候,他可能想到,新版《百科全书》的希望已经破灭了,而这份希望起初是叶卡捷琳娜点燃的。或许,令狄德罗感到更加痛惜的是,一件更加高尚的事情——让一个开明的统治者按照他的先进政治理想行事的希望破灭了。但是对于这个误会,除了他自己,他还能责怪谁呢?毕竟,正如他所注意到的那样,"文人是如此容易被收买:足够的热情和关注,再加上一点点金钱,就能达到目的。"[40]

从本质上说,花时间研究塔西佗理论是为《〈指导书〉评述》的写作做准备。然而,"撕裂"可能是比《评述》更准确的表达。正如一位传记作家坚称的那样,狄德罗在《评述》中朵表现出的态度远远谈不上是"温和",而是从公正突然转向了对立。[41] 这部作品具有启示意义,因为狄德罗抛弃了对开明专制残存的希望;这部作品是革命性的,因为他毫不畏缩地得出了结论。在圣彼得堡的五个月,他的革命冲动被抑制了,而在共和制的荷兰,这种冲动又重新浮现了出来。但荷兰人对专制的厌恶并不是唯一的诱因。9月3日，狄德罗在海牙写给索菲的信中提到，他最多也就"还剩十年生命"。他估计，日益增多的身体疾患会消耗他两三年的时间，因此，他仅剩七年时间来完成需要做的事情。[42]

结果证明，狄德罗是有先见之明的，1784年7月31日，即距离写信的日子还差三十六天就整十年的时候，他去世了。在《评述》这本书中，他也再次展现了自己的先见之明：他对君主政体的分析，预见到了大西洋两岸未来的革命。实际上，他的行为准则声明的开篇词是："只有国家才是真正的君主；只有人民才是真正的立法者。"两年后，另一份宣言的开篇词与之遥相呼应，它的起首是"我们合众国人民"。[43] 大约在二十五年前，狄德罗的《政治权威》一文收录在了《百科全书》第一卷中，文中也用到了同样的字句。在那个词条中，他确定了权威的两种来源形式，而审查人员却没有注意到这个词条，这实在是出乎意料。第一种的来源是由一个强大的个人，从其他人那里夺取这种权力，而第二种的来源则是"那些愿意受之约束的人一致同意，用实际合约或假设合约将这种权力赋予某个人"。

不同之处在于，二十五年后，狄德罗为通过武力索取权力的人起了一个名字。"俄国女皇，"他宣称，"无疑是一个独裁者。"狄德罗已不再是冬宫里的小丑或梦想家，他在戈利岑寂静的宅第中，化身成了一名审问者。他用毫不客气的语言对叶卡捷琳娜说话，并且明确地表示，他提出的问题只有一个正确答案。他问道："她是打算维持独裁并将其移交给继任者，还是打算放弃独裁？"如果是前者，那她可以随心所欲地对待法典，因为这样的法典不会比波将金为取悦她而去建造的"村庄"更加牢靠。但如果她真的打算放弃独

第九章　未被采纳的路径

裁，那她不仅要让自己遵守法律，还要让她的继任者遵守法律。"如果她在阅读我所写的内容或者倾听自己的良知时，她的内心能够获得快乐，那么她就不再需要奴隶了。如果她身体颤抖、感觉虚弱无力，那么她就可以算是一个比真实的她更好的人了。"[44]

狄德罗从他早期的主张中总结出了一套完整的结论，他宣布，如果人民发现他们对于平等和自由的自然权利受到统治者的威胁，那么他们就有权废黜他或她。事实上，统治者在就职宣誓时已经做出声明，当这些权利受到侵犯时，人民甚至有权"在必要情况下，判处我们死刑"。[45] 如果执行死刑需要用肠子来勒死任性的统治者，那么狄德罗一定会建议用距离最近的那个牧师的肠子。对于叶卡捷琳娜援引宗教为其法典进行辩护的行为，狄德罗进行了严厉批评。此外，狄德罗还顺带着猛烈抨击了孟德斯鸠，因为他在《论法的精神》中也做了完全一样的事。这样的举动是让法治成为狂热统治的挟持物的冒险行为。"我不喜欢对那些以万能的上帝之名说话的人给予关注和体谅。宗教信仰终归会让它所支撑的建筑垮塌。"[46] 在私下谈话时对宗教持怀疑态度的统治者，怎么会支持甚至培育宗教在公共机构中担当重要角色呢？狄德罗感叹道："任何一个对世上所有宗教持公正态度的理智之人，都能看出来它们纯粹是无稽之谈。"因此，他敦促这个拥有非凡智慧的女人要"尽可能地镇压这一谎言体系，因为这一体系会压制你"。[47]

对于《指导书》中的关键段落，狄德罗同样进行了尖锐批评。他猛烈地抨击了叶卡捷琳娜非常在意的开篇语，认为它完全无关痛痒。他问道，叶卡捷琳娜宣称"俄国是欧洲政权"，而孟德斯鸠则认为它是"亚洲"政权，但纠结这一点真的重要吗？完全不重要，狄德罗回答道。"重要的是，它能够伟大、繁荣且持久。"[48] 如果俄国要实现这些目标，那么最需要的应该是法治，而不是人治。狄德罗回到了他和叶卡捷琳娜谈话时所强调的主题，但现在他用的是一种惊人的直率方式。它需要"一个好的独裁者做出英勇行为"，为了确保人民幸福而"绑住继任者的一只手臂"。没有法律至高无上的地位，俄国就会成为统治者心血来潮以及时代变迁的牺牲品。在一次对话中，他不是曾告诉过叶卡捷琳娜，如果英格兰有过"三个像伊丽莎白那样的君主，英格兰就会被奴役几个世纪"吗？而她不是回答说"我相信这一点"吗？[49]

狄德罗敦促叶卡捷琳娜建立一个立法机构，这个机构要与君主分享权力，而不仅仅是按她的旨意行事，这与他在冬宫时所做的一样。狄德罗如何才能确保这些代表能够英明地管理国家呢？或者换个角度说，如何才能确保这些代表的中选是英明的选择呢？狄德罗引用了叶卡捷琳娜最坚定的一个信念作为这个问题的答案，他说最好的保证就是教育。"公共知识或教育"这一黏合剂，会让公民紧密地团结在一起，从而形成一个牢固的公民根基，它足以抵御大多数政治危机。[50] 重要的是，一个民族的教育不仅是学校的工作，也是法律的工作。狄德罗再一次将矛头指向了《指导书》和《论法的精神》，他认为立法不应该是反映一个国家的精神，而应该是塑造这种精神。因此，他建议不要"把国民可以接受的最好法律作为目标，而必须给他们建构尽可能完美的法律"[51]。

农奴制最能说明这一定理背后有道义上的必要性。消灭农奴制不仅是道义上的需要，也是政治上的需要。《指导书》建议说，更加人道的待遇有助于"消除那些导致农奴频繁反抗主人的成因"，而狄德罗提出了他认为更有效的解决方案："不应该有农奴。"[52] 毕竟，要防止未来再次出现普加乔夫们，还有什么比掐断这些冒名顶替者赖以生存的源头更好的方式呢？要为真正的文明建立根基——创建一个稳固而繁荣的第三等级，还能有什么更快的方式呢？尽管狄德罗从未离开过圣彼得堡，但他感知到，有许多社会机构和阶级反对解放农奴。他认为，在这样的国家，废除这种奇特制度将是极其困难的，"在这里你无法让农奴主们意识到农奴制的弊端……只要他们拥有专制权力"[53]。不过，他还是直言不讳地要求女皇回答，她是否"想让国家继续维持奴隶制"[54]？

狄德罗还呼吁终结审查制度："每个秩序井然的社会，都不应该有不能公开发表的话题。终结这一制度越是危险和困难，就越需要对它进行讨论。"[55]只有像狄德罗这样不受约束的声音，才能列举出所有的关键问题，这些问题下至乡村学校为"孩子们提供食物和教育"的必要性，上到金融改革的必要性。狄德罗仿佛在给一个聪明但懒惰，且有抄袭行为的学生打分，他总结道，只有囊括所有这些问题，指导书才会具有真正的指导意义。他慷慨激昂地补充道，只有那样，《指导书》"才会成为一部具备独创性的作品，一套诚心诚意制定的准则，而不仅仅是一篇摘录"。[56]

在《评述》的结尾部分，狄德罗还提到了叶卡捷琳娜的另一个花招——她的一个主张，即"伟大的帝国将至高无上的权力置于统治者手中"，这个主张的灵感来自孟德斯鸠。叶卡捷琳娜将孟德斯鸠原文中的"专制权力"粉饰成了"至高无上的权力"，但这却没有逃过狄德罗的眼睛。狄德罗以近乎放肆的诚实，对叶卡捷琳娜这种蓄意而危险的误述行为表示质疑："在女皇陛下的指导书中，我看到了制订一部优秀法典的计划，但对于确保法典稳定性的方法，我却只字未见。我看到独裁者这个称谓被废除了，但它的本质却保留了下来，专制被称作了君主制。"[57]狄德罗谴责了叶卡捷琳娜对孟德斯鸠的滥用，然后又想到了苏格拉底的用处。带着在冬宫时不曾有过的神气姿态，狄德罗将自己塑造成了一个犯颜敢谏，且将后果置之度外的形象。"如果这位哲学家被问及，他执意向国家及其统治者们进谏能有什么用处时，他是真诚作答的话，那么他会说，他那种难以抑制的实话实说的冲动得到了满足，而统治者们因此被激怒，甚至要求他饮下苏格拉底杯中毒酒的可能性微乎其微。"[58]

当然，我们这位苏格拉底的信徒在写这几行字时，已经在戈利岑的海牙住所里安全地住下来了，他杯中喝的是红酒，而不是毒芹汁。他还试图说服女皇——如果不是要说服他自己的话——她最喜欢的事情就是别人告诉她真相。12月的时候，狄德罗告诉叶卡捷琳娜，在重读了《指导书》后，他"斗胆在空白处写下了一些感想"。虽然这些评论比较直白，但一位"热爱真相"的君主——正如他频繁地告诉朋友和家人的那样——肯定会对此表示欢迎。狄德罗补充道，他确信叶卡捷琳娜对真相的热爱，因此他"很乐意去诅咒那些不敢告诉她真相的人，让他们遭受永世的折磨"[59]。

叶卡捷琳娜可能会开着玩笑回复说，她对贝卡里亚的《论犯罪与刑罚》的拥护将迫使她谴责这样的诅咒。她也可能会一本正经地回答说，狄德罗在那本《指导书》的空白处乱涂乱画的时候，她正忙着监督地方行政法规的起草工作。该法于1775年颁布，旨在改革俄国集中但无力的行政体系，将一系列司法和行政职责从省级中心转移到地方。正如一位著名的历史学家所言，这部法规努力地想让松散的沙皇法院和官僚机构变得合理化，它是发展"中间力量"的一次尝试，而这种力量正是孟德斯鸠所重视的。此外，该法规还试图使这些机构变得文明和人性化。例如，叶卡捷琳娜认可人身保护权的理念，便设立了一个感化法庭（Conscience Court），而那些

第九章 未被采纳的路径

未经指控就被拘留超过三天的人可以向这个法庭上诉。[60]

最终,叶卡捷琳娜在信中并未向狄德罗说起过这部法规,而狄德罗似乎也从未从他人处得知它的存在。但是,叶卡捷琳娜显然知道狄德罗那本《评述》的存在。女皇从未提出要看这本书,并且她还使用了非常规的方法来阻止他人的阅读。杜兰德·德·迪斯特洛夫曾招募狄德罗作为卧底,而叶卡捷琳娜似乎下决心要超越这段离奇的情节。她授意戈利岑去偷他家客人的那本《评述》。这位王子要优先忠于他的女皇,而不是他的朋友,于是他将狄德罗的包翻了个遍,然后拿走了他以为是唯一的一本《评述》。当狄德罗回到巴黎后,他让纳内特清点一下行李:"老婆,你找不到理由数落我,因为我连一块手绢都没丢。"[61]可是,等他在家里安顿下来后,他就发现,虽然手帕的数目全能对上,但《评述》的原件却不见了。[62]

狄德罗确信是戈利岑偷了这本书,因此他的反应也就不足为奇了:除了在1780年寄过一封商务信函外,狄德罗再也没有给王子和公主写过信。不过,因为狄德罗长期与法国审查员玩捉迷藏,所以出于谨慎考虑,他为《评述》准备了一份副本。狡猾的雅克总是比他的主人领先几步,而狄德罗就像雅克那样,用机智胜过了自己在海牙和圣彼得堡的东道主。

第十章　召唤塞涅卡

> 时不时地提醒权贵们记住自己的职责，这样做并不是要改变他们，而是要让他们知道，他们也有主人。
>
> ——狄德罗，《统治者的政治原则》

一回到巴黎，狄德罗似乎就变回了原来的样子。在朱莉·德·莱斯皮纳斯（Julie de Lespinasse）的沙龙里，他用自己在俄罗斯的经历盛情款待着他的朋友们，完全满足了内克尔夫人的殷切期望。他的讲述令人如此沉醉，他的故事令人如此着迷，以至于她觉得自己仿佛"在十五分钟内便经历了这个非同寻常之人在俄国度过的那四个月"。[1] 狄德罗仍然为自己是这部史诗的主角而感到惊讶，他热情洋溢地讲述着这个他从未真正见过的国家和他从未遇到过的居民。

但那是发生在公共场合的。私下里，虽然他对叶卡捷琳娜仍不吝溢美之词，但他对俄国的评论却并非如此。事实上，他对此表现得极为谨慎。他向内克尔夫人坦白说："如果我说它的坏话，那就是忘恩负义；如果我说它的好话，那就是撒谎。"[2] 值得注意的是，在回国初期的一通拜访后，狄德罗便蛰伏在了家中，在外人看来，他就像冬天里的一只熊。"这位俄国人……正在去俄罗斯化。"德皮奈夫人向他们共同的朋友费迪南多·加利亚尼（Ferdinando Galiani）解释道。[3] 如果是这样的话，那他正在去俄罗斯化的过程中进入隐身状态。《文学通信》的新任编辑亨利·迈斯特（Henri Meister）评

第十章 召唤塞涅卡

论道,这位著名的撰稿人"自从回到巴黎后,就过着一种以往未曾有过的孤独生活"。[4]

迈斯特的报导存在一个重要的误导点;狄德罗是远离了那些他经常出没的地方,但他的生活并不孤独。为了弥补前一年女儿怀孕时未能陪伴的缺憾,他把大部分时间都用来陪伴安吉莉卡和她的家人。事实上,除了他的孙女玛丽-安妮,狄德罗还在1774年有了一个外孙,名叫德尼-西蒙(Denis-Simon)。在孩子们的陪伴下,他变得开朗起来,甚至和他女婿的关系也更融洽了。凡德尔的一个兄弟,在其拜访的一周内,发现狄德罗几乎每晚都和他的家人们一起用餐。至于纳内特,她还是"依旧容易生气",她那条上了年纪的宠物狗被一个客人坐到身上压死了,因此,她宁愿待在家里暗自神伤。[5]但是,安吉莉卡依旧非常关心她的父亲,她发现他"瘦了,变了"。后来,她写道,那次俄国之行"缩短了他的寿命"。[6]

也有可能吧。但有一点是确定的,那就是这趟旅程不仅对他的身体产生了影响,而且还对他的哲学产生了深远的影响。当狄德罗反思其俄国经历时,他的历史感得以延展,他的政治观点也变得更加尖锐。这些变化记载在18世纪最畅销的禁书之一——《欧洲人在东西印度殖民和贸易的哲学与政治史》一书中。这部作品更为人所熟知的名字是《东西印度史》,作者是纪尧姆-托马斯·雷纳尔(Guillaume-Thomas Raynal)。雷纳尔曾是一名耶稣会牧师,后来他退出了耶稣会,加入了《百科全书》的创作队伍。现在,雷纳尔成了《东西印度史》的编辑,他和他的合作团队收集了大量的数据来评估欧洲殖民对经济的影响,还整理了一批关于自然权利的词汇,怒斥了殖民对人类的影响。这本书的结论是具有革命性的。1770年,《东西印度史》出版后,书中大量的统计数据和尖刻的批评令巴黎沙龙为之震惊，也令凡尔赛宫感到万分惊恐。

狄德罗在这部作品的第一版中只起了很小的作用，但是，他从俄国回来后就全身心地投入到此书的第二版（1774年）和第三版（1780年）的工作中。1777年，凡德尔说，他的岳父已经花了四个月的时间来"修改和更正一位朋友的作品，而这位朋友是一位神父"[7]。但是，凡德尔的叙述还是稍带误解的。这位哲学家可不只是编辑了这位神父的作品，他是在故技重演，就像之前对待夏夫兹博里、钱伯斯和布甘维尔的作品那样。他将这部作品进行转化，使其成为自己的作品。狄德罗强行改编了雷纳尔的书，这让雷纳尔感到很兴奋。当狄德罗问他，这种"偏离"是否破坏了他的作品时，这位神父回答说："我比你更了解公众的品位。你的文字可以弥补我那些无穷无尽的计算带来的枯燥和乏味。"[8]

雷纳尔说得对：狄德罗的增补——迈斯特一口咬定这些增补占到了最终版的三分之一——将《东西印度史》变成了一部名副其实的"战争机器"，在18世纪的最后几十年里，这本书一直是欧洲最畅销的作品之一。[9]罗伯特·达恩顿（Robert Darnton）指出，这本书中"所包含的内容几乎冒犯了旧制度下的所有当权者，但同时又吸引了最广泛的读者"。[10] 1781年，巴黎高等法院公开焚毁了这本书，但这一行为反而增加了它的销量——今天，对于那些仍想阻挠涉及其内幕活动的书籍出版的政府来说，这是一个教训——并让已聪明地逃离法国的雷纳尔成了全球名人。这也使"人性、真理和自由的捍卫者"——雷纳尔在书的扉页中他的肖像下题写的标题——变成了一种令人无法忍受的炫耀。在1785年见过他之后，爱德华·吉本（Edward Gibbon）感叹道："你会认为，只有他才是整个世界的君主和立法者。"[11]

第十章 召唤塞涅卡

雷纳尔的名气让狄德罗感到有些困惑。怎么可能不这样呢？这位神父是作品的原创作者，因此高等法院和王室对他发出了一次又一次闪电般的攻击。这种自我牺牲的行为——考虑到雷纳尔后来变成了名人，也可以视作一种自我宣传——为狄德罗和那些匿名进行编著的同行们提供了非常重要的保护。但雷纳尔的行为也提醒了狄德罗，自从二十五年年前在文森的监狱待过后，他就再也不敢以自己的名义发表那些有争议的著作了。俄国的经历更是加深了这种意识。他是否像他所认为的那样，对叶卡捷琳娜说了实话？同样重要的还有，其他人是否认为他已经履行了一个哲学家的职责？鉴于叶卡捷琳娜对他一直极为慷慨，因此这是一个十分令人不安的问题。事实上，在1779年年中，在狄德罗正忙着编写第三版《东西印度史》时，他可能是为了帮助女婿的一项生意，因而开口向叶卡捷琳娜索要了2000卢布，并且如愿以偿地得到了这笔钱。[12]

也许正是因为在这些事情上所产生的道德憎恶感，为他编纂雷纳尔的作品提供了更多的能量。狄德罗从他的《布甘维尔航海补遗》中布下了一些段落，用来痛斥欧洲人在新大陆上的领土所有权。对于将别人的土地占为己有的行为，他借助那位老人之口，追问其中的道德或逻辑依据："这片土地为什么属于你们？如果一些原始人碰巧抵达你们的海岸，然后就在沙子上或树皮上写下：这个国家是我们的。难道你们就像这些人一样无理而愚蠢吗？"[13]他还提出了殖民其他土地的一套简单准则。虽然一个人有权认领无主之地，但如果"被发现的"土地已经有人居住，那么"发现者"可以要求的只能是"人与人之间的热情和帮助"。如果他索要其他的帮助遭到了拒绝，那他可以拿走他生存所必需的东西。"但是，但凡他多拿了一点点，他就变成了一个小偷和杀人犯，像一只老虎那样

不再值得同情。"¹⁴

最为重要的是，狄德罗并没有忽视权贵阶层在他的国家所制造的罪恶。在一次针对路易十六的演说中，狄德罗毫不留情地述说道："请将你的目光投向你的帝都，你会发现有两类公民。一类沉迷于财富，炫耀着奢华，这激起了那些尚未堕落者的愤怒。还有一类人则被基本需求压得喘不过气来，但为了假装拥有他们并不拥有的富裕，他们让自己的处境愈加窘迫。这就是黄金的力量，当它成为一个国家的神明，它就足以取代所有的才能和美德。"乡村的情况则更为悲惨，在那里，"为我们创造繁荣的人注定要死于贫困"。这些"不幸的劳动者，在自己耕种的土地上几乎收获不到足够的稻草来盖房、铺床"。¹⁵

在称呼路易时，狄德罗使用了常见的"你"，而不是正式的"您"——这是一种冒犯君主的行为。不过，这种冒犯与狄德罗所说的冒犯社会罪相比——这种行为侵犯的不是国王的特权，而是人民的权利——则显得微不足道。他以"每个人都可以依照自己的意愿安排自己"的自然权利为基础，呼吁"一个与伟大国家相匹配的立法团体，以及对原始自由权的恢复"，这是有远见的。实际上，自由就是意味着能够"拥有你自己的身体，享有你自己的思想"。¹⁶

就专制统治而言，狄德罗猛烈地抨击了伏尔泰那批人所支持的开明专制的理念。受冬宫经历的影响，狄德罗已经摆脱了早前对这位特殊的开明独裁者的两难心理，他总结称，用一个非常简单的词来形容这种情形的话，那就是矛盾。无论独裁者的意图有多么美好，思想有多么高尚，当他行使不受约束的权力的时候，都必然会侵犯到臣民的自由。狄德罗宣称，即便独裁者是为了大众利益而行事，其天性也会让他违背大众意志。无论一位君主的品德有多么高尚,"只要违背了大众意志,他都是一个罪犯,而道理很简单,因为他越权了"[17]。不管怎样,启蒙运动的新篇章,最终并没有像同期许多人认为的那样,在叶卡捷琳娜治下的俄罗斯大草原上开启,反而是在杰斐逊治下的美国农场中开启了。在为1776年的革命者所写的那篇慷慨激昂的总结中,狄德罗感叹道:"愿你们幸福的消息将地球上所有不幸的人带往你们国家。愿所有政治上或宗教上的暴君和压迫者都能知晓,世界上有这么一个地方,在那里,人们可以摆脱枷锁;在那里,受压迫的人再次抬起了头;在那里,穷人的收成越来越多。"[18]

尽管这本书受到大多数开明思想家的推崇,但它在1781年年初的出版,却让一位杰出人物深感不适,此人是叶卡捷琳娜的密友,也是狄德罗的朋友。狄德罗在晚年成为一名政治激进分子,而格林姆则退缩成了一名政治保守派。作为德国王公贵族的顾问,皇室联姻的中间人,乃至年轻的莫扎特(Amadeus Mozart)巡回演出的经理,格林姆对这部作品中对开明专制的抨击感到愤怒不已。三月份,格林姆在日内瓦的一个文学沙龙上遇到了雷纳尔,并且表达了自己的不满。他带着夸张的动作,公开说道:"如果你认为你攻击的对象不会进行报复,那攻击他们就是一种懦弱的行为;而如果你认为他们很可能会进行报复,那让自己成为易受攻击的目标就是一种愚蠢的行为。"[19]

格林姆对自己的妙语连珠很是满意,几天后他又在所有人中,对狄德罗重复了这句话。与雷纳尔被格林姆的突然发难弄得不知所措相同,狄德罗在一开始时也无言以对。但在最初的打击消退后,狄德罗对他朋友的谬论感到怒不可遏。令狄德罗更加愤怒的是,他确信格林姆那些讽刺性的言论实际上是在针对他。毕竟,格林姆一定知道,是狄德罗书写了其中最尖锐、最激进的那部分。很显然,自从俄国访问之后,狄德罗的愤怒一直在积聚,因为在那里,赢得叶卡捷琳娜信任的是格林姆,而不是他。他忘不了,当他告诉格林姆,他每天下午都能见到女皇时,这位德国人那种淡漠的回应:"我每天晚上都能见到她。"这位老哲学家的怨恨随着时间的推移而加深,现在终于被引燃了。在一封慷慨激昂的长信中,狄德罗驳斥了格林姆的逻辑,并且谴责了他的懦弱。他声称,攻击持有愚蠢思想的人是正确的,而攻击那些持有愚蠢思想且有可能进行报复的人也是正确的。说到底,这难道不是哲学家的职责所在吗?

狄德罗宣称,《东西印度史》的著述,足以使雷纳尔和他的合作者们配得上继承"苏格拉底的衣钵"。他问道,这种说法会让他的老朋友笑话吗?如果会,那就证实格林姆已经有了悲剧性的转变。"你已经成为最隐秘,却又最危险的反启蒙分子之一。你在我们中间,但却憎恨我们。"然后,狄德罗用一句话进行了总结,与格林姆的原罪这一说法相比,这句话更尖锐、更残酷,但也更准确:"啊,我的朋友,当你在圣彼得堡和波茨坦流连忘返于大人物的厅堂时,我看到你的灵魂已经枯萎了。"[20]

写完他的谴责信后,狄德罗再三考虑要不要寄出去。最终,或是因为不愿与老朋友公开决裂,或是因为不能与老朋友公开决裂,他决定将这封信放在抽屉里。但这并不妨碍他认识到,格林姆的话切中了要害,尽管他并不愿意承认这点。狄德罗早就学会了在想要攻击和不得不服从间进行平衡,学会了在追随道德理想和必要的世俗交易间权衡,学会了在讲真话的责任和另一段牢狱之灾间找到合适的度。雷纳尔宣扬自己是《东西印度史》的原创作者,虽然并非完全没有私心,但也还是需要勇气的。在那封未寄出的信的附言部分,狄德罗告诉格林姆,当他听到窗外传来高等法院对那位神父的判决的声音时,强烈的恐惧感袭上了他的心头。[21]

但是附言部分并未就此打住。狄德罗忍不住又发表了一通斥责,他告诉格林姆,"一个人一旦谴责英勇的行为,便做不到英勇,所以谴责英勇行为的人都是做不到英勇的人"[22]。格林姆设定的矛盾不成立,而狄德罗的逻辑也同样是拙劣的——毕竟,没有什么能阻止一个英雄定义英勇的含义——但它也具有启示意义。狄德罗在附言中强烈的愤怒情绪,是源于他对文森地牢的恐惧。格林姆已经成了他自我反省的参照物,让他开始思考自己是否真的配得上苏格拉底的衣钵。

虽然狄德罗自己时常模仿苏格拉底,但他最终明白,这种形似通常是肤浅的。他想要继承苏格拉底的衣钵,但他真的愿意因为英勇的行为,而让苏格拉底的衣钵成为自己葬礼上的寿衣吗?狄德罗早已知道答案。1769 年年中时,他向索菲讲述了他与霍尔巴赫男爵和雅克-安德烈·内戎(Jacques-André Naigeon)的一场争论,争论的话题是爱尔维修几年前颜面扫地地公开否认了《论精神》一书。狄德罗感叹道,一位坚持自己的立场并且为自己的著作辩护的哲学家,该是多么令人钦佩啊!这个人站在审判官面前宣告:"是的,我就是写这本书的人。它包含了我的思想,我不会收回。"[23] 尽管谈话是轻松愉快的——"我们笑得像孩子一样"——但狄德罗对于哲学家有责任讲真话一事是很严肃的,这么做的后果自然堪忧。"如果我收回真相,写下自己的信仰后又表示否定,在审判者、公民同胞和挚爱之人面前表现得像个懦夫,让我的言论丧失威信并且逃避坚持真理所必需的牺牲,那我该有多么痛苦。"[24] 不过,虽然他那些思想自由的同伴们嘲笑他,称他显然希望"不惜一切代价被烧死",但狄德罗向索菲保证,他无意出演自己的火刑判决。"做这种蠢事的时间早就过去了。我不认为自己会坚决捍卫自己的事业。"[25]

从某种程度上来说,这是一种久经磨砺后的谦逊。但在更深层次上,它体现出狄德罗对自己成就的怀疑日益加深。当然,他对自己的家庭深以为傲。即使他有时候无法达到孙辈们的期望,但族长和祖父的新角色让他感到心满意足。"我疯狂地爱着你的孩子们,"他告诉安吉莉卡,"尽管有一天,当我回答不了查理曼大帝死于何处这一问题后,他们就认为我没有受过良好的教育。"[26]他甚至和纳内特达成了和解,而纳内特也突然出乎意料地爱上了文学。安吉莉卡弄丢了朋友的一本书——阿兰-勒内·勒萨日(Alain-René Lesage)的畅销书《吉尔·布拉斯》——为了赔偿,纳内特买了一本新的。她随手翻开小说看了起来,而根据狄德罗的说法,此后就一发不可收拾了。他惊呼道,这很可能是治疗纳内特"癔症"的良药。因此,他变成了她的医生,开始对他的妻子进行常规治疗:"我每天给她三剂《吉尔·布拉斯》;早上一剂,下午一剂,晚上一剂。"根据狄德罗的预测,在几年时间里,再读几百本其他书籍就可以"完成治疗"——尤其是纳内特有向客人复述她刚刚读过的东西的习惯,因而"疗效加倍"。他开玩笑称自己发现了一剂治疗各种癔症的处方,并且他还确认了另外一些基本"药物",可供医生根据需要选择,包括《堂吉诃德》,对了,还有《宿命论者雅克》。[27]

说到底,对于狄德罗而言,后世可不是儿戏。尽管他在为自己的孩子和孙辈们的幸福费尽心力,但同时他也还在为树立美好的自我形象而努力。后世会像称赞法尔科内所创作的彼得雕像那样称赞我的形象吗?事实上,他难道不是对法尔科内说过,"我一直在为后世着想,如果后世将我完全遗忘,那真是忘恩负义"吗?在他生

第十章 召唤塞涅卡

命的最后几年里,这个问题促使他进行了最后一次知识探索。然而,狄德罗这一次并没有求助于他深为爱戴的苏格拉底,而是求助了另一位不太受人爱戴的古代思想家。在写给他忠实支持者内戎的信中,狄德罗宣布,他打算"不带偏见地审视塞涅卡的生平及其著作,如果这位伟人所遭受的毁谤是不公正的,那么就为他平反,而如果这些毁谤是成立的,那么就学习他充满智慧和力量的思想"。[28]

吕齐乌斯·安涅·塞涅卡(Lucius Annaeus Seneca)是罗马的政治家、哲学家和剧作家,而狄德罗对于塞涅卡的生平和品性一向存有偏见,但原因并不总是相同。1745年,年轻的狄德罗在翻译夏夫兹博里的《关于美德之探究》时,指责塞涅卡是一个伪善者和两面派,这个人感兴趣的是"增加财富,而不是履行他艰险的职责",而在尼禄(Nero)统治时期,塞涅卡与之"沉瀣一气,由于他可耻的沉默,导致了一些勇敢者的死亡"[29]。这一严厉的评判是基于塔西佗的著述,狄德罗在一个冗长的脚注当中写道。"我对待塞涅卡这位哲学家有点严苛,"这位年轻的理想主义者承认,"但塔西佗的描述让人不可能对他有更好的评价。"[30]

那是彼时。在近四十年后——这四十年里,狄德罗对专制权力的运作进行了反复揭露,其中一些令人恐惧,还有一些则发人深省——狄德罗已经准备好重新评价塞涅卡。1782年,他发表了《论克劳狄乌斯和尼禄的统治及塞涅卡的方法和著作》。这篇长达500多页的论文是以狄德罗自己的名义发表的。与狄德罗的许多著作一样,这篇文章也是他三年前发表的一篇文章的修订版。尽管狄德罗的健康状况每况愈下,视力也有所衰退,但当他专心于这项研究时,他的表现令朋友和家人都感到惊讶。在回顾这段时期时,安吉莉卡说她父亲每天要花14个小时进行阅读和写作,她因此推断,

这种过度的精力迸发缩短了他的寿命。³¹

也许是缩短了，但也更令人愉快了——狄德罗是这么说的。在写给内戎的信中——这封信后来用作了此书的序言——狄德罗坚称，研究和撰写这本书的这段时间是"我生命中最愉快的时期之一"。³² 不过，在这一时期里，他不仅关注着遥远的过去和罗马，也关注着不远的过去和圣彼得堡。直到1781年，狄德罗还抱着渺茫的希望，认为叶卡捷琳娜可能会变成他一直希望的那种立法改革家。那年夏天，他向叶卡捷琳娜推荐了皮埃尔·沙尔比（Pierre Charbit），这位年轻人刚刚出版了一本关于法国立法实践的书，给狄德罗留下了深刻的印象。在信中，狄德罗称赞沙尔比既正直又能干。他进一步说明，沙尔比唯一的愿望就是"做个有用的人"。俄罗斯的君主"日日夜夜心系人民的幸福"³³，有什么地方能比那儿更能发挥他的作用呢？叶卡捷琳娜从未回复过狄德罗的这封信，这清楚地表明她并不需要沙尔比的技能。她对立法改革的兴趣，已经被俄国社会真实的抵触，和她在军事和外交上的当务之急削弱了，而这可能就是她保持沉默的原因。还有一种更常见，也更令人痛苦的可能性——狄德罗一定也考虑过了——那就是叶卡捷琳娜已经断定，她的法国哲学家们几乎没什么用。

对于哲学家德尼而言，后一种可能性还产生了近似存在主义的影响。与他生命中的其他时期相比，狄德罗在冬宫的那段时光，最能迫使他思考自己的成就，以及后世，而不仅仅是他的孙辈们将如何记住他。与能够告诉孙辈们查理曼死在何处相比，告诉他们狄德罗为什么而活更为重要。这个问题一直困扰着狄德罗，尤其是当他感觉自己的生命即将走到尽头的时候。1776年，他告诉格林姆，他的生命已经到了"按年算的时候了，接下来就得按月算，最后就是按天算"³⁴。一年后，在给格林姆的另一封信中，他又提到了这个话题，"我的精神和内心还很年轻，但我身体的其余部分却在无精打采地走向坟墓"³⁵。

总结的时候到了，狄德罗把目光转向了塞涅卡：至少在这位哲学家的眼中，他们的人生和事业中的相似之处多到令人无法忽略。两人都因自己的哲学思想成为帝王们的顾问，从而获得了名声——以及一定程度的恶名。塞涅卡作为尼禄的导师和顾问，在罗马帝国政府中发挥了举足轻重的作用，而叶卡捷琳娜则让狄德罗——至少在他对两人关系的描述中——"伴其左右，并且从事立法的文字工作"³⁶。与权势人物的亲密关系，让他们俩在道德方面都受到了质疑。当然，皇帝的慷慨大方也是一个令人尴尬的问题。在尼禄的帮助下，塞涅卡成为帝国最富有的人之一——对于一个自称极度蔑视财富的禁欲主义者来说，这种状况实在是棘手。虽然狄德罗没法夸耀自己拥有大量的土地和财富，但多亏了叶卡捷琳娜的诸多慷慨之举，他才得以在晚年安心地生活。每当他将自己的藏书称为她的图书馆，以她的图书馆馆长身份收到薪水，从她的艺术品采购中赚取佣金，他都怀疑自己并非她的哲学家，而是她的侍臣。他坚决表示，只需要女皇的一件纪念品以及返程旅行费用的补偿，而那个时候，他有可能会在心里质疑，自己是否坚决过头了。如果狄德罗像他对叶卡捷琳娜所说的那样，在俄国时一直是一个不受限制的人，那他为什么还要公开展示这种自由呢？他是否怀疑自己已经做出了拉摩的侄儿会乐于炫耀的那种让步和妥协？他是否回想起了自己曾努力说服鲁希埃不要描述叶卡捷琳娜在1762年"巨变"中所扮演的角色？难道他对这位集布鲁图斯（Brutus）和克利奥帕特拉的优点于一身的女皇的赞美开始显得不真实了吗？

为了更好地预测自己的未来，狄德罗回顾了他的过去，此时，这些反复出现的问题向他涌来。狄德罗面临的压力是如此之大，他过于强调了与塞涅卡和尼禄的相似之处，从而给他自己和叶卡捷琳娜都带来了伤害。毕竟，尼禄的宫殿充斥着残暴和谋杀的戏码，而叶卡捷琳娜的宫廷虽说常常沉浸在阴谋和嫉妒中，但从来没有流血，至少在彼得死后是这样的。叶卡捷琳娜试图在俄国改良刑法并取消酷刑，而尼禄则极为享受他对臣民的生杀大权。尽管女皇为了支撑俄国在国外的军事冒险和国内的华丽排场，导致国库空虚，但她的私人生活仍然是朴素和低调的，而这两个形容词完全不适用于尼禄的公共或私人生活。

狄德罗尝试着在自己的生活和塞涅卡的生活之间建立起关联，但这些关联，在某些方面，却更加牵强。塞涅卡是一位多产的公共作家，而自从狄德罗在文森监狱待过后，他就把自己的哲学著作丢到了书桌的抽屉里；这位罗马人（塞涅卡）在政治上是一位关键人物，并且给尼禄做了八年的顾问，而这位巴黎人的话叶卡捷琳娜仅仅勉强听了四个月。狄德罗试图说服鲁希埃终止出版他的书，但未能成功，而塞涅卡则为尼禄杀害其同父异母的兄弟布列塔尼库斯（Britannicus）和母亲阿格里皮娜（Agripinna）的行为进行辩护，相比之下，前者就相形见绌了。最后，当塞涅卡被召唤到罗马去塑造他的学生（尼禄）的思想时，尼禄还是个孩子；而叶卡捷琳娜召唤狄德罗去圣彼得堡的时候，已经是一位四十岁的女皇了，她知道自己的想法。

可是，尽管这面特殊的镜子（塞涅卡）有污渍和裂纹，狄德罗还是看到了相似之处。他提醒说，读他文章的人"用不了多久就会发现，在我的文章中，我所描绘的不仅是各种历史人物，也是我自

第十章 召唤塞涅卡

己"。³⁷ 狄德罗从历史简介转向了论战，通过解读塞涅卡的著作来为他的行为辩护，此时他不仅是在为这位罗马人辩护，也是在为自己辩护。他在为塞涅卡的腐败和伪善进行辩护时，用到了曾对内克尔夫人说过的关于画中虎与真老虎的差异的那个道理。他指责自己同时代的人，一边在温暖舒适的房间里享用美味佳肴，一边贬低塞涅卡。³⁸ 这些批评者显然从未像塞涅卡——或者狄德罗暗示的他自己——那样直接而强烈地见识过专制权力的力量。这些诋毁者所了解的老虎，仅是在他们精装修的沙龙墙壁上所悬挂的画框中的老虎。当尼禄得知有人要谋害他的性命时，他是不是变得像是一只"发狂的老虎"？他强调说："把你自己放在那位哲学家、老师兼大臣的位置上，看看能否做得比他更好。"³⁹

狄德罗继续说道，事实上，塞涅卡所做的确实比批评者所说的要好。狄德罗无疑是想到了自己为帮助苦苦挣扎的作家们所做的努力，因而他要否定塞涅卡是贪婪的这种说法。他并不只是囤积财富。"是的，塞涅卡之富有是众所周知的！但他对不幸之人的善举和帮助被遗忘了吗？"⁴⁰ 此外，当尼禄的罪行日益加重时，塞涅卡仍决定留守职位，这不应被说成是玩忽职守，而是守护职责。"如果他拯救了一个单身女性的名誉，为一个父亲保护了儿子，或为一个母亲保护了女儿，或者保护了一个好公民"，那么他取得的成就便已远远超过了公开反对或退休。公元 62 年，在他强有力的盟友伯勒斯（Burrhus）去世之后，他退休了，因为他意识到，即使是这些最普通的善举，他也无法靠自己一个人来安排。⁴¹

但是塞涅卡作为禁欲主义哲人，难道不应该对这些艰难的境况毫不在意吗？事实上，对于真正的禁欲主义者来说，死亡本身不就是一件"无关紧要的事"吗？当狄德罗虚构的对话者问道："老师不应该把真相告诉他的学生吗？"应该，狄德罗回答道，但尼禄已经不再是塞涅卡的学生了，而是一名皇帝，人们不能把皇帝看成学生，就像不能把老虎看成幼崽一样。狄德罗坚持认为，事实上，在这种情况下，即使是忠心耿耿的大臣也会颤抖着退回到沉默中去。"我相信，这个世界仍然存在放荡邪恶的统治者。我想知道那些高尚的大臣中有谁敢规劝他们，而这些君主又会如何欢迎这种胆大妄为之举……在这样的时刻，这些英明而可敬的人会如何表现？尽管他们的角色被赋予无可比拟的权威，但他们还是会点头哈腰并保持沉默。"[42]

最后，狄德罗总结道，即使是"像塞涅卡这样的伟人也并不总是令人钦佩"。但这并不是真正的问题。相反，这是与塞涅卡伟大的源头有关。塞涅卡在引导人们走向禁欲主义时极具说服力，而他的名声一部分就是建立在这个基础之上。然而，至少直到他去世的那一刻，他都没有按照这些教导去做。对于一个道德家的言行之间巨大的鸿沟，我们该说些什么呢？狄德罗的回答是，塞涅卡未能按照自己的教导行事是无关紧要的，但这样的回答就足够了吗？"不管真假，塞涅卡的行为和他的道德教导间的矛盾，对我们有什么影响呢？"最终，真正重要的是哲学的内容，而不是哲学家这个人。假使我们不能从塞涅卡的人生中学习，那就让我们从他的著作中学习吧。"无须塞涅卡的例子，我们也能知道，给出好建议要比遵循好建议容易。"[43]

不过，当谈及塞涅卡在公元 65 年那次著名的自杀行为时，狄德罗对自己论证的焦虑开始变得明显。他宣称，从未"有人在面对死亡时，能表现得比他还要坚定和无畏"。[44]然而，正如罗马历史学家塔西佗在描述塞涅卡自杀时所暗示的那样，也没有一个人能像

第十章　召唤塞涅卡

他那样，在精心策划自己死亡一事上如此坚定。正如古典学者埃米莉·威尔逊（Emily Wilson）所指出的，塞涅卡发现自己在死亡时遭遇了与活着时同样的失败。他最初的自杀方式——首先割腕，然后割膝盖，最后喝下毒芹汁——都失败了。直到这位老人让奴隶们把他抬进一个浴缸里，他才最终因窒息而死。威尔逊总结道，人们可以嘲笑塞涅卡的一系列失败和妥协，反之也可以称赞他在克服失败和达成妥协时的坚韧精神。[45]

这也适用于那位有瑕疵但又很坚定地为塞涅卡进行辩护的人。当塞涅卡得知尼禄命令他自尽后，他告诉家人和朋友们，他将把自己一生的图像遗赠给他们，以供他们纪念之用。[46] 就在去世的那一刻，塞涅卡相信，他不仅能向权势人物说出真相，而且还能用最有力的方式向后人讲述自己。狄德罗也是如此。当狄德罗剩余的生命从按年计算逐渐减少到按月计算，再逐渐减少到按天计算时，他开始关注他希望留给后代的自己的那座雕像。他知道它已经被生活弄得伤痕累累。所有雕像的命运都是如此，但对于受到皇帝和女皇不受约束的权力冲击的雕像来说，更是如此。狄德罗哀叹，随着时间的推移，专制政府拥有的权力，"会让我们的思想在不知不觉中变得狭隘"。"我们不加思考地避开某些想法，就像避开那些能伤害到我们的障碍物一样。一旦习惯于这种小心而怯懦的态度，我们要重新获得正直与胆识，就会面临巨大的困难。只有在坟墓里，我们才能坦然地思考和说话。"[47]

修改后的文章刚一发表，就发生了一幕堪比《宿命论者雅克》的悲喜剧，这幕剧生动地诠释了狄德罗在文章中所发出的那些哀叹。狄德罗说服了巴黎警察局局长让-查尔斯·皮埃尔·勒·诺瓦（Jean-Charles Pierre Le Noir），允许他在巴黎出售 600 份这篇文章。然而，路易十六在得知这本书后却勃然大怒。"这位哲学家，宗教的敌人，"他宣布，"必须受到惩罚。"[48] 然而，无论是勒·诺瓦，还是负责这项任务的官员阿尔芒–托马斯·德·米罗梅尼尔（Armand-Thomas de Miromesnil），都完全没有想要监禁这位年老体衰的哲学家的念头。为让国王的命令彰显出宽宏之光，米罗梅尼尔把狄德罗叫到他的办公室，而惩罚仅仅就是严厉训诫了他一通。米罗梅尼尔对狄德罗的训斥刚一结束，有罪的一方立刻跪倒在地，宣称他"年老时犯下的错误比年轻时的僭越行为更应受到惩罚。请屈尊接受我的忏悔吧"。[49] 在随后给勒·诺瓦的信中，狄德罗又再次表达了他的悔意："您给了我一个很好的教训，而余生中我都将予以改正。"[50]

狄德罗是真心实意的吗？还是说，他就像米罗梅尼尔与勒·诺瓦那样演了一出戏而已？我们和狄德罗一样（无法确定），能够确定的只有，他的余生只能按月计算了。

结语

　　狄德罗在米罗梅尼尔面前表现出的黑色喜剧般的转变，与拉摩的侄儿在他顾主面前的表现相似。在一个等级森严、君主专制的世界里，自由表达思想的空间是有限的。但两者间的相似之处也仅限于此。那位侄子想着的是下一餐，而狄德罗想着的则是最后一餐。1784年年初，他的生命已经快到尽头了，这一点已经非常明显了。二月份，在与安吉莉卡聊天时，狄德罗突然安静下来。他走到镜子前，指了指自己似乎有些歪的嘴。他看着安吉莉卡，另一只手却动不了了。"中风。"他说道。拖着脚步挪上床后，他吻了吻纳内特和安吉莉卡，告诉她们他借来的一摞书放在哪里，然后便道了别。

　　但是道别的时刻还没有真正到来。两名医生赶到后，给狄德罗放了几处血，然后他就陷入了长达三天的昏迷期。他背诵并翻译希腊语和拉丁语墓志铭，引用贺拉斯（Horace）和维吉尔（Virgil）的话，并不断询问时间。第四天，烧退了，但他的家人却无法庆祝这个消息。因为正当狄德罗开始恢复时，他的外孙女米内特突然死去了。悲痛欲绝的安吉莉卡尽力不让父亲知道这个消息，就像狄德罗无法告诉他心爱的孙女查理曼是在哪里去世一样，她也无法告诉狄德罗米内特已经死了。

格林姆向甚是挂念的叶卡捷琳娜汇报了狄德罗正在恶化中的健康状况。当女皇得知米内特的死讯后，她的震惊是真切的。"我对狄德罗的病重和他外孙女的不幸消息感到非常难过。我从未听说过类似的事情：大自然真是无所不用其极。"[1] 尽管格林姆与狄德罗在政治上和个性上的差异越来越大，但他对狄德罗的爱依然没有褪色。格林姆向叶卡捷琳娜建议为狄德罗找一处底层的住所，这样他就不用像在塔兰内街那样爬楼梯了，而叶卡捷琳娜严肃的回复也明确地体现了她与狄德罗之间的关系依旧紧密。狄德罗的医生警告说，考虑到他心脏不好，这是一件关乎生死的事情。"不用征得我的同意，你就该这么做。"她责怪格林姆。"给我的图书馆和馆长找个合适的寓所。"不过，她命令格林姆，对于狄德罗的手稿，绝对要确保不"弄丢任何一页纸"，而这显示出她关心的不仅是狄德罗，还有后世。[2]

1784年7月，格林姆租下的新住所让狄德罗感到很满意。这是一间宽敞而豪华的公寓，位于时髦的黎塞留街上。安吉莉卡记录道，她的父亲"一直住在陋室里，现在发现自己进了宫殿"。[3] 但宫殿只不过是一个中转站。7月30日，当工人们在争论格林姆给狄德罗买的新床应该放在哪里时，这位行将就木之人开玩笑说："我的朋友们，你们正在为一件使用不会超过四天的家具而烦恼。"[4] 那天晚些时候，当狄德罗和朋友们讨论哲学本质的时候，安吉莉卡听到她父亲说："走向哲学的第一步是怀疑。"那一晚，他睡得很安详。

这便是她听到的他说的最后一句话。第二天，7月31日，他上午和他的老战友霍尔巴赫男爵聊天，然后午餐和纳内特一起吃了汤和羊肉。"好久没吃得这么开心了。"他大呼小叫道。当他伸手去拿杏子时,他的妻子试图阻止他。"见鬼,"狄德罗笑着说,"你认为它能把我怎么样?"纳内特将头转向了一旁,几分钟后,她听见他在轻轻咳嗽。她问她的丈夫为何咳嗽,却没有得到回答,于是她就回过头去看他。狄德罗已经死了,与他的英雄塞涅卡之死相比,没有多少表演性,但却更具人性。[5]

如果对于狄德罗来说,走向哲学的第一步是怀疑,那么叶卡捷琳娜离开她的哲学家的第一步也是怀疑,不过这两种怀疑并不相同。在法语中,怀疑一词有好几个意思,可以表示震惊和不相信,也可以表示惊讶和诧异。1785 年 10 月,距离狄德罗踏足圣彼得堡的那一天已过去了 12 年多,他的图书馆和手稿经由安吉莉卡打包寄出后,终于到达了俄罗斯首都。10 月 22 日,叶卡捷琳娜通知格林姆:"狄德罗的图书馆已经抵达。"[6] 之后不久,叶卡捷琳娜阅读了狄德罗对其《指导书》的评论的手稿,早在 1773 年狄德罗就向她发出过阅读邀请,但却被她有意忽略了。她简直不敢相信。在写给格林姆的一封言辞激烈的信中,她爆发了:"这部手稿完全是胡扯,丧失了经验、谨慎和远见。如果我写的《指导书》要符合狄德罗的口味,那就意味着颠覆世界。"叶卡捷琳娜推断狄德罗无疑是在离开俄国后写下这些长篇大论的,"因为他从未跟我说起过它"。[7]

两年后,叶卡捷琳娜的愤怒不再那么强烈了,但那些愤怒的灰烬还是笼罩在她对狄德罗的记忆上。在与新任法国大使路易-菲力浦·德·塞古尔伯爵(Count Louis-Philippe de Ségur)交谈时,女皇所提供的过往有一些值得注意的修改。当塞古尔询问叶卡捷琳娜对这位哲学家的印象时——塞古尔一本正经地提议了一个狄德罗"或许并不应得"的头衔——叶卡捷琳娜显得冷酷无情。她透露道,在和狄德罗谈话时,她几乎一句话也插不上。她只字未提,这位激动的哲学家在发表观点时,会抓住她的胳膊或拍她的大腿;也没有提及,这位有同情心的女皇,会坚称这种"人与人之间的"坦率交流正是她所期待的。场面发生了显著的变化:"由于我听得多说得少,旁观的局外人会把他当成严厉的老师,而把我当成谦卑的学生。过了一段时间,当他意识到我的政府并没有采纳他提出的任何一项伟大的改革时,他带着一种傲慢的不悦表达了他的惊讶。"

叶卡捷琳娜继续说道,就在这时,她收回了自己的绝对统治权,并批评了狄德罗。"狄德罗先生,我带着无比喜悦的心情聆听了你那聪明脑袋中的所有奇思妙想。我很理解你那些宏大的原则,但它们只适合写在书上,不适合用来实操。你的改革计划忽略了我们两个不同的立场。你在纸上工作,而纸接受一切。它光滑且容易弯折,不会反对你的想象或书写。而我这个可怜的女皇,是在人的皮肤上工作的,而人的皮肤敏感且易受刺激。"回忆完——或者说是再现了——这段谈话后,叶卡捷琳娜微笑着停顿了一会。"我敢肯定,从这一刻起,他就开始可怜我了,他确信我的思想庸俗而狭隘。政治从我们的谈话中消失了,他所能谈的就只有文学了。"[8]

当然,叶卡捷琳娜几乎不需要狄德罗——或者伏尔泰——来提醒她,文学就是另一种形式的政治。1774年狄德罗离开后,他的备忘录归叶卡捷琳娜所有,而如果她看过的话,她就会知道,这些备忘录显示,政治自始至终在他们的对话中。后来,她从她在巴黎的通信者那里得知,狄德罗无论是在私下还是在公开的谈话中,始终对她的才智和性格赞不绝口。他对专制的鄙视并不是什么秘密,但直到死去的那一天,他都热爱着叶卡捷琳娜,这也不是什么秘密。

即使叶卡捷琳娜在这些问题上对狄德罗的评判有些过于严苛,

她还是指出了一个与狄德罗自己的判断有关的令人不安的事实。他们两人对孟德斯鸠的不同态度最能体现这一点。尽管狄德罗恭敬地承认了孟德斯鸠的天赋,但他对《论法的精神》一书却甚为抵触。他不喜欢这部作品中贯穿始终的政治相对主义,以及随之而来的对专制政治的宽容态度。不过,狄德罗认为是相对主义的东西,叶卡捷琳娜却认为是现实主义。狄德罗不止一次地戏称,《论法的精神》已经成为叶卡捷琳娜的祈祷书。但这显然是一本非同寻常的祈祷书,它提供的并不是向上帝祈愿的祷文,而是地理和气候对一个民族的影响。孟德斯鸠用了一种颇有见地的,但又是实证研究的方式,强调了历史和地理等因素的作用,试图描绘社会本来的面目。相反,狄德罗在研究启蒙性和普适性的理念时,所呈现的是社会应该有的样子。[9]

叶卡捷琳娜和狄德罗经常对彼此的立场表现出不耐烦,甚至是愤怒。随着年纪渐长,他们也越来越容易愤怒。到了 18 世纪 80 年代,他们走向了各自的极端。虽然狄德罗在法国大革命开始前五年就去世了,但叶卡捷琳娜却活到了 1796 年。起初,她允许俄国媒体报道和讨论巴士底狱的相关消息以及随后在法国发生的事件。但到了 1792 年,随着路易十六被推翻以及法兰西共和国成立,叶卡捷琳娜开始担忧日益血腥的革命进程。两年后,当法国在恐怖统治中痛苦挣扎时,女皇放弃了之前对这些哲学家的信仰。她告诉格林姆,他们的著作"仅能用于毁灭",并且会导致"无尽的灾难和无数苦难的人民"。[10]

不过,从狄德罗和叶卡捷琳娜的人生以及他们的对话中可以看出,这位在纸上书写的男人和那位在人类皮肤上书写的女人之间,还是有很多共同之处。叶卡捷琳娜对恐怖统治的厌恶之情是正确的，而狄德罗无疑也深有同感。如果两人继续保持通信的话，他们有可能会承认，《百科全书》这位编辑所拥护的理念，在很大程度上影响了女皇的统治，而《百科全书》这位编辑也接受改革应是渐进式的，而非革命性的。两人都难免有瑕疵，都会犯错，但重要的是，他们始终都全心全意地热爱着人类这个群体。尽管这两位杰出人物比我们早了近三个世纪，但他们所秉持的，那些在西方正备受攻击的社会理想，以及他们所拥有的，在我们的领袖中正日渐稀缺的正派与体面，却比以往任何时候都更为重要。

Notes
注释

Prologue
序言

1. Denis Diderot: Correspondance, ed. Georges Roth and Jean Varloot (Paris: Éditions de Minuit, 1966) , 13:219.
2. Malcolm Bradbury, To the Hermitage (London: Picador, 2000) , xxi.
3. Ibid.
4. Denis Diderot, Jacques the Fatalist, trans. Michael Henry (London: Penguin, 1986) , 80.
5. Diderot, "Observations on the Nakaz," in Diderot: Political Writings, ed. John Hope Mason and Robert Wokler (Cambridge: Cambridge University Press, 1992) , 82.
6. Maurice Tourneux, Diderot et Catherine II (Paris: Calmann Lévy, 1899) , 519–520.

1. The Sea at Scheveningen
斯海弗宁恩的海

1. Denis Diderot: Correspondance, ed. Georges Roth and Jean Varloot (Paris: Éditions de Minuit, 1966) , 13:31.
2. Simon Schama, The Embarrassment of Riches (New York: Vintage, 1997) , 403.
3. Ibid.

4. Diderot, Voyage de Hollande, in Oeuvres inédits de Denis Diderot (Paris: Brière, 1821) , 123.
5. Alain Corbin, Le Territoire du vide (Paris: Aubier, 1988) , 45.
6. Schama, The Embarrassment of Riches, 263.
7. Diderot, Oeuvres inédits, 292.
8. Corbin, Le Territoire du vide, 47.
9. Ibid., 286.
10. Denis Diderot: Correspondance, 12:63.
11. Ibid.
12. Ibid., 12:232.
13. Diderot, Paris Art Salon of 1765. Oeuvres, ed. André Billy (Paris: Pléiade, 1969) , 305.
14. Diderot, "Regrets on Parting with My Old Dressing Coat," in Diderot: Rameau's Nephew and Other Works, ed. Jacques Barzun and Ralph H. Bowen (Indianapolis: Hackett, 2001) , 315.
15. Diderot, Supplement to the Voyage of Bougainville, in Barzun and Bowen, Diderot: Rameau's Nephew, 180–181.
16. Diderot, Paris Art Salon of 1765. In Oeuvres, ed. Billy, 307.
17. P. N. Furbank, Diderot: A Critical Biography (New York: Knopf, 1992) , 285.
18. Ibid., 280.
19. Ibid., 285.
20. Encyclopédie, s.v. "Beau."
21. Furbank, Diderot, 372.
22. Denis Diderot: Correspondance, 13:51.
23. Benedetta Craveri, The Age of Conversation, trans. Teresa Waugh (New York: New York Review of Books, 2005) , 302.
24. Arthur Wilson, Diderot: The Testing Years, 1713–1759 (New York: Oxford University Press, 1957) , 224.
25. Elisabeth de Fontenay, Reason and Resonance (New York: George Brazillier, 1982) , 259.
26. Craveri, The Age of Conversation, 337.
27. Ibid., 354.
28. Ibid., 362.
29. Furbank, Diderot, 103.
30. Ibid., 102.
31. Roy Porter, Flesh in the Age of Reason (New York: W. W. Norton, 2003) , 130–138.
32. Carol Blum, Diderot: The Virtue of a Philosopher (New York: Viking, 1974) , 20–21.
33. Diderot, "Éloge de Richardson," in Oeuvres, ed. André Billy (Paris: Pléiade, 1951) , 1062.
34. Ibid., 1066.
35. Ibid.
36. Ibid., 1067.

37. Blum, Diderot, 77.
38. Denis Diderot: Correspondance, 3:292.
39. Diderot, Entretiens sur Le Fils Naturel, in Oeuvres, ed. André Billy（Paris: Pléiade, 1951）, 1213.
40. Wilson, Diderot: The Testing Years, 245.
41. Stephen Nadler, Spinoza: A Biography（Cambridge: Cambridge University Press, 2001）, 296.
42. Ibid.
43. Jonathan Israel, Radical Enlightenment（Oxford: Oxford University Press, 2002）, 286.
44. Diderot, Voyage de Hollande, 92.
45. Denis Diderot: Correspondance, 13:35.
46. Ibid., 13:22, July 1773.
47. Raymond Trousson, Diderot（Paris: Gallimard, 2007）, 254.
48. Lettre sur l'homme, ed. Georges May（New Haven, CT: Yale University Press, 1964）, 2–3.
49. Trousson, Diderot, 258.
50. Lester Crocker, Diderot's Chaotic Order（Princeton: Princeton University Press, 1974）, 77.
51. Jonathan Israel, Democratic Enlightenment（Oxford: Oxford University Press, 2011）, 669.
52. Helvétius, Essays on the Mind, trans. W. Mudford（London: M. Jones, 1807）, 41.
53. Lettres de Mme de Graffigny, ed. Eugène Asse（Paris: Charpentier, 1897）, 291.
54. Wilson, Diderot: The Testing Years, 311.
55. Ernest Cassirer, The Philosophy of the Enlightenment（Princeton: Princeton University Press, 1951）, 26.
56. Wilson, Diderot: The Testing Years, 312.
57. Denis Diderot: Correspondance, 2:112.
58. D. W. Smith, Helvétius: A Study in Persecution（London: Oxford University Press, 1965）, 34.
59. Israel, Democratic Enlightenment, 664.
60. Ibid., 670.
61. Denis Diderot: Correspondance, 13:56.
62. Furbank, Diderot, 374.
63. Blum, Diderot, 147.
64. Ibid., 36–37.
65. Ibid., 142.
66. Encyclopédie, vol. 5, s.v. "Encyclopédie."
67. Denis Diderot, Lettres à Falconet, ed. J. Assézat and M. Tourneux（Paris: Garnier, 1922）, 231.
68. Albert Lortholary, Le Mirage russe en France au XVIIIème siècle（Paris: Éditions contemporaines, 1951）, 97–98.

2. Reading Voltaire in St. Petersburg
在圣彼得堡阅读伏尔泰

1. Documents of Catherine the Great, ed. W. F. Reddaway (New York: Russell and Russell, 1931), 188.
2. Voltaire and Catherine the Great: Selected Correspondence, trans. A. Lentin (Oxford: Oriental Research Partners, 1974), 34.
3. The Memoirs of Catherine the Great, trans. Mark Cruse and Hilde Hoogenboom (New York: Modern Library, 2005), 31–32.
4. Ibid., 10–11.
5. Ibid., 5.
6. Ibid., 148–149.
7. Ibid., 120.
8. Ernest Cassirer, The Philosophy of the Enlightenment (Princeton: Princeton University Press, 1951), 162.
9. Memoirs of Catherine the Great, 123.
10. Lucien Lévy-Bruhl, "Voltaire: His Conception of Philosophy, Theology and Universal History," The Open Court 13, no. 2 (February 1899) : 70.
11. Isabel de Madariaga, Politics and Culture in Eighteenth-Century Russia (London: Longman, 1998), 238.
12. Ibid.
13. Documents of Catherine the Great, 2.
14. Tacitus, The Annals of Imperial Rome, trans. Michael Grant (New York: Penguin, 1989), 34.
15. Memoirs of Catherine the Great, 137.
16. Ibid., 51.
17. Simon Dixon, Catherine the Great (New York: HarperCollins, 2009), 102.
18. John T. Alexander, Catherine the Great: Life and Legend (New York: Oxford University Press, 1989), 48.
19. Memoirs of Catherine the Great, 185.
20. Ibid., 207.
21. Ibid., 216.
22. Ibid., 208.

3. R is for Riga
R 是 Rica 的首字母

1. Denis Diderot: Correspondance, ed. Georges Roth and Jean Varloot (Paris: Éditions de Minuit, 1966) , 13:12.
2. Denis Diderot, Lettres à Sophie Volland (Paris: Gallimard, 1930) , 2: 63.
3. Philipp Blom, Enlightening the World: Encyclopédie, the Book That Changed the Course of History (New York: Palgrave, 2004) , xxv.
4. Denis Diderot, Lettre sur les aveugles (Paris: Flammarion, 2000) , 59.
5. Arthur Wilson, Diderot: The Testing Years, 1713–1759 (New York: Oxford University Press, 1957) , 106.
6. Denis Diderot, "Encyclopédie," in Political Writings (New York: Cambridge University Press, 1992) , 21–22, 25.
7. Blom, Enlightening the World, 113.
8. Ibid., 120
9. Ibid., 228.
10. Diderot, Lettres à Sophie Volland, 1:87.
11. Denis Diderot: Correspondance, 4:119–120.
12. P. N. Furbank, Diderot: A Critical Biography (New York: Knopf, 1992) , 172–173.
13. Blom, Enlightening the World, 247.
14. Voltaire and Catherine the Great: Selected Correspondence, trans. A. Lentin (Oxford: Oriental Research Partners, 1974) , 7.
15. Voltaire, History of Russia under Peter the Great, in The Works of Voltaire, trans. Tobias Smollett (Akron, OH: Werner, 1901) , 35:120.
16. John Alexander, Catherine the Great: Life and Legend (Oxford: Oxford University Press, 1989) .
17. Ronald Grimsley, Jean d'Alembert: 1717–1783 (London: Oxford University Press, 1963) , 172.
18. Isabel de Madariaga, Russia in the Age of Catherine the Great (London: Phoenix Press, 2002) , 336.
19. Denis Diderot: Correspondance, 4:174–175.
20. This was the phrase the Abbé de Saint-Pierre used when he advised the young Voltaire on his proper vocation in 1740. See Geoffrey Turnovsky, "The Making of a Name: A Life of Voltaire," in The Cambridge Companion to Voltaire, ed. Nicholas Cronk (Cambridge: Cambridge University Press, 2009) , 22.
21. Jonathan Israel, Democratic Enlightenment (Oxford: Oxford University Press, 2011) , 621.
22. Maurice Tourneux, Diderot et Catherine II (Paris: Calmann-Lévy, 1899) , 4–5.
23. Denis Diderot: Correspondance, vol. 4, April.

24, 1765. 24. Ibid., November 17 / 28, 1765.
25. Ibid., November 29, 1766.
26. Wilson, Diderot: The Testing Years, 546.
27. Denis Diderot, Lettres à Falconet, ed. J. Assézat and M. Tourneux (Paris: Garnier, 1922), 256.
28. Ibid.
29. Wilson, Diderot: The Testing Years, 257.
30. Denis Diderot: Correspondance, 8:128.
31. Ibid., vol. 8, October 25, 1766.
32. Ibid., 8:231.
33. Ibid., vol. 8, September 12, 1761.
34. Diderot, Lettres à Sophie Volland, vol. 2, September 16, 1762.
35. Denis Diderot: Correspondance, 8:231.
36. Ibid., vol. 12, September 13, 1772.
37. A later generation of spies was also there, little less than a century later, when Karl Marx and Friedrich Engels first met one another in 1844 and launched their world-historical collaboration
38. Diderot, Rameau's Nephew, in Diderot: Rameau's Nephew and Other Works, ed. Jacques Barzun and Ralph H. Bowen, trans. Jacques Barzun (Indianapolis: Hackett, 2001), 79.
39. Ibid., 35.
40. Ibid., 66.
41. Ibid., 76.
42. Ibid.
43. Ibid., 81
44. Ibid., 74.
45. Elisabeth de Fontenay, Diderot, ou le matérialisme enchanté (Paris: Grasset, 1981), 200.
46. Furbank, Diderot, 354.
47. Diderot, Rameau's Nephew, 83.
48. Ibid.
49. Ibid., 85.
50. Israel, Democratic Enlightenment, 270.
51. Peter Gay, The Enlightenment: The Science of Freedom (New York: Norton, 1969), 477.
52. Roger Pearson, Voltaire Almighty (London: Bloomsbury, 2005), 144.
53. Ibid., 222.
54. Diderot, "Lettre de M. Denis Diderot sur l'Examen de l'essai sur les préjugés," in Oeuvres, ed. André Billy (Paris: Pléiade, 1951), 3:168.
55. Denis Diderot: Correspondance, 9:64–65.
56. Ibid., 11:172.

4. Glasnost
公开化

1. David Ransel, The Politics of Catherinian Russia (New Haven, CT: Yale University Press, 1975), 62–63.
2. The Memoirs of Catherine the Great, trans. Mark Cruse and Hilde Hoogenboom (New York: Modern Library, 2005), 198.
3. Isabel de Madariaga, Russia in the Age of Catherine the Great (London: Phoenix Press, 2002), 32.
4. Ibid., 32.
5. Simon Dixon, Catherine the Great (New York: HarperCollins, 2009), 128.
6. Ibid., 128–129.
7. Ibid., 132.
8. Dena Goodman, The Republic of Letters: A Cultural History of the French Enlightenment (Ithaca, NY: Cornell University Press, 1994), 74.
9. Benedetta Craveri, The Age of Conversation, trans. Teresa Waugh (New York: New York Review of Books, 2005), 296.
10. Antoine Lilti, The World of the Salons: Sociability and Worldliness in Eighteenth-Century Paris, trans. Lydia Cochrane (Oxford: Oxford University Press, 2005), 87.
11. Ibid., 219.
12. Madariaga, Russia in the Age, 334.
13. Documents of Catherine the Great, ed. W. F. Reddaway (New York: Russell and Russell, 1931), 7.
14. Ibid., 8.
15. Ibid., 7.
16. Albert Lortholary, Le Mirage russe en France au XVIIIe siècle, (Paris: Boivin & Cie, 1951), 74.
17. Voltaire, Russia under Peter the Great, trans. M. F. O. Jenkins (Rutherford, NJ: Fairleigh Dickinson University Press, 1983), 23, 251.
18. Ibid., 65.
19. Larry Woolf, Inventing Eastern Europe: The Map of Civilization on the Mind of the Enlightenment (Palo Alto, CA: Stanford University Press, 1994), 206.
20. Isabel de Madariaga, Politics and Culture in Eighteenth-Century Russia (London: Routledge, 2014), 215.
21. Documents of Catherine the Great, 190.
22. Jonathan Israel, Democratic Enlightenment (Oxford: Oxford University Press, 2011), 272.
23. Dixon, Catherine the Great, 224.
24. Isabel de Madariaga, Catherine the Great (New Haven, CT: Yale, 1990), 4.

25. See Madariaga, Russia in the Age, 79–104.
26. Ibid., 74.
27. Madariaga, Politics and Culture, 239.
28. Ibid., 238.
29. Robert Massie, Catherine the Great: Portrait of a Woman (New York: Random House, 2012) , 305.
30. John Alexander, Catherine the Great: Life and Legend (Oxford: Oxford University Press, 1989) , 116.
31. Dixon, Catherine the Great, 156.
32. Memoirs, 22.
33. Henri Troyat, Catherine the Great (New York: Meridian Books, 1994) , 179.
34. Documents of Catherine the Great, Voltaire to Catherine, June 19, 1771.
35. Madariaga, Russia in the Age, 151.
36. Madariaga, Politics and Culture, 238.
37. Ransel, The Politics of Catherinian Russia, 53.
38. Documents of Catherine the Great, 7–8.
39. Madariaga, Politics and Culture, 113.
40. Documents of Catherine the Great, 7–8.
41. Dixon, Catherine the Great, 174.
42. Documents of Catherine the Great, 13.
43. Alexander, Catherine the Great, 112.
44. Denis Diderot, Lettres à Falconet (Paris: Garnier, 1922) , 231.
45. Alexander, Catherine the Great, 119.
46. Lettres à Falconet, Diderot to Falconet, July 1767.

5. The Shadow Lands
阴影地带

1. Denis Diderot: Correspondance, ed. Georges Roth and Jean Varloot (Paris: Éditions de Minuit, 1966) , 13:19.
2. Ibid., 13:28.
3. Ibid.
4. Ibid., 13:49.
5. Denis Diderot: Correspondance, vol. 15 (Diderot to Rey, April 14, 1777) .
6. Denis Diderot, Jacques the Fatalist, trans. Michael Henry (New York: Penguin, 1986) , 63.
7. Ibid., 22.
8. Ibid., 104–105.
9. Ibid., 152.
10. Ibid., 26.

11. Ibid., 37.
12. Quoted in Wayne Booth, The Rhetoric of Fiction (Chicago: University of Chicago Press, 1961), 42.
13. Denis Diderot, This Is Not a Story and Other Stories, trans. P. N. Furbank (Oxford: Oxford University Press, 1991), 17.
14. Ian Watt, The Rise of the Novel (Los Angeles: UCLA Press, 2000), 11.
15. Diderot, Jacques the Fatalist, 32.
16. Ibid., 214.
17. Ibid., 212.
18. Ibid., 166.
19. Ibid., 158.
20. Ibid., 166.
21. Ibid., 74.
22. Ibid., 236.
23. Arthur Wilson, Diderot (Oxford: Oxford University Press, 1972), 629.
24. Roland Mortier, Diderot en Allemagne (Paris: Presses universitaires de France, 1954), 33.
25. Ibid., 39.
26. Maurice Tourneux, Diderot et Catherine II (Paris: Calmann Lévy, 1899), 76.
27. Denis Diderot: Correspondance, 13:51–52.
28. Ibid., 13:65.
29. Jeremy Black, The Grand Tour in the Eighteenth Century (New York: Saint Martin's Press, 1992), 110, 139.
30. Mortier, Diderot en Allemagne, 36.
31. Ibid., 35.
32. Ibid., 37.
33. Denis Diderot: Correspondance, 13:53.
34. Ibid., 13:56.
35. Ibid., 13:57–58.
36. Ibid., 13:71.
37. Albert Lortholary, Le Mirage russe en France au XVIIIe siècle (Paris: Boivin & Cie, 1951).
38. Larry Wolff, Inventing Eastern Europe: The Map of Civilization on the Mind of the Enlightenment (Palo Alto, CA: Stanford University Press, 1994), 15.
39. Ibid., 345.
40. Ibid., 293.
41. Documents of Catherine the Great, 177.
42. Ibid., 181.
43. Wolff, Inventing Eastern Europe, 21.
44. Ibid., 22.

45. P. N. Furbank, Diderot: A Critical Biography (New York: Knopf, 1992) , 374–375.
46. Denis Diderot: Correspondance, 13:60.
47. Ibid., 13:65.

6. The Hermitage
冬宫

1. Lurana Donnels O'Malley, The Dramatic Works of Catherine the Great (Aldershot, UK: Ashgate, 2006) , 33.
2. Documents of Catherine the Great, ed. W. F. Reddaway (New York: Russell and Russell, 1931) , 170–171.
3. Ibid., 97.
4. Ibid., 135.
5. Simon Dixon, Catherine the Great (New York: HarperCollins, 2009) , 208.
6. John Alexander, Catherine the Great: Life and Legend (Oxford: Oxford University Press, 1989) , 135.
7. Ibid., 136.
8. Robert Massie, Catherine the Great: Portrait of a Woman (New York: Random House, 2012) , 416.
9. Dixon, Catherine the Great, 218.
10. Denis Diderot: Correspondance, ed. Georges Roth and Jean Varloot (Paris: Éditions de Minuit, 1966) , vol. 12, Diderot to Falconet, May 30, 1773.
11. Denis Diderot: Correspondance, 13:49.
12. Maurice Tourneux, Diderot et Catherine II (Paris: Calmann Lévy, 1899) , 73.
13. Denis Diderot: Correspondance, 13:66.
14. Ibid.
15. Denis Diderot, Lettres à Falconet, ed. J. Assézat and M. Tourneux (Paris: Garnier, 1922) , 237.
16. Denis Diderot: Correspondance, 13:124.
17. Denis Diderot, Oeuvres, vol. 3, ed. Laurent Versini (Paris: Laffont, 1995) , 169.
18. Diderot, Lettres à Falconet, 236.
19. Alexander, Catherine the Great, 114.
20. Carol Blum, Diderot: The Virtue of a Philosopher (New York: Viking, 1974) , 42.
21. P. N. Furbank, Diderot: A Critical Biography (New York: Knopf, 1992) , 182.
22. Denis Diderot: Correspondance, 13:87.
23. Ibid., 88.
24. Denis Diderot, "Mélanges pour Catherine II," in Oeuvres, ed. Versini, 3:227.
25. Furbank, Diderot, 79.

26. Ibid., 117.
27. Inna Gorbatov, Catherine the Great and the French Philosophers of the Enlightenment（Bethesda, MD: Academica Press, 2006）, 213.
28. Dena Goodman, The Republic of Letters: A Cultural History of the French Enlightenment（Ithaca, NY: Cornell University Press, 1994）, 46.
29. Antoine Lilti, The World of the Salons: Sociability and Worldliness in Eighteenth-Century Paris, trans. Lydia Cochrane（Oxford: Oxford University Press, 2005）, 112.
30. Goodman, The Republic of Letters, 47.
31. Ibid., 164.
32. Furbank, Diderot, 81.
33. Lilti, World of the Salons, 165.
34. Denis Diderot: Correspondance, 13:84.
35. Ibid., 13:102–103.
36. Dixon, Catherine the Great, 223.
37. The Memoirs of Catherine the Great, trans. Mark Cruse and Hilde Hoogenboom（New York: Modern Library, 2005）, 93.
38. Ibid., 97.
39. Alexander, Catherine the Great, 99–100.
40. Gary Hamburg, Russia's Path to Enlightenment（New Haven, CT: Yale, 2016）.
41. Denis Diderot, Paradoxe sur le comédien, in Oeuvres, ed. André Billy（Paris: Gallimard, 1951）, 1006.
42. Furbank, Diderot, 268.
43. Diderot, Paradoxe sur le comédien, 1022.
44. Ibid., 1027.
45. Ibid., 1026.
46. Denis Diderot: Correspondance, 13:73.
47. Oeuvres, ed. André Billy, 943.
48. "Propos de Diderot sur l'Impératrice de Russie（Fragment inédit de Suard）," in Tourneux, Diderot et Catherine II, 580.
49. Ibid., 125.
50. Geoffrey Bremner, Order and Chance: The Pattern of Diderot's Thought（Cambridge: Cambridge University Press, 1983）, 124.
51. Diderot, "Salon de 1761," in Oeuvres, ed. André Billy 10:113.
52. "Salon de 1763," Oeuvres, ed. André Billy, 10:208.
53. Ibid.
54. Ibid., 210.
55. Diderot, Lettres à Falconet, March 20, 1771.
56. Dixon, Catherine the Great, 193.
57. Malcolm Bradbury, To The Hermitage（London: Picador, 2000）, 165.
58. Bremner, Order and Chance, 126.

59. Ibid.
60. Denis Diderot, Lettres à Sophie Volland (Paris: Gallimard, 1930) , 3:256.
61. Alexander Schenker, The Bronze Horseman: Falconet's Monument to Peter the Great (New Haven, CT: Yale University Press, 2003) , 79–80.
62. Diderot, Lettres à Falconet, February 15, 1766.
63. Ibid., December 25, 1765.
64. Ibid., September 6, 1768.
65. Ibid., Catherine to Falconet, February 18, 1767.
66. Ibid., Catherine to Falconet, May 10, 1769.
67. Ibid., Catherine to Falconet, March 28, 1767.
68. Ibid., Falconet to Diderot, July–August, 1767.
69. Schenker, The Bronze Horseman, 100.
70. Ibid., 125.
71. Ibid., 126–127.
72. Ibid., 131.
73. Anne Betty Weinshecker, Falconet, His Writings and His Friend Diderot (Geneva: Droz, 1966) , 7.
74. Lettres à Falconet, July 1767.
75. Ibid., December 6, 1773.
76. Ibid.

7. Extraordinary Men and Events
非同寻常的人与事

1. Written by Vasily Trediakovsky, the Tilemakhida recounts the travels of Odysseus's son Telemachus. Based on Greek hexameter, the effort was admired even though the result was unreadable.
2. Isabel de Madariaga, Politics and Culture in Eighteenth-Century France (London: Routledge, 2014) , 268.
3. Isabel de Madariaga, Russia in the Age of Catherine the Great (London: Phoenix Press, 2002) , 322–333.
4. John Alexander, Autocratic Politics in a National Crisis: The Imperial Russian Government and Pugachev's Revolt (Bloomington: Indiana University Press, 1969) , 9.
5. Ibid., 36.
6. Ibid., 72–73.
7. Madariaga, Russia in the Age, 267.
8. Simon Dixon, Catherine the Great (New York: HarperCollins, 2009) , 229.
9. Denis Diderot: Correspondance, ed. Georges Roth and Jean Varloot (Paris: Éditions de Minuit, 1966) , 14:108.

10. The Memoirs of Catherine the Great, trans. Mark Cruse and Hilde Hoogenboom（New York: Modern Library, 2005），34.
11. Ibid., 7.
12. Ibid.
13. Ibid., 20.
14. Geoffrey Bremner, Order and Chance（Cambridge: Cambridge University Press, 2009），99–100.
15. Locke, Second Treatise on Civil Government, chap. 14, sec.164.
16. Memoirs of Catherine the Great, 126–127.
17. Ibid., 21.
18. Denis Diderot: Correspondance, 13:102–103.
19. Maurice Tourneux, Diderot et Catherine II（Paris: Calmann Lévy, 1899），581.
20. Documents of Catherine the Great, ed. W. F. Reddaway（New York: Russell and Russell, 1931），192.
21. Ibid.,196.
22. Ibid., 194.
23. Denis Diderot: Correspondance, 13:143.
24. Ibid., 13:111.
25. Inna Gorbatov, Catherine the Great and the French Philosophers of the Enlightenment（Bethesda, MD: Academica Press, 2006），171.
26. Denis Diderot: Correspondance, 13:134.
27. Ibid., 13:146.
28. Arthur Wilson, Diderot（Oxford: Oxford University Press, 1972），636.
29. John Alexander, Catherine the Great: Life and Legend（Oxford: Oxford University Press, 1989），74.
30. Denis Diderot: Correspondance, 13:101.
31. Tourneux, Diderot et Catherine II, 78–79.
32. Memoirs of Catherine the Great, 285n59.
33. Wilson, Diderot, 636.
34. Denis Diderot: Correspondance, 13:123.
35. Ibid., 13:71.
36. Ibid., 13:79.
37. Ibid., 13: 81.
38. Memoirs of Catherine the Great, 37.
39. Ibid., 40.
40. Ibid., 43.
41. Wilson, Diderot, 636.
42. Memoirs of Catherine the Great, 44.
43. Ibid., 55.
44. Ibid., 199.

45. Madariaga, Russia in the Age, 503.
46. Memoirs of Catherine the Great, 99–100.
47. Ibid., 108.
48. Ibid., 106.
49. Ibid., 109.
50. Supplement to the Voyage of Bougainville, in Denis Diderot, Rameau's Nephew and Other Works, ed. Jacques Barzun and Ralph H. Bowen (Indianapolis: Hackett, 2001) , 185.
51. Ibid., 180.
52. Ibid., 208.
53. Quoted in Wilson, Diderot, 225.
54. The Major Political Writings of Jean-Jacques Rousseau, trans. and ed. John Scott (Chicago: University of Chicago, 2012) , 103.
55. "Compte-rendu du Voyage de Bougainville," in Supplément au Voyage de Bougainville, ed. Michel Déon (Paris: Gallimard, 2002) , 183.
56. Ibid., 187.
57. Ibid., 197.
58. Ibid., 198.
59. Ibid., 198–199.
60. Ibid., 212.
61. Ibid., 218.
62. Ibid., 225.
63. Ibid., 22.
64. Lester Crocker, Diderot's Chaotic Order (Princeton: Princeton University Press, 1974) , 81.
65. Major Political Writings of Jean-Jacques Rousseau, 133. 66. Diderot, Supplement, 227–228.

8. Colic and Constitutions
腹痛与宪法

1. Denis Diderot, Supplement to Bougainville's "Voyage," in Rameau's Nephew and Other Works, trans. Jacques Barzun and Ralph Bowen (Indianapolis: Hackett, 2001) , 228.
2. Documents of Catherine the Great, ed. W. F. Reddaway (New York: Russell and Russell, 1931) , 192.
3. Denis Diderot: Correspondance, ed. Georges Roth and Jean Varloot (Paris: Éditions de Minuit, 1966) , 13:144.
4. Ibid., 13:141.
5. Ibid., 13:142.
6. Ibid., 13:140.
7. Ibid.

8. Ibid., 13:142.
9. Ibid., 13:140.
10. Ibid., 13:148.
11. Maurice Tourneux, Diderot et Catherine II (Paris: Calmann Lévy, 1899) , 469.
12. David Ransel, The Politics of Catherinian Russia (New Haven, CT: Yale University Press, 1975) , 114. See also Isabel de Madariaga, Politics and Culture in EighteenthCentury Russia (London: Routledge, 2014) , 227–228.
13. P. N. Furbank, Diderot: A Critical Biography (New York: Knopf, 1992) , 80–81.
14. Denis Diderot: Correspondance, 13:71.
15. Ibid., 13:114.
16. Ibid., 13:143.
17. Documents of Catherine the Great, 192.
18. The Memoirs of Catherine the Great, trans. Mark Cruse and Hilde Hoogenboom (New York: Modern Library, 2005) , 255.
19. Diderot, "Portrait de Diderot" in Oeuvres choisies, ed. François Tulou (Paris: Garnier, 1901) , 408.
20. We don't know what Diderot said about the portrait, but it seems to have pleased him. In his will, he left it to his unmarried and beloved sister, Denise Diderot.
21. "When I tried to show her Highness the wrong she committed, she made fun of me." Denis Diderot: Correspondance, 13:103.
22. Ibid., 13:121.
23. Ibid., 13:142.
24. Solomon Volkov, St. Petersburg: A Cultural History (New York: Free Press, 1997) , 14.
25. Memoirs of Catherine the Great, 178.
26. Ibid., 181.
27. Ibid., 304n286.
28. In the opening of the memorandum, he duly notes that Catherine believed that "Moscow could become the imperial seat in one hundred years" (Memoirs of Catherine the Great, 55) .
29. Ibid., 55.
30. Ibid., 63.
31. Ibid.
32. Ibid., 55.
33. Ibid., 199.
34. Ibid., 197.
35. Ibid., 56.
36. Ibid., 2.
37. Ibid., 9.
38. Ibid., 117.
39. Diderot, "Observations on the Nakaz," in Diderot: Political Writings, ed. John Hope

Mason and Robert Wokler (Cambridge: Cambridge University Press, 1992), 89.
40. Encyclopédie, s.v. "Éclectisme," 5:284.
41. Montesquieu, The Spirit of the Laws, bk. 5, chap. 13.
42. Memoirs of Catherine the Great, 10.
43. Ibid., 123.
44. Ibid., 12.
45. Montesquieu, Spirit of the Laws, bk. 2, chap. 4.
46. Ibid., bk. 3, chap. 10.
47. Memoirs of Catherine the Great, 235.
48. John Alexander, Catherine the Great: Life and Legend (Oxford: Oxford University Press, 1989), 202.
49. Douglas Smith, Love and Conquest: Personal Correspondence of Catherine the Great and Gregory Potemkin (DeKalb: Northern Illinois Press, 2005), 21.
50. Robert Massie, Catherine the Great: Portrait of a Woman (New York: Random House, 2012), 416.
51. Documents of Catherine the Great, 194.
52. Simon Dixon, Catherine the Great (New York: HarperCollins, 2009), 230.
53. Denis Diderot: Correspondance, 13:146.
54. Ibid., 13:142.
55. Ibid., 13:134.
56. Arthur Wilson, Diderot (Oxford: Oxford University Press, 1972), 640. Wilson incorrectly identifies the date as December 5.
57. Memoirs of Catherine the Great, 86.
58. Ibid., 86–89.
59. Peter Gay, The Enlightenment: The Science of Freedom (New York: Norton, 1969), 499.
60. Isabel de Madariaga, Russia in the Age of Catherine the Great (London: Phoenix Press, 2002), 490.
61. Montesquieu, Spirit of the Laws, bk. 4, chap. 3.
62. Madariaga, Russia in the Age, 491.
63. Ibid., 492.
64. Memoirs of Catherine the Great, 129.
65. Ibid.
66. Madariaga, Russia in the Age, 488.
67. Memoirs of Catherine the Great, 127.
68. Ibid., 63.
69. Alexander Schenker, The Bronze Horseman: Falconet's Monument to Peter the Great (New Haven, CT: Yale University Press, 2003), 87.
70. Memoirs of Catherine the Great, 78.
71. Ibid.

72. Ibid., 79.
73. Ibid.
74. Ibid., 83.

9. The Road Not Taken
未被采纳的路径

1. The Memoirs of Catherine the Great, trans. Mark Cruse and Hilde Hoogenboom (New York: Modern Library, 2005), 224.
2. Denis Diderot: Correspondance, ed. Georges Roth and Jean Varloot (Paris: Éditions de Minuit, 1966), 13:138.
3. Maurice Tourneux, Diderot et Catherine II (Paris: Calmann Lévy, 1899), 549, 552.
4. Denis Diderot: Correspondance, 13:216.
5. Arthur Wilson, Diderot (Oxford: Oxford University Press, 1972), 642.
6. Denis Diderot: Correspondance, 13:140.
7. Ibid., 149.
8. John Alexander, Catherine the Great: Life and Legend (Oxford: Oxford University Press, 1989), 166–167.
9. Wilson, Diderot, 641.
10. Memoirs of Catherine the Great, 265.
11. Ibid., 259.
12. A photograph of the title page is found in the Vernière edition of the Mémoires, xxiii.
13. Denis Diderot: Correspondance, 13:151.
14. Mme Necker, Nouveaux Mélanges extraits de ses manuscrits, vol. 1 (Paris: Pougens, 1801), 229–230.
15. Denis Diderot, Lettres à Sophie Volland, vol. 3, ed. André Babelon (Paris: Gallimard, 1930), 252.
16. Ibid., 3:253.
17. Ibid., 3:250.
18. Denis Diderot: Correspondance, 13:203.
19. Ibid., 13:199.
20. Ibid.
21. Denis Diderot, "Paradoxe sur le comédien," in Oeuvres, ed. A. Billy (Paris: Gallimard, 1951), 1022.
22. Ibid., 1023.
23. P. N. Furbank, Diderot: A Critical Biography (New York: Knopf, 1992), 389.
24. Ibid., 212.
25. Wilson, Diderot, 653.
26. Ibid.

27. Ibid., 654.
28. Denis Diderot: Correspondance, 13:231.
29. Ibid., 13:230.
30. Ibid., 14:35.
31. Ibid., 14:33.
32. Ibid., 14:63.
33. Ibid., 14:78–79.
34. Ibid., 14:80.
35. Ibid., 14:80–81.
36. Ibid., 14:85.
37. Ibid., 14:72–73.
38. Ibid., 14:84.
39. Denis Diderot, Principes de politique des souverains, in Oeuvres completes, vol. 2, ed. J. Assézat（Paris: Garnier, 1875）, 467.
40. Ibid., 477.
41. Wilson, Diderot, 651.
42. Denis Diderot: Correspondance, 14:55, 68.
43. Diderot, Observations on the Nakaz, in Diderot: Political Writings, ed. John Hope Mason and Robert Wokler（Cambridge: Cambridge University Press, 1992）, 81.
44. Ibid., 82.
45. Ibid., 81.
46. Ibid., 83.
47. Ibid., 84.
48. Ibid., 85.
49. Ibid., 89.
50. Ibid., 93.
51. Ibid., 101.
52. Ibid., 127.
53. Ibid., 126.
54. Ibid., 112.
55. Ibid., 150.
56. Ibid., 113.
57. Ibid., 164.
58. Ibid., 98.
59. Denis Diderot: Correspondance, 14:119.
60. Isabel de Madariaga, Politics and Culture in Eighteenth-Century Russia（London: Routledge, 2014）, 200–201.
61. Denis Diderot: Correspondance, 14:102.
62. Ibid., 14:65–66.

10. Send for Seneca
召唤塞涅卡

1. Denis Diderot: Correspondance, ed. Georges Roth and Jean Varloot (Paris: Éditions de Minuit, 1966), 14:104.
2. Ibid., 14:75.
3. Ibid., 14:117.
4. Arthur Wilson, Diderot (Oxford: Oxford University Press, 1972), 657.
5. Denis Diderot: Correspondance, 14:123.
6. Ibid., 14:102.
7. Ibid., 15:48.
8. Ibid., 15:226.
9. Wilson, Diderot, 684.
10. Robert Darnton, The Forbidden Best-Sellers of Pre-Revolutionary France (New York: Norton, 1995), 73.
11. P. N. Furbank, Diderot: A Critical Biography (New York: Knopf, 1992), 418.
12. Denis Diderot: Correspondance, 15:149–150.
13. Denis Diderot, Histoire des deux Indes, in Diderot: Political Writings, ed. John Hope Mason and Robert Wokler (Cambridge: Cambridge University Press, 1992), 177.
14. Ibid., 175–176.
15. Ibid., 171.
16. Ibid., 173.
17. Ibid., 207–208.
18. Ibid., 204.
19. Denis Diderot: Correspondance, 15:211.
20. Ibid., 15:213.
21. Ibid., 15:227.
22. Ibid.
23. Ibid., 9:112.
24. Ibid.
25. Ibid., 9:115.
26. Ibid., 15:148
27. Ibid., 15:255.
28. Ibid., 15:112.
29. Denis Diderot, Essai sur les règnes de Claude et de Néron, in Ouevres de Denis Diderot, ed. Jacques-André Naigeon (Paris: Desray, 1798), 210.
30. Ibid., 211.
31. Furbank, Diderot, 406.
32. Denis Diderot: Correspondance, 15:111.

33. Ibid., 15:266–267.
34. Ibid., 14:218.
35. Ibid., 15:59.
36. Ibid., 15:266.
37. Diderot, Essai sur les règnes, 11.
38. Ibid., 51.
39. Ibid., 65–66.
40. Ibid., 154.
41. Ibid., 111.
42. Ibid., 112.
43. Ibid., 168.
44. Ibid., 167.
45. Emily Wilson, The Greatest Empire: A Life of Seneca (Oxford: Oxford University Press, 2014) , 211–212.
46. Tacitus, The Annals and the Histories, trans. Alfred Church and William Brodribb (New York: Random House, 2003) , 336–337.
47. Diderot, Essai sur les règnes, in Oeuvres, ed. Laurent Versini (Paris: Laffont) , 1234.
48. Denis Diderot: Correspondance, 15:300–301.
49. Ibid., 15:301.
50. Ibid., 15:303

Epilogue
结语

1. Denis Diderot: Correspondance, ed. Georges Roth and Jean Varloot (Paris: Éditions de Minuit, 1966) , 15:334.
2. Ibid., 15:328.
3. Ibid., 15:338.
4. Ibid.
5. Ibid., 15:339.
6. Maurice Tourneux, Diderot et Catherine II (Paris: Calmann Lévy, 1899) , 519.
7. Ibid., 520.
8. Louis-Philippe de Ségur, Mémoires, souvenirs, et anecdotes, vol. 1, ed. M. Barrière (Paris: Librairie de Firmin Didot Frères, 1859) , 444–445.
9. Citing the work of Sergio Cotta, Isabel de Madariaga proposes this contrast. See Madariaga, Politics and Culture in Eighteenth-Century Russia (London: Routledge, 2014) , 231.
10. Simon Dixon, Catherine the Great (New York: HarperCollins, 2009) , 310.

致谢

  首先，我要坦白一件事。虽然我研究过孟德斯鸠的《论法的精神》，但我并没有像叶卡捷琳娜大帝那样，将这本书从头到尾读上五六遍。虽然我也读过伏尔泰的部分作品，但我认为，在数量上远不及这位全俄罗斯女皇。我也很有可能没有像叶卡捷琳娜那样广泛阅读那个时代其他思想家，例如比埃尔·培尔和切萨雷·贝卡里亚等人的作品。虽然几年前我就开始了这本书的写作，但叶卡捷琳娜对启蒙运动思想的准确把握，以及她对启蒙运动精神的固执信仰，依然让我惊讶不已。

  而正是同样的信仰为圣彼得堡带来了德尼·狄德罗，在我看来，他是启蒙运动中最引人注目并且最具颠覆性的思想家。我可以很有把握地说，我读过的狄德罗的书要比叶卡捷琳娜读过的多——这只不过是因为他的很多作品都是在他去世后才出版的。然而叶卡捷琳娜却拥有我永远不会拥有的巨大机遇：在几个月的时间里，有数十个下午能和这个男人进行私人谈话，而此人被认为是那个时代最为健谈之人。狄德罗作为叶卡捷琳娜的贵客前往圣彼得堡，并在那里逗留,正因为如此,我才有途径来了解这两位杰出人物,尽管我们之间相隔甚远。

同样重要的是,这条途径还能用来衡量哲学和政治思想对统治者的实践与政策的影响。毕竟,对于那个时代众多伟大的思想家而言,他们的启蒙理想要实现,只能依靠与开明统治者的共谋和协作。当狄德罗的访问临近尾声时,他对叶卡捷琳娜的期待发生了显著变化,而叶卡捷琳娜对狄德罗的印象也是如此。同样,我对这两个人的感觉也和我刚开始写这本书的时候的感觉不尽相同了。不过,当我逐渐发现叶卡捷琳娜和狄德罗的缺陷和弱点时,我对他们两人的钦佩之情却有增无减。虽然两人都免不了受人性的影响,但他们都试图用各自的方式,将启蒙信仰转化为现实。

在这本书的写作过程中,我对那些一路上帮助过我的人愈加钦佩和感激。首先,我要感谢那些记述过叶卡捷琳娜、狄德罗和他们所处时代的学者。作为俄罗斯历史的新人,我要感谢罗伯特·马西(Robert Massie)、西蒙·迪克逊(Simon Dixon)和约翰·亚历山大(John Alexander)等传记作家所做的工作,以及已故的伊莎贝尔·德·马达里亚加(Isabel de Madariaga)所作的权威历史记述。虽然我并不算是十八世纪法国思想的新人,但对我而言,亚瑟·威尔逊(Arthur Wilson)关于狄德罗的大量传记是无价的资源,而P.N. 弗班克(P.N. Furbank)、卡罗尔·布鲁姆(Carol Blum)、雷蒙德·特鲁森(Raymond Trousson)和莱斯特·克罗克(Lester Crocker)的作品也是如此。我要感谢我的朋友和同事约翰·斯科特(John Scott)、保罗·斯莱文(Paul Slavin)、洛伊丝·萨莫拉(Lois Zamora)和凯伦·瓦利霍拉(Karen Valihora)阅读了这本书的部分内容,还要感谢罗伯特·克雷明斯(Robert Cremins),他向我介绍了他从前的老师马尔科姆·布拉德伯里的优秀小说《致冬宫》。我还要再次感谢罗伯特·马西,当我还在考虑这个故事是否值得写一本书时,他给予了我宝贵的鼓励。

我要向手稿的三位匿名读者表达最深切的谢意;他们的诸多修正和建议以及坚定的鼓励,令我受宠若惊。如果没有我在哈佛大学出版社的首位编辑约翰·库尔卡(John Kulka)的帮助,这本书就永远不会顺利启动;如果没有我的第二位编辑莎米拉·森(Sharmila Sen)的大力支持和睿智的建议,这本书就永远不会成功落地。我很感激他们两人,也很感激他们的助理希瑟·休斯(Heather Hughes),她再一次对我这个焦虑的学者表现出了超常的理解与耐心。我的文字编辑温迪·纳尔逊(Wendy Nelson)是一位敏锐而聪明的读者。休斯敦大学荣誉学院院长威廉·门罗(William Monroe)以及现代与古典语言系主任希尔德加德·格拉斯(Hildegard Glass)提供了至关重要的坚定支持:我衷心感谢他们两位。我还要感谢詹妮弗·约翰斯顿(Jennifer Johnston)为这本书所做的校对和索引工作。

最后,我要感谢我的孩子鲁本(Ruben)和路易莎(Louisa),他们用自己的方式启迪了我。我要把这本书献给我的妻子朱莉,我的这本书以及很多事情都应归功于她。